Pourquoi les hommes mentent et les femmes pleurent

DES MÊMES AUTEURS

Pourquoi les hommes n'écoutent jamais rien et les femmes ne savent pas lire les cartes routières
First, 1999

Pourquoi les hommes n'écoutent jamais rien
First, 2000

Pourquoi les femmes ne savent pas lire les cartes routières
First, 2000

Pourquoi les hommes mentent et les femmes pleurent
First, 2002

Égaux mais si différents
First, 2003

Testez votre couple
First, 2004

Comment vivre à deux
First, 2004

Pourquoi les hommes se grattent l'oreille et les femmes tournent leur alliance
First, 2005

Allan et Barbara Pease

Pourquoi les hommes mentent et les femmes pleurent

Traduit de l'anglais par Daniel Roche

FIRST
Editions

Titre original :
Why men lie and women cry

ISBN : 2-7540-0271-5
ISBN 13 : 978-2-7540-0271-4

Dépôt légal : 3e trimestre 2006

Conception couverture : Bleu T
Illustration de couverture : Gabs
Mise en page : KN Conception
Imprimé en France

Nous nous efforçons de publier des ouvrages qui correspondent à vos attentes et votre satisfaction est pour nous une priorité. Alors, n'hésitez pas à nous faire part de vos commentaires :

Editions Générales First
27, rue Cassette
75006 Paris - France
Tél. : 01.45.49.60.00
Fax : 01.45.49.60.01
e-mail : firstinfo@efirst.com

Sommaire

Chapitre 5 : La solution aux 7 plus grands mystères concernant les hommes

Chapitre 6 : L'autre femme, sa mère

Introduction

Pourquoi les hommes mentent-ils ? Pourquoi sont-ils convaincus qu'ils doivent toujours avoir raison ? Pourquoi évitent-ils de s'engager ? Et les femmes, pourquoi pleurent-elles pour arriver à leurs fins ? Pourquoi sont-elles intarissables, et doivent-elles épuiser jusqu'à la dernière goutte les sujets dont elles discutent ? Pourquoi ne prennent-elles pas plus souvent l'initiative des rapports sexuels ?

Le fossé entre les sexes, les malentendus et les conflits qui en découlent sont toujours présents dans la vie des hommes du XXIe siècle, comme il l'étaient autrefois, quand Adam s'est chamaillé avec Ève pour la première fois. Depuis trente ans que nous poursuivons nos recherches sur les différences entre les sexes, nous avons accumulé une impressionnante documentation sur ce sujet. Expérimentations, analyses de kilomètres de films, conférences, causeries télé, livres, sans oublier les dizaines de milliers de questions sur le comportement humain que nous avons reçues sous forme de lettres, coups de fil et e-mails. Autant de messages émanant de personnes déroutées par les attitudes du sexe opposé et qui voulaient savoir quelle réaction adopter. Ce livre est le résultat de notre dialogue avec vous : vous y trouverez les quarante questions que nos lecteurs et nos auditeurs nous posent le plus souvent. Nous nous sommes efforcés d'y répondre en nous appuyant sur notre expérience, nos recherches, les études scientifiques les plus récentes, et aussi… le bon sens. Nous vous proposons des solutions qui ont fait leurs preuves pour vous aider à améliorer votre communication avec l'autre sexe.

Pourquoi les hommes mentent et les femmes pleurent ratisse le terrain des « incontournables », ces questions métaphysiques que les femmes se posent le samedi soir avant de s'endormir… (« Pourquoi les hommes reluquent-ils les autres femmes ? Pourquoi mon petit ami se croit-il toujours obligé de me dire ce que je dois faire et ce que je dois penser de telle et telle chose ? ») Et puis il y a aussi celles que les hommes se posent, mais plutôt le dimanche matin, quand ils se réveillent seuls ou à côté d'une compagne enfin silencieuse. Nous passons également en revue leurs questions : « Pourquoi les femmes n'en viennent-elles jamais au fait ? Pourquoi nous harcèlent-elles ? Pourquoi dois-je ramasser mes chaussettes tout de suite ? »

> Une femme s'inquiète du futur jusqu'au moment où elle se marie.
> Un homme s'inquiète du futur à partir du moment où il se marie.

La science est aujourd'hui capable d'expliquer pourquoi les femmes parlent tellement, pourquoi elles questionnent leurs proches jusqu'à ce qu'elles connaissent leur vie dans ses moindres détails et pourquoi ce sont rarement elles qui prennent l'initiative du rapport sexuel. Nous connaissons à présent les raisons biologiques, et celles, liées à l'évolution de l'espèce, qui expliquent pourquoi les hommes ne peuvent faire qu'une chose à la fois, pourquoi ils détestent faire des courses, pourquoi ils n'estiment pas nécessaire de demander conseil, pourquoi ils préfèrent que le rouleau de papier hygiénique ne soit pas encastré dans le mur mais accroché en saillie, et pourquoi ils ne connaissent pour ainsi dire rien de la vie intime de leurs amis, auraient-ils passé un week-end entier à pêcher avec eux.

Bien souvent, *Pourquoi les hommes mentent et les femmes pleurent* s'interroge sur des faits minuscules, évidents, que la plupart d'entre nous négligent. Vous avez sans doute remarqué que les femmes semblent poussées par une nécessité biologique à fouiner et à acheter des bibelots ou à changer compulsivement les meubles de place pour que les hommes butent dedans quand ils rentrent du bureau le soir. Il ne vous aura pas non plus échappé que peu de femmes comprennent l'intérêt qu'il y a à se repasser indéfiniment le même match de foot, et que rares sont les hommes qui considèrent la découverte d'un vêtement de marque sur un portant comme un événement bouleversant.

Pourquoi le rapport entre les sexes est-il si dur ?

Ce n'est pas un cadeau d'être un mâle de nos jours. Depuis les années 60, époque de l'essor du mouvement féministe, le taux de suicide a décru de 34 %

chez les femmes mais augmenté de 16 % chez les hommes. Pourtant, c'est encore et toujours la dureté de la condition féminine qui retient l'attention.

Dans la seconde moitié du XXe siècle, époque d'expérimentation de nouvelles libertés pour les femmes et de guérilla endémique avec l'ordre masculin, les rapports conjugaux et familiaux ont été soumis à de très fortes tensions. La révolte de leurs compagnes a surpris des générations d'hommes stupéfaits et déroutés. Autrefois, les rôles étaient bien définis : l'homme était le chef de famille, c'était lui qui rapportait le pain quotidien, sa parole avait force de loi et le champ d'application de son autorité était bien définie. Il protégeait et nourrissait. La femme était la mère, la maîtresse de maison, celle qui soignait et qui gérait les rapports avec l'extérieur. L'homme connaissait ses responsabilités et la femme les siennes. La vie était simple.

Mais brusquement tout a changé. Les feuilletons et les spots publicitaires se sont mis à montrer des hommes stupides ou incompétents en face de femmes plus intelligentes, supérieures. Et un nombre croissant de femmes se sont mises à revendiquer l'égalité des droits. L'ennui, c'est que les femmes semblaient savoir ce qu'elles voulaient et où elles allaient alors que beaucoup d'hommes se sentaient dépassés.

> Si une femme gifle un homme en public tout le monde pense que c'est lui le coupable.

Les hommes ont souvent donné l'impression qu'ils ne comprenaient plus les règles. Une femme dénonçant les inégalités s'attirait de la sympathie. Un homme qui protestait était aussitôt qualifié de misogyne. Il y a dix fois plus de plaisanteries désobligeantes sur les hommes que sur les femmes.

> La définition d'un homme ?
> La partie de chair inutile qu'il a autour du pénis.

Beaucoup d'hommes y perçoivent une hostilité déclarée. Et on ne peut nier que cette dernière joue un rôle clé dans la vague de dépression qui touche une génération entière. C'est dans la population masculine, tous âges confondus, que le taux de suicide est aujourd'hui le plus élevé, le record étant détenu par les Japonais. Les hommes ne savent plus ce que l'on attend d'eux et il n'existe plus de modèles à imiter.

Mais n'allez pas croire que la condition des femmes soit idyllique pour autant. Le féminisme qui s'en prenait aux inégalités entre hommes et femmes avait promis de les libérer des fers qui les enchaînaient à l'évier de leur cuisine... Résultat : dans les pays occidentaux, 50 % des femmes travaillent, bon gré mal gré. En Angleterre, une femme sur cinq subvient aux besoins d'une famille monoparentale, contre un homme sur cinquante. On attend des femmes qu'elles endossent tous les rôles : mère, père et chef de famille. Les femmes contractent aujourd'hui des ulcères, sont victimes de crises cardiaques et souffrent de maladies liées au stress, autant d'épreuves autrefois réservées aux hommes.

> La boulimie affecte 4 à 5 % des adolescentes, contre seulement un adolescent sur 300.

Selon les statistiques, en 2000, la population féminine occidentale comptait 25 % de célibataires. Le célibat est une situation anormale et complètement en contradiction avec les besoins psychiques et physiques de tout être humain. Les femmes sont surmenées, souvent irritables et de plus en plus esseulées. De leur côté, les hommes ont l'impression que les femmes attendent d'eux qu'ils réfléchissent et se comportent comme elles. Bref, nous sommes tous désorientés. Ce livre dresse la carte qui vous aidera à vous orienter dans le dédale des relations entre les sexes. Sa lecture vous permettra de repérer et d'éviter les fausses manœuvres, pièges et autres impasses qui vous guettent, que vous soyez un homme ou une femme.

Pourquoi les hommes et les femmes ont-ils tant de mal à s'entendre ?

L'évolution a assigné aux femmes le rôle de mère, protectrice du « nid », si bien que le cerveau féminin s'est organisé autour des soins, de l'amour, des aliments à distribuer aux membres de la famille. La fiche signalétique du « job » masculin est bien différente : chasseur et protecteur de la famille, le mâle est là pour subvenir à ses besoins et résoudre d'éventuels problèmes. L'évolution explique donc pourquoi les cerveaux masculin et féminin sont dotés de fonctions et de priorités différentes. La recherche scientifique, et notamment les études neurologiques permises par les techniques d'examens cérébraux les plus récentes, confirme cette différence de fonctionnement.

Les auteurs de la plupart des livres sur les relations humaines sont des femmes et plus de 80 % de leur lectorat est aussi féminin. La plupart de ces ouvrages traitent des hommes, de leurs défauts et des meilleurs moyens de les corriger. La plupart des conseillers conjugaux et des thérapeutes sont également des femmes. Un observateur neutre pourrait en déduire que les femmes se soucient plus des relations humaines que les hommes.

Cette conclusion est d'ailleurs partiellement exacte. Ce n'est pas un comportement naturel pour la psyché ou la pensée masculine, disons que ce n'est pas une priorité de se concentrer sur *une* relation. Si bien que les hommes ont tendance à se dérober ou à décrocher rapidement dans une relation avec une femme parce qu'ils trouvent les attitudes et les réactions féminines trop complexes. Les difficultés qu'ils pressentent les incitent à laisser tomber plutôt que d'affronter un échec possible. Mais au fond, les hommes sont aussi demandeurs que les femmes de relations harmonieuses, saines et enrichissantes. Ils présument simplement que, le moment venu, la relation parfaite leur tombera du ciel et qu'aucune préparation, aucun effort n'est nécessaire. Les femmes commettent souvent l'erreur de supposer que du simple fait qu'elles sont aimées, elles sont aussi comprises. À la vérité, il est bien rare qu'elles le soient. Ce n'est pas pour rien que les deux sexes sont dits « opposés » : dans la vie quotidienne, ils s'affrontent sans cesse.

> « Une femme n'a besoin de connaître qu'un seul homme pour les comprendre tous ; alors qu'un homme peut connaître toutes les femmes sans en comprendre une seule. »
>
> Helen Rowland

Nous sommes la seule espèce pour qui le rituel de l'accouplement, de la séduction aux relations amoureuses, soit si aléatoire. Toutes les autres ont mis au point des systèmes qui marchent comme sur des roulettes. Même la veuve noire ou la mante religieuse, qui suppriment leur partenaire juste après l'accouplement, connaissent les règles de ce rituel sur le bout des pattes et elles les respectent toujours scrupuleusement. Mais prenons l'exemple de la pieuvre, animal doté d'un cerveau rudimentaire. De pieuvre à pieuvre, jamais l'ombre d'une dispute, voire d'un malentendu. Entre mâles et femelles tout baigne, les relations sexuelles comme les rituels qui y aboutissent. Quand la femelle est en période de rut, les mâles accourent en agitant leurs tentacules. La reine d'un jour donne son feu vert au prétendant dont les tentacules lui semblent les plus avantageux. Elle ne l'accusera jamais de ne pas se montrer assez attentif et il ne se demandera jamais si la bagatelle était aussi agréable pour elle que pour lui. Pas de belle-mère pour interférer dans leur histoire ou pour seriner des conseils. La pieuvre femelle ne se demande pas si elle a des kilos en trop et elle ne se plaint jamais que son partenaire manque d'entrain.

Hélas, les humains sont beaucoup plus compliqués. Les femmes assurent qu'elles veulent des hommes sensibles mais elles ne les veulent surtout pas « trop » sensibles. Quant aux hommes, cette subtile distinction leur échappe complètement. C'est pourtant simple : l'homme idéal doit se montrer attentif aux sentiments de sa compagne tout en restant dur et viril. Ce livre se propose de montrer aux hommes comment concilier cette apparente contradiction. Et d'expliquer aux femmes, entre autres, ce que les hommes attendent d'elles et comment le leur donner.

Saisissez les termes « relations sexuelles » sur votre moteur de recherche Internet et vous obtiendrez aussitôt plusieurs dizaines de milliers de références censées vous informer et donc vous faire progresser sur le sujet. Pour toutes les autres espèces, les relations sexuelles se ramènent à une procédure en général très simple dictée par la nécessité de se reproduire pour survivre. Contrairement à nous, les animaux s'accouplent sans jamais se poser de questions sur l'accouplement. Seuls les humains se demandent comment être heureux et donc comment forger une relation de couple harmonieuse, riche, si possible palpitante.

Parcourir le monde

Après *Pourquoi les hommes n'écoutent jamais rien et les femmes ne savent pas lire les cartes routières*, *Pourquoi les hommes mentent et les femmes pleurent* explore des problèmes auxquels la plupart d'entre nous ne prêtent guère attention, ou qu'ils ne remarquent même pas. Pour écrire ce livre, nous avons rassemblé des informations provenant de plus de trente pays et recueilli dans le monde entier informations et études sur les rapports entre les sexes. Nous nous sommes efforcés de définir des thèmes universels et des problèmes communs à tous et d'apporter des solutions applicables. Les comportements et les scénarios que nous décrivons dans ce livre ne sont pas des recettes magiques. Les expériences que nous relatons sont d'abord et avant tout des histoires vraies dont les leçons seront utiles à la plupart de nos lecteurs et lectrices dans leurs relations avec le sexe opposé.

Si vous maîtrisez mieux vos rapports humains dans votre vie conjugale et professionnelle, si vous savez « gérer » et aimer vos congénères du sexe opposé, votre vie deviendra beaucoup plus heureuse. La constatation que nous avons faite, c'est pourtant que la plupart d'entre nous ont encore de gros progrès à faire sur ce plan !

En Angleterre, par exemple, un mariage sur deux se conclut par un divorce dans les quatre premières années et si l'on compte les couples non mariés, on peut raisonnablement supposer que le véritable taux de séparation se situe plutôt entre 60 et 80 %.

> 100 % des divorces ont commencé par un mariage.

Certes, *Pourquoi les hommes mentent et les femmes pleurent* ne va pas résoudre tous vos problèmes, mais ce livre va considérablement vous simplifier la vie. L'alléger des angoisses, des malentendus, des déboires qu'entraînent les problèmes de communication entre les sexes. Pour ne pas transformer cette lecture en corvée, nous avons choisi de vous présenter sous une forme humoristique des réflexions qui mêlent données scientifiques et bon sens. La relation avec l'autre sexe y est décortiquée sous tous ses aspects : fils, fille, mère, père, beaux-parents, amis, collègues et voisins.

Apprendre une seconde langue

Pour réussir avec le sexe opposé, vous devez maîtriser deux langues, le parler-homme et le parler-femme. Supposons que vous ne parliez que le français et que vous voyagiez dans un pays anglophone. Au moment de commander votre douzaine d'escargots, vous allez rencontrer quelques difficultés. Et vice versa, les pauvres Anglais qui font du tourisme chez nous et s'échinent à se faire servir des *fish and chips* (poisson frit et frites), leur plat préféré, risquent de tomber sur un os. Les autochtones, dans un cas comme dans l'autre, seront bien en peine de les satisfaire. En revanche, si vous avez pris la précaution de vous munir d'un petit guide de conversation courante, ils vous en sauront gré et se mettront en quatre pour vous aider même si vous ne montrez pas de dons particuliers pour les langues. Vos interlocuteurs sont toujours reconnaissants que vous essayiez de les comprendre et de communiquer avec eux.

Dois-je changer de sexe ?

On nous a souvent demandé : « Dois-je penser, parler et agir comme le sexe opposé ? » Absolument pas. Quand vous achetez un téléphone mobile, vous trouvez un petit mode d'emploi dans l'emballage. Si vous vous donnez la peine d'apprendre à faire fonctionner votre appareil et le programmez précisément, il vous rendra tous les services que vous pouvez en attendre. *Pourquoi les hommes mentent et les femmes pleurent* est un mode d'emploi pour comprendre le sexe opposé et savoir sur quels boutons appuyer pour obtenir les meilleurs résultats.

Quand une femme est capable de décrypter le comportement de l'homme à partir de l'évolution de l'espèce, il lui devient aussitôt plus aisé d'accepter les modes de fonctionnement typiquement masculins. Et réciproquement : en comprenant que l'évolution de la femme diffère de la sienne, l'homme devient capable d'assimiler une expérience et un regard sur la vie différents des siens.

Une expérience de première main

Nous, les auteurs, pouvons nous enorgueillir d'un mariage réussi, d'une vie sexuelle harmonieuse et d'une complicité à toute épreuve. Nous sommes aussi les parents de quatre beaux enfants. Dans *Pourquoi les hommes mentent et les femmes pleurent*, nous avons puisé dans notre expérience personnelle et nous avons cherché à vous présenter une version équilibrée des relations hommes-femmes à partir de points de vue aussi variés que possible et, nous l'espérons, sans parti pris. Le travail de recherche dont ce livre est la synthèse nous a fait progresser dans notre compréhension l'un de l'autre, mais aussi dans nos rapports avec nos parents, nos enfants, nos collègues et nos voisins. Il nous arrive encore de nous disputer mais nous avons le sentiment que, la plupart du temps, avec la plupart des gens, nous agissons plus intelligemment. Les occasions de conflits ou de litiges avec nos proches sont donc plus rares et ils s'en montrent très reconnaissants. Tout n'est certes pas parfait, mais les problèmes se sont nettement raréfiés.

Si vous voulez offrir ce livre en cadeau

Après le succès mondial de *Pourquoi les hommes n'écoutent jamais rien et les femmes ne savent pas lire les cartes routières* (plus de six millions d'exemplaires vendus dans trente-trois pays à ce jour), certains hommes nous ont accusés de leur avoir rendu la vie difficile... Le livre est devenu la bible de centaines de milliers de femmes dans le monde entier et les hommes de leur vie ne pouvaient pas ne pas en subir les conséquences ! Certains d'entre eux nous ont rendus responsables des persécutions que leurs épouses leur font subir. Tous les prétextes sont bons pour brandir notre livre et nombre d'entre elles vont, paraît-il, jusqu'à exiger tout bonnement qu'ils le lisent de A à Z… Mauvaise tactique ?

Quand une femme offre un livre d'épanouissement personnel à une amie, la destinataire est reconnaissante qu'on cherche à l'aider. Un homme, à l'inverse, risque de se sentir insulté : n'est-il donc pas assez bien tel qu'il est ? « Je n'en ai pas besoin ! » assénera-t-il en rendant d'un geste méprisant le livre à l'insolente, laquelle se sentira blessée et rejetée.

Si donc vous faites partie de la petite minorité de nos lecteurs masculins, qui ont décidé de mieux s'orienter dans les pensées et les attitudes féminines, félicitations ! Si vous êtes une femme, n'oubliez pas de demander à votre partenaire son opinion sur les conseils présentés dans ce livre parce que les hommes adorent donner leur opinion. Soulignez les pages que vous souhaitez lui voir lire et laissez l'ouvrage en évidence sur la table basse, ou la table de nuit…

Finalement…

Pourquoi c'est si bon d'être un homme ? Parce que la mécanique d'une voiture ne ment jamais, parce que les nouvelles rides qui apparaissent ajoutent du caractère, parce qu'on ne se ruine pas en cosmétiques ou en lingerie et qu'à condition de bouger un peu on grossit moins facilement qu'une femme. De plus, vos interlocutrices ne fixent jamais votre poitrine quand vous leur parlez, et vous n'avez pas à quitter la pièce pour vous refaire une beauté.

On dit que c'est génial d'être une femme parce qu'on peut parler aux représentants du sexe opposé sans avoir à les déshabiller mentalement, parce que les taxis s'arrêtent pour vous, et parce que, si vous savez vous y prendre, votre patron, intimidé par votre cycle menstruel, vous fichera la paix une semaine par mois – ce qui n'est pas si mal. De plus, quand vous dansez, vous n'avez pas l'air d'un pantin désarticulé. En revanche, si votre conjoint a vingt ans de moins que vous, on vous le pardonnera moins facilement qu'à un homme.

Peut-être qu'un jour hommes et femmes seront semblables. Peut-être les femmes vibreront-elles en regardant les grand prix de Formule 1 à la télévision, peut-être le shopping sera-t-il considéré comme une activité ludique et les hommes devront-ils passer un mois par an dans un Simulateur de Tension Prémenstruelle. Peut-être les lunettes des WC seront-elles toujours rabattues, peut-être les hommes ne liront-ils un jour *Playboy* que pour ses qualités littéraires... On peut toujours rêver.

Ce qui est sûr, c'est que la réalisation de ce programme prendra encore quelques milliers d'années. Pendant ce temps, nous continuerons à devoir comprendre, gérer et apprendre à aimer nos différences. Et grâce à ce petit effort, nous serons aimés et compris comme nous méritons de l'être !

Nous vous souhaitons une très agréable lecture.

Chapitre premier

Le harcèlement, comment pousser l'autre à bout

La plupart des femmes nieront qu'elles harcèlent les hommes. Tout au plus, concéderont-elles, les rappellent-elles à l'ordre sur un certain nombre de points qu'ils ont tendance à négliger : tâches ménagères, prise de médicaments, réparations et menus travaux de bricolage nécessaires à la bonne marche de la maisonnée, etc. Une part de ces remarques doit être considérée comme constructive. La femme veille au grain : qu'adviendrait-il de nombreux hommes si leur compagne n'était pas là pour leur dire de lever un peu moins le coude, de ne pas se gaver de sandwichs, de faire un peu plus de sport et de ne pas oublier leur check-up annuel ?

La société considère avec plus d'indulgence les hommes qui asticotent leurs compagnes : eux ne seraient pas accros à ce type de harcèlement. Ils affirment leur autorité, ils dirigent et, bien évidemment, ils font profiter leur entourage de leur sagesse innée – notamment leur compagne, à laquelle ils rappellent avec douceur ce qu'elles ont à faire au cas où elles l'oublieraient. Il leur arrive aussi d'émettre des critiques, de relever des fautes, de se plaindre et même de récriminer, mais c'est toujours pour le plus grand profit du beau sexe. Les conseils du genre « Jette donc un coup d'œil à la carte *avant* de partir ! Combien de fois devrai-je te le répéter ? » ou bien « Tu ne peux pas faire un effort pour t'habiller un peu quand je reçois des amis à la maison ? » montrent avant tout leur remarquable persévérance et surtout leur formidable sens de l'attention au détail.

Pourtant, les femmes aussi estiment que leurs remarques continuelles traduisent un sens de l'attention au détail digne d'admiration. Mais les hommes ne semblent pas du même avis. Les femmes font la guerre aux hommes sur des détails : « Ne jette pas la serviette de toilette trempée sur le lit ! », « Ne laisse pas traîner tes chaussettes sales dans toute la maison ! », « N'oublie pas de sortir les poubelles le soir... » Elles savent bien qu'elles sont agaçantes, mais elles sont convaincues que la meilleure, voire la seule façon de procéder consiste à répéter inlassablement la même chose, dans l'espoir d'être un jour – miracle – entendues ! Et après tout, leurs remontrances, si exaspérantes soient-elles, sont justifiées. N'est-ce pas une raison suffisante, se disent-elles, pour revenir inlassablement à la charge ? D'ailleurs, leurs copines les confortent dans leur attitude : elles considèrent presque toujours l'homme comme paresseux et difficile à gérer et le seul sentiment qu'elles éprouvent, c'est de la compassion, pour la maîtresse de maison et son calvaire quotidien.

En général, quand une femme commence à seriner ses consignes, le cerveau masculin ne capte qu'une seule chose : on le houspille, on le harcèle.

C'est un peu le supplice de la goutte d'eau : peu à peu, il se sent rongé et le ressentiment qui en résulte parfois peu finir par le submerger. Les hommes placent toujours le harcèlement féminin en tête de liste de leurs doléances conjugales. Rien qu'aux États-Unis, on recense chaque année plus de deux mille cas de maris qui suppriment leur épouse au motif, selon ces derniers, qu'ils ne supportaient plus le harcèlement dont ils étaient victimes ! À Hong Kong, il s'est même trouvé un juge pour alléger la peine d'un homme qui avait grièvement blessé son épouse à la tête d'un coup de marteau, l'attitude de celle-ci ayant, selon le magistrat, poussé son conjoint à la violence.

Les hommes en ont assez d'être harcelés

Après la lecture de *Pourquoi les hommes n'écoutent jamais rien et les femmes ne savent pas lire les cartes routières*, un homme qui signe « Jérémie-le-soumis » nous a fait parvenir ce mail :

« J'ai besoin de votre aide. Je suis marié à la reine des emmerdeuses et je ne supporte plus ses remarques perpétuelles, ses plaintes et ses grincements de dents. Du moment où je rentre chez moi jusqu'au moment où je me mets au lit, elle ne me lâche plus.

On est arrivé au point où toutes nos conversations tournent autour de tout ce que je n'ai pas fait durant la journée, la semaine, le mois écoulés, et même depuis que nous sommes mariés.

La situation est devenue si pesante que j'accumule les heures supplémentaires. J'en suis arrivé à préférer l'ambiance du bureau à celle de ma propre maison ! Son harcèlement me stresse tellement que j'en ai des maux de tête dans la voiture sur le trajet du retour à la maison. C'est le monde à l'envers !

Mon père disait que toutes les femmes se plaignaient et houspillaient leur mari et je ne le croyais pas... jusqu'au jour où je me suis marié. Même mes copains me disent que leurs femmes les enquiquinent jusqu'à plus soif. Ce type de harcèlement est-il vraiment inné chez la femme ? Je vous en prie, aidez-moi. »

Voici maintenant la retranscription d'une conversation de trois femmes dans un restaurant :

La blonde : « Jean-Louis n'est jamais content, il se plaint tout le temps. Si je refuse de faire l'amour avec lui au moment où il en a envie, il se répand en reproches. Résultat, il m'arrive souvent de céder juste pour le faire taire mais je ne n'y prends pas vraiment de plaisir. Après tout, on n'est pas toujours synchrones. Comme je sais qu'il ne me laissera pas tranquille avant d'avoir obtenu ce qu'il veut, je préfère céder que de subir ses lamentations. »

La brune : « Stéphane est exactement pareil. Il trouve toujours à redire à tout ce que je fais. Si je me fais une beauté pour sortir dîner avec ses amis, il me reproche de faire plus d'efforts pour eux que pour lui. Et il ne peut pas s'empêcher d'insinuer que je trouve ses amis plus séduisants que lui. Si je viens comme je suis, j'ai droit au couplet inverse : je ne prends pas assez soin de moi, ce qui montre à quel point je me fiche pas mal de lui plaire. Bref j'ai toujours tort. »

Leur amie : « Et ils osent dire que c'est nous les emmerdeuses ! »

Éclat de rire général.

La harceleuse à travers les âges

Depuis la nuit des temps, les femmes sont considérées comme des pros du harcèlement conjugal.

Jusqu'au XIXe siècle, les lois anglaises, européennes et américaines autorisaient un mari à déposer plainte devant un magistrat contre le harcèlement de sa femme ou sa conduite de « mégère ». Si le tribunal lui donnait raison, sa femme pouvait être condamnée au châtiment du « bain forcé ». Surtout utilisé aux États-Unis et en Grande-Bretagne, le bain forcé était destiné à punir les sorcières, les prostituées, les petits délits et... les mégères. La contrevenante était sanglée sur un siège suspendu au bras d'un treuil et plongée dans une rivière ou un lac pendant une durée déterminée. Le nombre de bains forcés auxquels elle était soumise dépendait de la gravité de sa faute et/ou du nombre de ses incartades antérieures.

Voici les extraits d'un jugement prononcé par un tribunal anglais en 1592 :

« La femme de Walter Hycocks et la femme de Peter Phillips sont des mégères avérées. Il est donc ordonné qu'il leur soit enjoint, à l'église, de cesser leurs gronderies. Mais si leurs époux ou voisins se plaignent une deuxième fois, elles seront condamnées au bain forcé. »

Le poème suivant, de Benjamin West, publié en 1780, montre à quel point les hommes prenaient le harcèlement au sérieux dans les siècles passés.

Le bain forcé
Voici, mon ami, dans l'étang là-bas,
Un engin dénommé le bain forcé,
Par pouvoir légal abaissé,
La joie et terreur de la ville.
Si des bonnes femmes criardes attisent les discordes,
Parlent un vil langage ou portent la culotte,
Si des dames bruyantes se mettent à faire régner un horrible tapage dans leur maison,
Il suffit ! vous criez, vous allez avoir les honneurs du bain forcé ;
Nous vous apprendrons comment tenir votre langue.
La délinquante à triste mine est justement installée sur la chaise
Grande et profonde avec toute la pompe requise ;
Tout en bas, dans les profondeurs, la chaise descend,
Mais là, dès le début, le but n'est pas atteint,
La femme remonte et écume plus que mégère écuma jamais.
De même qu'en jetant de l'eau sur le feu
On le fait monter encore plus haut.
S'il en est ainsi, mon ami, s'il vous plaît offrons-lui
Un deuxième tour dans le lac,
Et, plutôt que de perdre patience,
Un troisième et répétons encore la dose.
Il n'est femme querelleuse ni demoiselle furieuse
Ni feu si brûlant que l'eau ne refroidisse.

Si le châtiment du bain forcé n'avait pas suffi à calmer la dame, on avait d'autres moyens de l'assagir : les récidivistes étaient promenées en cortège dans la ville, un masque de fer attaché sur le visage, lequel était muni d'une tige métallique qui rentrait dans la bouche et comprimait la langue. La dernière « mégère » à avoir dû subir le châtiment du bain forcé fut Jenny Pipes, de Leominster (Angleterre), en 1809.

Les divers types de harcèlement

L'asticoteuse espère toujours qu'en culpabilisant sa victime, elle en obtiendra un acte positif. Elle espère qu'il pliera, sinon parce qu'il aura compris ses torts, au moins pour faire cesser le harcèlement. Les femmes savent qu'elles exaspèrent leur compagnon mais cela ne veut pas dire qu'elle y prennent un quelconque plaisir. En général, il ne s'agit pour elles que d'un moyen en vue d'une fin.

Certaines ont fait du harcèlement une forme d'art. Nous avons identifié cinq techniques élémentaires de harcèlement :

– *L'obsessionnelle* : « Michel, et si tu sortais les poubelles ? » Pause. « Michel, tu avais promis de sortir les poubelles. » Cinq minutes plus tard : « Et cette poubelle, Michel, elle est toujours au milieu de l'entrée. »

– *La tous azimuts* : « Il est plus que temps de tondre la pelouse, Chéri. Au fait, la poignée de la porte de la cuisine est en train de se décrocher. Ah, et puis, la fenêtre de la chambre du fond est toujours coincée, et tu devrais aussi vérifier l'antenne de la télé, etc. »

– *La maternante* : « Tu as pris tes pilules aujourd'hui, Paul ? Et arrête de manger des biscuits apéritifs, c'est mauvais pour ton cholestérol, et pense à ton régime... »

– *La comparative* : « Sylvie m'a dit que Pierre avait déjà nettoyé son barbecue et qu'ils recevaient des invités demain. Tu devrais peut-être en faire autant avant que l'été ne soit terminé ? »

– *La prévoyante* : « Gilles, j'espère que tu feras attention à ne pas trop boire ce soir ; pas question que tu rentres ivre mort comme l'an dernier. »

Certaines de nos lectrices se seront inévitablement reconnues dans l'un ou l'autre de ces petits exemples, mais s'ils les font toujours sourire, elles sont bien en peine de trouver une alternative.

Quand l'asticoteuse perd la mesure, ses relations avec son entourage se dégradent. L'homme qu'elle persécute inconsciemment risque de l'ignorer encore plus, ce qui ne fera qu'alimenter sa mauvaise humeur et ses accès de colère. Le sentiment d'échec grandissant qui l'accable va aggraver son ressentiment et, si elle ne change pas d'attitude, c'est l'avenir même du couple qui est menacé.

Le point de vue de la victime

L'homme reçoit ces remarques comme un discours négatif, indirect mais permanent, sur lui-même. On lui reproche tout ce qu'il n'a pas fait, on lui agite sous le nez l'inventaire de ses insuffisances. Et tout ça, le soir ou le week-end, c'est-à-dire au moment où il n'aspire qu'à une chose : qu'on lui fiche la paix.

Plus la harceleuse s'obstine, plus l'homme se réfugie dans des attitudes défensives qui exaspèrent sa compagne : journal, ordinateur, tâches ménagères, expression absente ou fermée, amnésie, surdité apparente et télécommande de la télé. Personne n'aime servir d'exutoire à la colère rentrée, aux message insidieux, à l'auto-apitoiement, aux reproches, bref, à une entreprise de culpabilisation permanente. À la maison, tout le monde évite la harceleuse, l'abandonnant à sa rumination et à sa solitude. La fuite en avant est alors la pire des solutions, elle ne fait qu'augmenter l'incompréhension réciproque : plus la harceleuse harcèle, plus elle s'isole.

La seule conséquence certaine du harcèlement est la destruction de la relation entre la harceleuse et son compagnon parce que ce dernier ne supporte plus une relation où il a le sentiment de devoir passer son temps à se défendre.

Pourquoi les femmes font-elles de meilleures harceleuses ?

La plupart des femmes sont, c'est un fait, imbattables à ce jeu – imbattables par des hommes, s'entend. Dans les illustrations de la page suivante, représentant des scanners cérébraux de l'homme et de la femme, les zones en noir sont celles qui sont utilisées pour la parole et le langage. C'est donc une représentation graphique de la communication orale entre hommes et femmes.

On voit clairement que les femmes disposent de capacités très supérieures aux hommes sur le plan de la parole. Ce qui explique pourquoi, d'un point de vue féminin, les hommes ne disent pas grand-chose et, du point de vue masculin, les femmes sont des bavardes impénitentes.

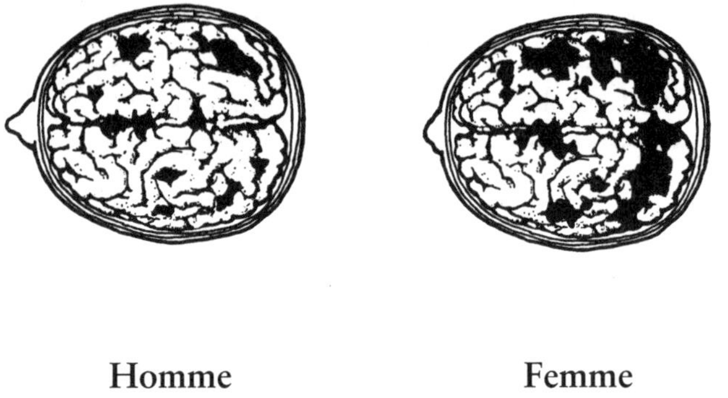

Les zones du cerveau utilisées pour la parole et le langage (Institut de psychiatrie, Londres, 2000).

Le cerveau féminin est « multitâche » : il peut envoyer cinq ou six balles en l'air en même temps. Une femme peut faire tourner un logiciel d'ordinateur tout en discutant au téléphone et en prêtant l'oreille à une discussion derrière elle, le tout en ingurgitant une tasse de café. Elle peut parler de plusieurs sujets différents dans la même conversation et recourir à cinq intonations différentes pour changer de sujet ou souligner certains points. Ne pouvant identifier que trois de ces intonations, les hommes perdent souvent le fil quand ils discutent avec une femme.

Cette aptitude à faire plusieurs choses en même temps peut d'ailleurs se manifester dans une seule phrase :

Jean : « Est-ce que Joëlle viendra pour le réveillon de Noël ? »

Martine : « Joëlle m'a dit qu'elle viendrait si les commandes de tapis marchaient bien, avec la récession leur magasin a un peu souffert. Claudine, elle, ne viendra pas parce qu'André doit voir un spécialiste. Michel, lui, s'est fait licencier et il cherche un nouveau boulot. Quant à Brigitte, elle est coincée au bureau soixante-dix heures par semaine, son patron la pressure à mort, donc Joëlle m'a dit que, si elle venait, elle s'arrangerait pour arriver en fin de matinée, on pourrait en profiter pour aller chercher des tenues pour le mariage d'Emma, et j'ai pensé que si on donnait à Joëlle et Jean-Pierre la chambre d'amis, on pourrait demander à Yves d'arriver tôt pour que... »

Jean : « Ça veut dire oui ou non ? »

Martine : « Eh bien, ça dépend aussi de Claude, le patron de Nathalie, elle lui a demandé son après-midi, mais la voiture de Claude est en panne, etc. »

Jean pensait avoir posé une question simple et il se serait contenté d'une réponse par « oui » ou « non ». Et voilà qu'il se voit gratifié d'un discours fleuve qui contient une bonne dizaine de messages différents et presque autant de prénoms ! Frustré et débordé, il éprouve soudain une violente envie de sortir arroser la pelouse.

Le cerveau de l'homme est programmé pour traiter une seule tâche à la fois. Un homme ne peut se concentrer que sur une action. D'ailleurs, quand un homme déplie une carte routière, il éteint la radio. Si sa compagne lui parle au moment où il s'engage sur un rond-point, il risque fort de rater la sortie et de le lui reprocher. Pour certains, il est même difficile de marcher tout en mâchant du chewing-gum...

> L'homme a un cerveau monotâche.
> Il ne peut pas à la fois vous faire l'amour et vous expliquer pourquoi il n'a pas sorti la poubelle.

L'un des grands problèmes des hommes, c'est de gérer un harcèlement tous azimuts. Débordés, ils réagissent presque toujours en déconnectant. L'asticoteuse a alors tendance à augmenter le volume et à marteler ses reproches avec une véhémence accrue. Elle a beau exiger qu'il l'écoute, son compagnon va se replier de plus en plus sur lui-même, quitte à fuir purement et simplement s'il ne voit pas d'autre issue. Mais elle ne rend pas pour autant les armes. Se sentant acculé, l'homme risque alors de riposter avec agressivité et la discussion de dégénérer en dispute.

Pourquoi le harcèlement ne marche jamais

La raison principale pour laquelle le harcèlement ne marche jamais, c'est que l'échec est programmé dans ce comportement. En espérant que leur guérilla finira par décider leur partenaire à agir, les asticoteuses se leurrent : en fait, elles anticipent inconsciemment l'échec ou provoquent une réponse négative.

Leur erreur majeure réside dans une mauvaise approche du problème. Au lieu de dire : « Tu dois faire ta part du boulot à la maison », elles se répandent en plaintes : « Tu ne sors jamais les poubelles, tu ne ramasses jamais tes chaussettes, etc. » Autrement dit, elles tentent de résoudre le problème en le fractionnant en mini-suppliques. Ces requêtes détournées et dérisoires sont en outre chargées de culpabilité. Elles se présentent comme autant de demandes arbitraires et sont présentées de manière indirecte, une forme de discours que le cerveau mâle ne décode pas très bien. Ces multiples coups d'épingle donnent à l'homme la désagréable sensation d'être poursuivi par une nuée de moustiques dont il ne parvient pas à se débarrasser.

« Je ne te demande pas grand-chose, ici, tu le sais bien. Ce n'est pas si terrible de sortir la poubelle quand même... Et tu sais bien que le docteur m'a interdit de soulever des poids lourds. Je me crève à faire le ménage tout le week-end et pendant ce temps-là, tu passes ton temps vautré devant la télé... Si au moins tu réparais la chaudière... Évidemment, tu ne t'es pas rendu compte qu'on se gelait dans cette maison... »

La stratégie de la mouche du coche est inadaptée, contre-productive et entraîne le couple dans l'impasse. Ce type de harcèlement devient vite une habitude corrosive qui provoque de grandes tensions, sape l'harmonie conjugale, crée du ressentiment, de la colère et peut, à la limite, provoquer des réactions de violence physique.

Les situations les plus propices au harcèlement

On observe rarement ce type de comportement dans l'univers professionnel à moins que l'asticoteuse et sa victime aient un lien intime. C'est d'ailleurs un signe d'intimité qui ne trompe pas, entre un patron et sa secrétaire, quand celle-ci, à contre-courant du rapport hiérarchique classique, se met à multiplier les rappels à l'ordre.

La stratégie de la mouche du coche traduit l'état du rapport de forces entre deux personnes. Quand une secrétaire constate que son patron a omis certaines tâches, elle peut les lui rappeler gentiment ou les faire à sa place. Après tout, c'est son rôle. Mais dès qu'elle prend de l'assurance, qu'elle se sent indispensable, en position de pouvoir, elle va être tentée de houspiller son patron pour qu'il « fasse mieux » son travail.

Il peut même arriver un moment où elle sera persuadée qu'elle pourrait prendre sa place, qu'elle serait beaucoup plus efficace que lui. Le harcèlement risque alors d'aller *crescendo*. L'assistante de direction n'a évidemment pas le pouvoir de se substituer à son patron, mais en revanche, elle va chercher, souvent inconsciemment, à le rabaisser à son niveau à elle, en lui suggérant par une myriade de petites piques qu'il n'est décidément pas à la hauteur.

La femme cadre supérieur heureuse et épanouie dans son travail n'est généralement pas une harceleuse. Elle n'a ni temps ni énergie à consacrer aux reproches. Ses ambitions, satisfactions et problèmes professionnels passent au premier plan. Si le partenaire masculin n'assume pas sa part des tâches ménagères, soit elle paie une femme de ménage, soit elle ignore la question, soit elle se déniche un compagnon avec qui la vie quotidienne est plus agréable. Elle occupe une position de pouvoir.

Les vamps, elles non plus, ne donnent pas dans ce travers. Elles aussi ont le pouvoir, bien que d'un autre type. Elles utilisent leur ascendant sexuel pour arriver à leurs fins avec les hommes. Pas question de se prendre la tête avec les chaussettes qui traînent – elles aussi laissent tomber leurs vêtements par terre et très sensuellement. Pourtant, quand la relation amoureuse s'installe dans la routine, elles peuvent changer du tout au tout et devenir les pires harceleuses qui soient.

> Les vamps se fichent pas mal des vêtements qui traînent par terre, c'est toujours là qu'elles laissent glisser les leurs.

Une femme éperdument amoureuse ne houspille jamais son compagnon. L'amour la rend aveugle. Elle ne voit ni les vêtements qui traînent ni les assiettes du petit déjeuner oubliées sur la table. En outre, son partenaire, dans l'élan initial de la relation amoureuse, fait tout ce qu'il peut pour lui plaire. Pas de place donc, dans une telle relation, pour l'asticotage.

Ce syndrome survient entre deux personnes qui entretiennent des relations très familières : mari et femme, concubins, mère et fils ou fille. C'est pourquoi la mégère type, celle que l'on épingle dans les BD, est une femme ou une mère, bref, une maîtresse de maison qui se sent généralement dénuée de pouvoir et incapable de changer sa vie par une action franche et directe.

La *career woman* respire le pouvoir matériel et intellectuel. La vamp s'impose par l'ascendant sexuel. Ce sont des êtres forts, indépendants et libres. En asticotant sans relâche son compagnon, la femme trahit une frustration, le sentiment d'être prise au piège et impuissante. Elle bourdonne et aiguillonne à tout-va, dans une colère d'autant plus tenace qu'elle est rentrée et sourde. Elle sait, au fond d'elle-même, que la vie pourrait lui offrir autre chose que ce rôle de ménagère-mégère, mais elle se sent trop coupable pour admettre qu'elle ne l'aime pas. Elle est désorientée parce qu'elle ne sait pas vraiment quoi penser de sa situation.

Des siècles de clichés conjugaux et familiaux, la lecture des magazines féminins, l'influence du cinéma, de la télé, des spots publicitaires, nous ont inculqué qu'une femme digne de ce nom préfère le rôle d'épouse et de mère parfaite. La cible de ce discours séculaire est bien consciente au fond d'elle-même de mériter mieux, mais elle s'efforce bon gré mal gré de se couler dans un moule dont elle sait qu'il ne lui convient sans doute plus. Elle aimerait autant que l'épitaphe sur sa tombe ne se limite pas à : « Elle a toujours parfaitement tenu sa cuisine », mais ne sait pas comment recouvrer sa liberté et se bâtir une vie meilleure. Souvent, ce type de femme ne réalise même pas que ces sentiments sont courants, normaux et sains.

Nos recherches font apparaître que les femmes qui se sont fixé des buts professionnels, qui travaillent plus de trente heures par semaine ou, à l'inverse, acceptent avec le sourire le rituel répétitif et monotone du travail ménager, se transforment rarement en mégères.

Derrière les reproches, une demande de reconnaissance

Le harcèlement chronique traduit une insatisfaction chronique : la harceleuse demande un surcroît de reconnaissance de la part de sa famille à laquelle elle donne tant d'elle-même et revendique la possibilité de s'adonner à des activités plus gratifiantes.

« Chaque fois qu'elle fait quelque chose, elle ne peut pas s'empêcher de le faire remarquer, soupire Adrien, un adolescent qui s'estime persécuté par sa mère. Qu'elle lave la vaisselle ou passe l'aspirateur, elle en profite toujours pour glisser une petite remarque qui souligne que la corvée, c'est pour elle. En fin de compte, je crois que je préférerais qu'elle ne fasse rien du tout. Est-ce qu'elle doit vraiment nous bassiner avec des broutilles ? »

La mère d'Adrien « bassine » son entourage avec des détails parce que sa vie n'est qu'une accumulation de ces détails, de tâches minuscules et insignifiantes. Pas facile de se sentir confiante et forte, si tout ce qu'on fait du matin au soir se résume à une série de tâches triviales, répétitives et sans gloire. N'importe qui est capable de passer l'aspirateur. Contrairement au valeureux soldat qui donne sa vie pour ses compatriotes, la ménagère, si dévouée soit-elle, n'aura jamais son nom gravé dans le marbre pour s'être consacrée, sa vie entière, au bien-être de ses proches. Pas de prix Nobel pour celles qui veillent sur l'harmonie des familles. C'est parce qu'elle ne se sent pas reconnue que la mère d'Adrien lui envoie sans cesse des piques.

> *On n'a pas le Goncourt en passant sa vie à écrire des listes de courses.*

L'épouse et mère parfaite n'a pas risqué sa vie, elle n'a pas sauté sur une mine, elle n'a pas « souffert » au sens noble du terme. Ses tâches quotidiennes paraissent bien terre à terre pour justifier de vigoureuses protestations ou revendiquer distinctions et médailles. Sa souffrance est du genre invisible, c'est la détresse de la majorité silencieuse. Mais si son fils lui concédait enfin la reconnaissance qu'elle réclame (et mérite), son moral prendrait un sérieux coup de fouet !

Frustration, solitude et déception expliquent bien souvent l'amertume de ces femmes pour qui les reproches perpétuels sont devenus la seule façon de faire entendre leur détresse. Elles se sentent mal aimées, voire méprisées. Et c'est là que réside une des clés du problème : en reconnaissant le dévouement de la harceleuse pour les mille petite tâches humbles qu'elle accomplit chaque jour, on supprime la principale cause de son syndrome.

Le complexe de la mère

Beaucoup de femmes ont le sentiment d'être le seul adulte responsable de la maison. Elles estiment que leur mari ou leurs enfants se comportent comme des gosses. Bien sûr, dans son environnement professionnel, le mari fait preuve d'une véritable compétence : il communique, résout des problèmes et obtient des résultats positifs – et il est presque toujours mieux payé qu'une femme au même poste. Difficile donc de ne pas reconnaître ses capacités. Sa compagne s'étonne simplement qu'il les laisse au bureau et n'en fasse pas profiter ses proches.

> Les études montrent que les hommes mariés vivent plus longtemps que les célibataires. Certains suggèrent que, surtout, ça semble plus long.

Le problème, c'est que les femmes ont tendance à traiter leurs compagnons plus comme de vilains petits garçons que comme des adultes à part entière.

À quoi les hommes ripostent en se conduisant effectivement comme des sales gamins. Si vous cédez à cette tentation, votre rapport de couple va commencer, lentement mais sûrement, à se dégrader. Plus l'homme se rebellera, plus sa compagne le houspillera. Plus il résistera, plus elle adoptera le comportement d'une mère. Finalement, ils en arriveront tous deux au point où ils ne se considéreront plus comme des partenaires, des amants et des complices. Et il n'est pire tue-l'amour pour un homme que d'assimiler sa compagne à sa mère, ou, pour sa femme, de partager sa vie avec un petit garçon immature, égoïste et paresseux.

Cessez de le houspiller : dites ce que vous pensez

Ce soir, à la pizzeria, l'ambiance est plus tendue que d'habitude. Le couple qui se dispute à la table 8 y est sans doute pour quelque chose. Les convives se font de plus en plus silencieux à mesure que le ton monte entre monsieur et madame. C'est la pizza géante qu'ils avaient choisi de partager qui est à l'origine de leur prise de bec. Lui voulait une « poivrons et câpres », elle convoitait une « hawaïenne ». Elle a commencé par l'accuser d'ignorer systématiquement ses préférences : elle déteste les câpres, depuis le temps, il pourrait le savoir. À quoi il rétorque que c'est un non-sens de mettre de l'ananas dans une pizza. Comment peut-on avaler un truc pareil ? D'ailleurs si elle se donnait la peine de cuisiner un peu, ils ne seraient pas obligés de dîner si souvent au restaurant. « Quoi ! bondit-elle, c'est toi qui as insisté pour venir dîner ici ! Avec mes problèmes de poids, je préférerais manger plus diététique. Est-ce vraiment trop demander d'avoir le droit de choisir la pizza qui me fait envie, ne serait-ce qu'une fois ? »

Les yeux rivés sur leurs assiettes, les convives écoutent, attendant la réplique de l'homme. Il prend son temps, boit une gorgée de vin, fixe le sol, jette un coup d'œil au menu, puis finalement lève les yeux vers sa femme. « Ce n'est pas de la pizza qu'il est question, hein ? C'est des quinze dernières années, non ? »

Les remontrances à répétition trahissent un problème de communication. Le signal est clair : il est beaucoup plus simple de se réfugier dans le harcèlement et de s'envoyer des piques que de prendre le problème à bras-le-corps. Or, cette tendance est particulièrement développée chez les femmes. Le profil de la petite fille idéale, aujourd'hui encore, privilégie sagesse et douceur, c'est-à-dire qu'on demande aux femmes de faire passer leurs besoins et leurs désirs au second plan. La fillette devient donc une femme convaincue que son rôle consiste à éviter les conflits, à mettre de l'huile dans les rouages et à être aimée, quoi qu'il en coûte. C'est ce conditionnement qui explique pourquoi beaucoup de femmes ont tant de mal à prendre le taureau par les cornes. Très rares sont celles qui seront capables de dire simplement : « Je sature complètement, je n'en peux plus de cette vie, j'étouffe, j'ai besoin de prendre deux semaines pour faire une pause et le point. Si j'envoyais les enfants une semaine chez ma mère et que tu prennes quelques jours de congé pour t'occuper d'eux la deuxième semaine, ça me laisserait le temps de respirer un peu. Je crois que je reviendrais à peu près d'attaque et que je serais beaucoup plus facile à vivre. »

Les femmes attendent des hommes qu'ils « sentent » intuitivement ce qui les travaille sans qu'elles soient obligées de le formuler explicitement. Elles s'imaginent qu'il suffit de lancer en bâillant : « Mmmh, je suis crevée, je crois que je vais aller me coucher », pour que l'autre dresse l'oreille, se dirige vers la salle de bains, se débarbouille, enfile un pyjama et se glisse dans les draps, débordant de tendresse et de désir. Mais voilà, la plupart du temps, le signal n'est pas capté. L'homme acquiesce mollement, gagne la cuisine, se ressert une bière et s'installe sur le canapé, muni de la télécommande. Seule dans son lit, elle finit par s'endormir avec le sentiment qu'elle n'est pas désirée ni aimée.

Mais le harcèlement constant masque un problème de communication plus profond. Quand les femmes se forcent à formuler explicitement ce qu'elles attendent d'eux, les hommes, en général, répondent. Il faut comprendre que le fonctionnement cérébral masculin est relativement simple et que rares sont les hommes qui devinent ce que leurs partenaires signifient par-delà les mots qu'elles emploient. Une fois que les deux sexes ont compris cela, la communication devient beaucoup plus aisée et le harcèlement perd de sa raison d'être.

Cessez de le houspiller : dites ce que vous ressentez

Votre homme ne vous avouera pas forcément qu'il se sent castré quand vous lui faites des remarques sur son comportement ! Il ne vous dira pas que vos reproches lui rappellent son adolescence et les réprimandes de sa mère. Il ne vous confiera pas que ces scènes vous ôtent tout sex-appeal, précisément parce que vous lui rappelez sa maman. Quand vous lui serinez qu'il n'est pas à la hauteur, qu'il ne prend pas les bonnes décisions, il éprouve un sentiment d'échec qui le renvoie à une fragilité dont il ne vous parlera pas non plus.

Bref, vous avez beau parler ensemble et même beaucoup, vous ne réussissez pas pour autant à faire passer les bons messages. Presque tous les problèmes d'un couple, infidélités, violences verbales ou physiques, dépression et harcèlement découlent d'une communication insuffisante. Les femmes demandent rarement : « Pourquoi est-ce que tu ne me parles plus ? » et peu d'hommes leur confieront l'inquiétude qui les taraude : « Tu n'as plus envie de faire l'amour avec moi. »

Si la femme de votre vie vous asticote, c'est qu'elle a quelque chose à vous dire et que vous n'écoutez pas. Elle va donc s'obstiner jusqu'à ce que vous saisissiez le message. La raison pour laquelle vous n'écoutez pas est simple : elle ne s'y prend pas comme il faut. C'est une constante féminine d'aborder les problèmes de manière oblique, d'éviter l'approche frontale.

Ce soir-là, Daniel rentre tard du bureau. Hélène a son visage des mauvais jours. Avant même qu'il ait pu ouvrir la bouche, elle attaque bille en tête :

Hélène : « Tu sais quelle heure il est ? Tu aurais pu prévenir que tu rentrais si tard ! Le dîner est froid – tu n'as aucune considération pour moi, il n'y a que toi qui comptes ! »

Daniel : « Ne crie pas comme ça ! Quand est-ce que tu arrêteras de geindre et d'exagérer ? Tu ne craches pas sur l'argent, que je sache… eh bien pour en gagner il faut travailler, et beaucoup ! Mais tu n'es jamais contente. »

Hélène : « Je connais la rengaine ! Ce que tu peux être égoïste ! Si tu faisais passer ta vie de famille avant le travail, pour une fois ? Tu ne fais jamais rien ici, c'est moi qui dois me coltiner tout le boulot ! »

Daniel, quittant la pièce : « Fiche-moi la paix ! Je suis fatigué et j'en ai plus qu'assez de tes reproches perpétuels. »

Hélène : « Vas-y, tire-toi, tu te comportes encore comme un gosse. Tu sais ce que c'est ton problème ? Tu fuis ! Tu t'arranges toujours pour éviter d'affronter les problèmes et tu ne veux jamais en parler ! »

Le tort d'Hélène ? Au lieu d'exprimer directement ce qu'elle ressent, elle a exprimé son hostilité d'une manière indirecte, tactique qui a mis Daniel sur la défensive, rendu toute communication impossible et empêché le couple de résoudre la situation. Aucun d'eux n'écoute l'autre. Hélène ressasse le même message éculé que d'habitude et Daniel fuit, convaincu d'avoir affaire à une véritable mégère.

Ils ne disent pas ce qu'ils ressentent vraiment. C'est le meilleur moyen d'aggraver leurs problèmes.

La technique « moi-je »

Pour capter l'attention de Daniel, Marie-Hélène devrait commencer par éviter de lui sauter à la gorge et de le placer sur la défensive. Elle peut y arriver en utilisant la technique « moi-je » et en évitant le mot « tu ».

Voici quelques-unes des phrases en « tu » qui ont énervé Daniel :

– *Tu* n'as aucune considération pour moi.

– Ce que *tu* peux être égoïste.

– *Tu* te comportes encore comme un gosse.

– *Tu* sais ce que c'est, ton problème ?

– *Tu* fuis !

La répétition des « tu » place l'interlocuteur sur la défensive. Hélène s'érige en juge et partie, ce que Daniel n'accepte pas. La technique « moi-je » permet au contraire à Hélène de communiquer à Daniel ses sentiments sur son comportement sans exprimer de jugement. Cette technique vous assurera une discussion normale avec votre partenaire en désamorçant son agressivité : la dispute est neutralisée avant d'avoir commencé.

La technique « moi-je » comporte quatre parties :

– Vous décrivez le comportement de votre partenaire.

– Vous l'interprétez.

– Vous exprimez vos sentiments.

– Vous énumérez les conséquences que ce comportement a sur vous.

Voici comment Hélène aurait dû engager la discussion :

Hélène : « Daniel, tu es rentré tard toute la semaine et tu ne m'as jamais appelée pour me prévenir [description du comportement de l'autre]. Est-ce que tu essaies de m'éviter ou est-ce que tu as quelqu'un d'autre dans ta vie ? [interprétation] *Moi*, je commence à me sentir incomprise et mal aimée. Dans l'histoire, *moi*, je suis la cinquième roue du carrosse [expression des sentiments]. Si ça continue, *moi*, je vais finir par péter un plomb à force de me prendre la tête [conséquences]. »

Daniel : « Oh ! Hélène, *je* suis vraiment désolé. Je n'avais pas compris que tu vivais si mal les choses. *Moi, je* ne t'évite pas, *je* t'aime. Comment peux-tu croire que *moi, j'*aie une liaison ? *J'*ai été surchargé de travail au bureau, c'est tout, c'est la raison pour laquelle *je* rentre tard et je suis si stressé. Quand *je* rentre à la maison, *moi je* suis si fatigué que j'ai besoin d'un peu de temps pour me retrouver. *Moi, je* ne veux pas que tu te sentes si mal et *je* te promets qu'à partir d'aujourd'hui je t'appellerai chaque fois que je devrai rentrer plus tard. »

La technique « moi-je » est efficace parce qu'elle fait tomber les défenses de l'interlocuteur, elle contraint à plus d'honnêteté et permet à chacun de clarifier ses sentiments. Il est virtuellement impossible de contrarier l'interlocuteur avec cette technique.

Dans l'exemple ci-dessus, le message a été clairement communiqué par Daniel et Hélène ce qui a permis de résoudre le problème. L'échange d'arguments « moi-je » est plus efficace quand ils sont formulés de la bonne façon, sur le ton juste et au bon moment. Avant de parler, n'hésitez pas à attendre quelques instants pour vous assurer que votre interlocuteur est vraiment attentif.

Accordez-lui une demi-heure pour décompresser

Au terme d'une longue journée de travail, un homme a besoin d'une demi-heure de récupération avant d'être prêt à discuter. La plupart des femmes, en revanche, sont prêtes à parler et veulent discuter immédiatement. Voici comment appliquer cette technique :

Daniel : « Chérie, *moi, j'*ai vraiment eu une longue et dure journée, peux-tu me laisser une demi-heure pour me détendre ? *Je* te promets qu'on discutera autant que tu voudras, après. »

Hélène : « Chéri, *moi, j'*ai besoin de parler de ce qui s'est passé aujourd'hui. Quand est-ce qu'on pourra en discuter ? »

Si Daniel lui fixe une heure (et tient sa promesse) et qu'Hélène donne à son compagnon le temps de se reposer, il n'y aura ni dispute ni tension et personne ne se sentira agressé.

Faites-vous obéir de vos enfants

La responsabilité parentale vis-à-vis des enfants consiste notamment à persuader et à exiger de leur part un certain comportement. Ce dernier est censé garantir la sécurité des enfants, mais aussi leur bien-être et leur succès dans la vie. Mais ce souci parental, à partir de quel moment se change-t-il en harcèlement ? Et qui faut-il blâmer pour ces remontrances perpétuelles, l'enfant désobéissant ou le parent houspilleur ?

Ce sont les parents qui conditionnent les enfants à réagir automatiquement comme ils le font. L'enfant a appris qu'il n'était pas nécessaire d'obtempérer à la première demande et la règle (instituée par vous) veut que vous répétiez votre demande – serait-ce sous la forme d'une exigence – avant qu'il réponde. L'enfant vous a habitué à répéter, comme si vous ne vouliez pas vraiment qu'il tienne compte de votre demande.

Vous voilà donc prise dans un cercle vicieux. Plus vous vous répétez, plus vous vous plaignez et plus longtemps l'enfant résistera. Plus vous serez frustrée par son insoumission, plus vous vous irriterez et plus vous élèverez la voix. L'enfant ne comprendra pas cette irritation et vous en voudra parce qu'il aura l'impression de n'avoir rien fait de mal. Il sera désorienté et frustré à son tour. Ce qui commençait par une demande toute simple (« Viens dîner ! ») s'est transformé en guérilla épuisante.

Cette mauvaise pente parent houspilleur/enfant désobéissant peut être facilement corrigée pourvu que vous soyez assez disciplinée et rigoureuse (avec vous-même, pas avec l'enfant !)

La recette est simple : interdisez-vous tout laxisme pendant trente jours d'affilée. Expliquez à votre enfant que vous savez qu'il n'a besoin que d'une demande pour coopérer et que s'il ne répond pas, c'est son choix. Et montrez-lui quelles seront les conséquences de son choix.

Montrez-vous inflexible avec vous-même, pas avec votre enfant !

Par exemple : « Juliette, je veux que tu ramasses tes vêtements sales qui traînent par terre dans ta chambre et que tu les mettes dans le panier de linge sale. Si tu ne le fais pas, je ne les laverai pas. »

L'autodiscipline et la détermination sont essentielles pour une raison simple : qui va céder le premier ? Si vous cédez et que vous ramassez ses affaires, vous êtes revenue au point de départ. Prenez le parti inverse. Laissez les affaires sales s'accumuler par terre et faites la sourde oreille aux plaintes du style : « Je n'ai plus rien à me mettre ! » Cela peut vous paraître rude, mais vous êtes en train d'inculquer le sens des responsabilités à votre enfant – tout en vous simplifiant considérablement la vie. Et les futurs compagnons de vos enfants ne vous reprocheront pas les mauvaises habitudes de vos rejetons, au contraire !

Il n'y a pas de fatalité : le comportement bon ou mauvais d'un enfant découle essentiellement de l'éducation qu'il a reçue.

Cessez de les houspiller, éduquez-les

Si vous réalisez que vous tarabustez sans cesse un membre de votre entourage, cela prouve que celui-ci vous a conditionné. En d'autres termes, c'est lui qui fixe les règles du jeu et c'est vous qui cédez. Supposons, par exemple, que vous demandiez sans cesse à cette personne d'arrêter de jeter ses serviettes-éponge humides sur le sol de la salle de bains. Rien n'y fait, ni suppliques, ni remarques acerbes, ni cris, elle continue imperturbablement à laisser traîner ses serviettes par terre. Que faire ? Cesser de les ramasser.

Vous ne voulez pas d'une salle de bains en désordre et vous croyez que si vous ne les ramassez pas, personne ne se dévouera ? Mais le ou la négligent(e) sait très bien que vous finirez de toute façon par les ramasser et par nettoyer – au prix, certes, de quelques reproches, un prix qu'ils estiment modique. Vous avez été conditionnée par votre enfant ou votre mari.

Voici comment résoudre le problème : allouez une serviette propre à chaque adulte et chaque enfant de la maison et faites-leur savoir qu'il s'agit de leur serviette personnelle dont ils sont entièrement responsables. Ajoutez que dorénavant toute serviette humide abandonnée sur le sol de la salle de bains sera ramassée parce que sa présence empiète sur votre droit à disposer d'une salle de bains nette et propre. Vous la jetterez dans le jardin, ou dans la niche du chien ou encore la glisserez sous l'oreiller du contrevenant, selon votre humeur. Peu importe. La mise en œuvre de cette stratégie de rétorsion va entraîner quelques fous rires et beaucoup de protestations de la part du fautif, mais surtout persévérez jusqu'à reddition complète de l'ennemi, sinon vous reviendrez à la case départ.

Supposons, par exemple, que la prochaine fois que vous tombiez sur une serviette humide, vous la fourriez tout au fond d'un placard inaccessible. Quand le contrevenant voudra prendre sa douche, il vous demandera où se trouve sa serviette et vous le lui indiquerez. Il verra alors à quel point il est désagréable de se sécher avec une serviette humide qui sent le moisi. Deux ou trois expériences de ce genre suffiront pour l'inciter à ramasser et à suspendre sa serviette ou à la mettre dans le bac à linge sale. Grâce à cette technique, c'est vous qui conditionnez les autres et non l'inverse – et du coup vos remontrances perdent leur raison d'être. Si vous faites le choix inverse, continuer à passer derrière les autres pour ramasser ce qui traîne, vous aurez choisi de rester celle qui est conditionnée, ce qui vous ôtera tout droit de protester contre ceux qui transforment votre intérieur en champ de bataille.

Étude de cas : Gilles et la poubelle

Gilles, âgé de 13 ans, devait en principe sortir la poubelle tous les mercredis soir. Il avait pris l'habitude de dire qu'il le ferait « après le dîner » ou bien « après le film » ou encore « après la douche », mais il oubliait invariablement. Semaine après semaine, s'exhalaient des sacs poubelles qui n'avaient pas été ramassés par la benne des remugles nauséabonds qui flottaient dans la cuisine et tout le monde se pinçait le nez en passant à côté des ordures qui s'accumulaient. Sa mère le rappelait à l'ordre chaque jour, elle multipliait les remarques, mais sans succès. Gilles, apparemment étanche à tous ces reproches, oubliait régulièrement les ordures et faisait le gros dos.

Un beau jour, la mère de Gilles se rendit compte qu'elle se faisait avoir et décida de reprendre le contrôle de la situation. Elle lui expliqua que c'était sa responsabilité de sortir la poubelle, mais vu qu'il en était incapable, toute la famille devait subir les odeurs nauséabondes qui en émanaient. Elle l'informa ensuite des conséquences de sa désobéissance : si les ordures n'étaient pas sorties en temps et heure, les ordures seraient désormais stockées dans sa chambre. Si les mauvaises odeurs ne l'incommodaient pas, alors il n'aurait qu'à dormir avec. Tout ce topo fut débité d'une voix neutre, sans agressivité, avec le sourire, mais de manière claire et nette.

Arriva le mercredi soir et, comme d'habitude, Gilles oublia de sortir la poubelle. Le soir, quand il monta se coucher, il trouva la poubelle dans sa chambre et, cerise sur le gâteau, les ordures répandues sur son lit. Jamais il n'avait senti une odeur aussi pestilentielle ! Évidemment, il fallut laver les draps du lit (ce qu'on lui demanda de faire lui-même – il avait été dûment prévenu). Mais il n'oublia plus jamais de sortir la poubelle...

Comprendre les motivations du harcèlement

Si l'homme victime du harcèlement est honnête et avoue une part de responsabilité, s'il reconnaît que cette tactique exprime une demande de reconnaissance, il peut faire évoluer la situation de manière que personne ne se sente lésé. Nous avons tous besoin de nous sentir estimés. Toutes les études le confirment : les femmes qui travaillent à plein temps sont moins atteintes par le syndrome de la mégère que celles qui passent de longs moments seules chez elles. Elles ont le sentiment d'être utiles à la société et se sentent récompensées de leurs efforts. De même, les maîtresses de maison qui apprécient vraiment le fait de régner sur leur foyer et en tirent leur fierté, font de la bonne cuisine, des plats équilibrés, et dont la vocation est de veiller sur leur famille, ne sont généralement pas des mégères ou des dragons domestiques – à condition toutefois qu'elles se sentent reconnues.

Les houspilleuses, asticoteuses et harceleuses se comptent donc plutôt parmi celles qui n'aiment pas leur condition de femmes au foyer. Parmi celles qui s'ennuient, qui ont le sentiment qu'il ne se passe jamais rien dans leur vie. Laver les vêtements, aspirer les tapis, récurer la cuisine, faire les lits, et les courses, peut devenir minant au bout d'un certain nombre d'années. Ajoutez à ce cocktail des enfants turbulents qui mettent à sac, en dix minutes, une maison que leur malheureuse mère a passé sa journée à ranger, on comprend qu'elle se laisse envahir par un ressentiment. Celui-ci va s'exprimer sous forme de remarques acerbes qui feront régner une ambiance délétère.

Derrière ces litanies de reproches, il y a une détresse : la victime doit savoir se mettre à l'écoute.

Le syndrome de la mégère est le résultat d'une communication déficiente.

Le défi pour la victime

Le rétablissement d'un rapport harmonieux suppose un effort de la part des deux parties : chacun doit accepter sa part de responsabilité et vouloir changer la situation. La victime doit reconnaître et accepter le fait qu'elle est en partie responsable du problème.

Les hommes harcelés développent des conduites d'évitement, ce qui ne fait qu'aggraver le problème. Ils peuvent ignorer les remontrances, essayer de rembarrer celle qui les houspille ou s'excuser de ne pas avoir déféré aux requêtes de cette dernière. Les victimes ont le beau rôle parce qu'elles peuvent toujours prendre un air excédé et jouer les martyres. Mais la seule façon d'en finir avec ce cercle vicieux consiste à se regarder en face et à reconnaître sa part de responsabilité. La maîtresse de maison aigrie et agressive est d'abord une femme qui demande à être comprise et estimée.

Votre épouse vous mitraille de remarques acerbes ? Le moment est venu de vous poser quelques questions :

- Savez-vous l'écouter ?
- Comprenez-vous sa frustration ?
- Avez vous tendance à vous montrer supérieur, à la considérer d'un œil vaguement méprisant ?
- Reconnaissez-vous ses mérites ?
- Refusez-vous de prendre votre part des tâches ménagères parce que vous considérez qu'en

tant que soutien de famille, vous n'êtes pas tenu de les assumer ?
- Ou bien êtes-vous seulement paresseux et négligent ?
- Votre refus de comprendre les problèmes de l'autre est-il motivé par un autre sentiment, une colère inavouée, par exemple ?
- Voulez-vous être heureux ?
- Si vous le voulez vraiment, êtes-vous prêt à prendre le taureau par les cornes et à mettre les choses au clair avec l'autre ?

Le défi pour la harceleuse

Si vous êtes la harceleuse, avez-vous réfléchi au fait que votre conjoint est peut-être incapable de satisfaire votre demande ? Vous conduisez-vous comme un parent avec lui ? Insistez-vous pour qu'il agisse sans délai, sans tenir compte de ses besoins sur le moment ? Avez-vous tendance à marteler vos exigences jusqu'à reddition de la partie adverse ?

Si vous répondez oui à une seule de ces questions, prenez le temps de discuter de la situation avec votre partenaire (ou votre enfant) en utilisant la technique « moi-je » :

- Expliquez-lui ce qui vous frustre.
- Acceptez qu'il choisisse le moment où il s'acquittera de la tâche que vous lui assignez.
- Cessez de vous répéter.
- Exprimez vos besoins mais soyez à l'écoute de la réaction de votre partenaire.

- Sollicitez son initiative, il aura peut-être de bonnes idées.
- Évitez les arguments en « tu » qui vont le mettre sur la défensive.
- Quelle sera la solution ou la conséquence s'il ne reconsidère pas son comportement ?
- Que comptez-vous faire pour améliorer votre image de vous-même ?
- Quand vous atteignez les buts quotidiens que vous vous êtes fixés, vous récompensez-vous ?
- Voulez-vous être heureuse ?

Le harcèlement peut devenir pour beaucoup d'entre nous un mode de vie, une façon de couper court à toute communication, d'attiser rancœurs, colères et dépressions, de saper un rapport qui devrait être une source quotidienne de joie, de tendresse et de réconfort. Mais ce dérapage dans la rancœur n'est en rien une fatalité. Suivez les tactiques développées dans ce chapitre et vous construirez un avenir beaucoup plus heureux et aimant.

Chapitre 2

7 choses que font les hommes et qui exaspèrent les femmes

Trois Rois mages suivirent l'étoile vers l'est, jusqu'à Bethléem, pour trouver l'enfant Jésus. Ils apportaient des présents : l'or, l'encens et la myrrhe. Et s'il s'était agi de trois Reines ?

L'histoire des trois Rois mages et de la naissance du Christ est l'une des plus connues au monde. C'est aussi l'une de celles qui pour les femmes, illustrent les travers masculins qui les exaspèrent. À commencer par cette présomption agaçante d'être le centre du monde : *Primo*, l'étoile qui scintille à l'est a été placée dans le ciel spécialement pour eux. *Secundo*, il leur faut plusieurs mois pour trouver l'étable où est né Jésus, sans doute parce qu'ils ont négligé de demander leur chemin. *Tertio*, selon vous qu'est-ce qu'une mère épuisée par son accouchement pourra bien faire d'or, d'encens et de myrrhe ? Et enfin, *trois* Rois mages[1] ? N'est-ce pas là un tableau des plus improbables ?

[1] En anglais, les Rois mages sont les *Wise Men* c'est-à-dire, littéralement, des « sages » (N.d.T.).

Imaginons que les héros de l'histoire soient des héroïnes. Nos trois « Reines mages » auraient demandé leur chemin, seraient arrivées à temps pour aider à l'accouchement et auraient apporté des cadeaux utiles : des langes, des biberons, des jouets et un bouquet de fleurs. Ensuite, elles auraient fait sortir les animaux, nettoyé l'étable, cuisiné pour toute la famille, et seraient reparties en échangeant numéros de téléphone et e-mails pour ne pas se perdre de vue. Et l'on n'aurait jamais entendu parler de guerres interethniques.

> Moïse erra dans le désert pendant quarante jours. Lui non plus n'avait pas songé à demander son chemin.

Difficile de démystifier un mythe de la taille de Moïse pour recenser les travers masculins types qui exaspèrent les femmes. Mais voilà : parmi les cinq mille lettres de lectrices que nous avons reçues, nous avons retenu les sept questions que les femmes posent le plus souvent à propos des hommes :

1. Pourquoi les hommes passent-ils leur temps à proposer des solutions et à donner des conseils ?
2. Pourquoi les hommes passent-ils leur temps à zapper avec la télécommande ?
3. Pourquoi les hommes ne s'arrêtent-ils jamais pour demander leur chemin ?

4. Pourquoi les hommes persistent-ils à laisser la lunette des toilettes relevée ?
5. Pourquoi les hommes détestent-ils tant faire du shopping ?
6. Pourquoi les hommes sont-ils affligés de manies si dégoûtantes?
7. Pourquoi les hommes aiment-ils tant les histoires cochonnes ?

Les « mauvaises habitudes masculines » (selon nos lectrices) se répartissent en deux catégories : celles qui découlent de l'éducation et celles qui s'expliquent par les connexions cérébrales. Mais aucune n'est irrémédiable. Tous les mâles sont rééducables, simple question de savoir faire.

1. Pourquoi les hommes passent-ils leur temps à proposer des solutions et à donner des conseils ?

« Mon compagnon commence à m'exaspérer sérieusement avec sa manie de toujours me fournir les solutions clé en main pour tous les problèmes de la vie quotidienne, que je le veuille ou non ! Pas un domaine de ma vie qui lui échappe... Je lui raconte ma journée, je lui expose ce que j'ai ressenti à tel ou tel moment et le voilà qui se lance dans un énième topo pour m'expliquer ce que je dois dire, penser ou faire ! C'est sûr il est très doué pour résoudre toutes sortes de problèmes pratiques, robinets qui fuient, fusibles qui sautent, problèmes mécaniques et informatiques divers, etc. En revanche quand il s'agit d'écouter, il se met aux abonnés absents. Et si je ne suis pas ses conseils, gare ! »

Carine, qui en a par-dessus la tête.

Pour comprendre pourquoi les hommes ne peuvent s'empêcher de fournir des solutions pour tous les problèmes, y compris les plus minimes, il faut nous pencher sur le fonctionnement du cerveau masculin.

Autrefois, l'homme était un chasseur, et sa principale contribution à la survie de l'espèce résidait dans son aptitude à atteindre une cible en mouvement afin de pouvoir nourrir la tribu. Il fallait donc savoir viser avec précision les proies comestibles ou encore les ennemis de la tribu adverse quand ils s'étaient mis en tête de voler leurs vivres ou de menacer leur famille. C'est cette urgence vitale qui explique l'importance chez eux d'une zone « visuelle-spatiale » leur permettant d'accomplir leur mission existentielle première : atteindre des cibles et résoudre des problèmes. Le résultat, c'est l'obsession masculine du résultat : les hommes se jugent et se définissent à l'aune des solutions qu'ils échafaudent et des résultats qu'ils obtiennent.

C'est pour cette raison que les hommes adorent porter l'uniforme et des casquettes avec des insignes qui proclament leur compétence et leur aptitude à résoudre les problèmes. Les hommes, généralement convaincus qu'ils sont les plus aptes à régler leurs propres problèmes, ne voient pas de raison d'en discuter avec qui que ce soit. Un homme ne soumettra son problème au jugement d'autrui que s'il a besoin de l'avis d'un expert et qu'il juge cette démarche stratégiquement judicieuse. Autre avantage, l'homme à qui l'on demande son avis se sent honoré par cette requête.

> Quand un homme demande son avis à un autre homme, ce dernier considère la démarche comme un compliment.

Un homme qui se voit offrir par une femme un conseil qu'il n'a pas sollicité a tendance à l'interpréter comme un jugement négatif sur sa compétence : on lui suggère qu'il est incapable de résoudre ses problèmes seul. Pour la même raison, il confiera rarement ce qui le tracasse. Il adore, en revanche, proposer des conseils et des solutions, alors que les conseils, surtout de la part d'une femme, ne sont pas les bienvenus.

Pourquoi les hommes exaspèrent les femmes avec leurs solutions

Le cerveau féminin est conçu pour la communication orale et le but de la communication orale est… de parler. La plupart du temps, la femme ne recherche ni réponses ni solutions. Cette différence entre les sexes explique les malentendus constants que vivent la plupart des couples. À la fin de la journée, la femme a besoin de raconter ce qui lui est arrivé et de partager son vécu avec son compagnon. Lui a l'impression qu'elle lui demande de régler ses problèmes et se met à échafauder des solutions. Mais voilà que sa chère et tendre s'énerve parce qu'elle a l'impression que son interlocuteur n'écoute pas et lui s'irrite parce qu'elle rejette ses conseils.

« Tu ne peux pas te contenter d'écouter en silence ? lui lance-t-elle en se dirigeant vers la porte.

– Si mon opinion ne t'intéresse pas, tu n'as qu'à ne pas me la demander ! rétorque-t-il, outré, tandis qu'elle claque la porte derrière elle. »

Et tous deux restent sur l'impression que leur opinion compte pour du beurre…

> Elle veut qu'il l'écoute et la comprenne.
> Il croit qu'elle lui demande une solution.

Il s'estime attentionné et aimant, elle le juge indifférent et suffisant.

Étude de cas : Évelyne et Jérôme

Évelyne a eu une dure journée au travail : son patron ne l'a pas laissée souffler une minute, elle s'est pris des réflexions pour un ratage administratif, elle a perdu son sac et s'est brisé un ongle. Tout va mal et il faut qu'elle se confie à Jérôme quand elle le retrouvera à la maison. Elle lui téléphone donc pour savoir à quelle heure il a l'intention de rentrer puis prépare un bon dîner dans l'espoir qu'elle aura une longue discussion avec lui. Il sera attentionné et compatissant, se dit-elle. Elle lui confiera tout ce qu'elle a sur le cœur et se sentira beaucoup mieux après. Elle veut qu'il l'écoute, elle veut se sentir aimée, réconfortée, rassurée sur sa capacité à régler ses problèmes. Mais Jérôme, lui aussi, a eu une journée difficile. Il a quitté le travail sans avoir fini de bosser sur des dossiers qui doivent être prêts pour le lendemain. Il y réfléchit durant tout le trajet de retour à la maison. Il sait, à cause du coup de fil, qu'Évelyne a eu une sale journée, mais il a vraiment besoin de la soirée pour régler ses propres problèmes. En arrivant à la maison, après un bref salut à sa compagne, Jérôme se jette sur le canapé et regarde les nouvelles à la télé. Elle s'active à la cuisine et lui annonce que le dîner sera prêt dans un quart d'heure. Il pense : « Parfait ! Quinze minutes de paix avant de passer à table », elle se dit : « Génial ! Un quart d'heure pour discuter avant de dîner. »

Évelyne : « Comment s'est passée ta journée, chéri ? »

Jérôme : « Très bien. »

Évelyne : « Moi, j'ai eu la pire journée de ma vie et je n'en peux plus ! »

Jérôme : « Tu n'en peux plus de quoi ? »

Évelyne : « Mon patron est insupportable ces temps-ci. Quand je suis arrivée ce matin, il m'a passé un savon parce que je n'avais pas fini la nouvelle campagne de pub. Ensuite il m'a annoncé qu'il la voulait pour la fin de la semaine, qu'il avait donné rendez-vous au client lundi prochain et que j'avais intérêt à être au point. Quand je lui ai répondu que la campagne n'était pas prête parce que je travaillais sur le dossier Dupont, qui était soi-disant « urgent », et que je n'avais pas le temps de boucler les deux projets en quelques jours, il m'a coupée, me disant qu'il n'avait pas le temps d'écouter mes excuses. Il veut avoir la campagne sur son bureau avant que je quitte le bureau vendredi. Tu imagines ? Il n'a même pas voulu m'écouter… (Évelyne refoule un sanglot), puis il a changé de sujet et m'a annoncé qu'il me verrait à dix-huit heures vendredi pour qu'on revoie ensemble tous les détails. Je n'ai plus qu'une envie, lui flanquer ma démission. Je n'en peux plus…

Jérôme : « Écoute, ma chérie, c'est simple. Tu n'as qu'à lui dire que tu ne peux pas achever les deux projets et lui demander duquel il a besoin en premier. Va le voir demain matin, dis-lui que le délai est trop serré, et qu'il doit reporter son rendez-vous ou te donner quelqu'un pour avancer sur les deux dossiers. »

Évelyne *(visiblement à cran)* : « Je ne peux pas le croire ! Je te parle de mon patron qui passe son temps à me donner des directives sans jamais m'écouter et tu commences à me dicter tes consignes… Si, pour une fois, tu te contentais de m'écouter ? J'en ai marre des mecs qui ont réponse à tout. »

Jérôme : « Écoute, Évelyne, si mon opinion ne t'intéresse pas il ne faut pas venir me raconter tes problèmes. Débrouille-toi toute seule et ne vient pas te plaindre. J'ai mes problèmes moi aussi et, soit dit en passant, je les règle tout seul comme un grand ! »

Évelyne *(au bord des larmes)* : « Eh bien, va te faire voir ! Je trouverai bien quelqu'un qui saura m'écouter sans se croire obligé de me faire la leçon ! Quant à ton dîner, tu te le mangeras seul ! Je sors et je ne sais pas quand je rentrerai ! »

Ce scénario, avec des variantes, est un grand classique des couples du monde entier. Évelyne se sent abandonnée, mal aimée et blessée. Jérôme se sent désorienté et dévalorisé parce qu'Évelyne a critiqué ce qu'il croit être sa compétence n° 1 : résoudre les problèmes.

Comment Jérôme aurait-il dû s'y prendre ?

Rejouons cette scène et voyons comment Jérôme aurait pu s'épargner un début de soirée si calamiteux.

Évelyne : « Comment s'est passée ta journée, chéri ? »

Jérôme : « Très bien. J'ai eu quelques problèmes au boulot que je dois régler ce soir et les choses iront beaucoup mieux après une bonne nuit ! »

Évelyne : « Eh ben moi, ça a été la pire journée de ma vie et je n'en peux plus ! »

Jérôme : « Oh non, pauvre chérie ! Tu vas me raconter tout ça, mais laisse-moi juste un quart d'heure pour réfléchir aux problèmes que je dois régler, ensuite je me consacrerai entièrement à toi. »

Évelyne : « OK, je t'appellerai quand le dîner sera prêt. Tu veux un verre de vin tout de suite ? »

Jérôme : « Oh oui, merci, chérie, avec plaisir ! »

Jérôme a maintenant un peu de temps pour penser à ses problèmes. Évelyne, de son côté, est rassurée : une oreille aimante est là pour elle et elle va pouvoir décharger son cœur. Ensuite, sans nul doute, tout ira mieux.

Voici maintenant un bref aperçu du dîner, tel qu'il devrait se passer :

Évelyne : « Mon patron est insupportable, ces temps-ci. Quand je suis arrivée ce matin, il m'a passé un savon parce que je n'avais pas fini la nouvelle campagne de pub. Puis il m'a dit qu'il la voulait pour la fin de la semaine, qu'il avait donné rendez-vous au client lundi prochain et que j'avais intérêt à être au point. Quand je lui ai répondu que la campagne n'était pas prête parce que je travaillais sur le dossier Dupont, qui était soi-disant "urgent"... »

Jérôme *(l'air sincèrement compatissant)* : « Mais chérie, c'est terrible ! Il ne se rend pas compte de tout le travail que tu abats ? Tu as l'air tellement stressée... »

Évelyne : « Tu ne peux même pas imaginer à quel point ! Quoi qu'il en soit, je me suis mise à lui expliquer que la campagne n'était pas finie parce que le projet Dupont me prenait tout mon temps. Mais, au milieu de mon explication, il m'a coupée pour me répliquer qu'il n'avait rien à faire de mes excuses et qu'il voulait la campagne sur son bureau d'ici vendredi soir dernier délai. Tu te rends compte ? »

Jérôme *(l'air soucieux et résistant à l'envie de donner un conseil)* : « Il m'a l'air particulièrement pénible en ce moment... »

Évelyne : « Il n'a rien voulu entendre. Il a changé de sujet et m'a dit qu'il me verrait à dix-huit heures vendredi pour revoir le dossier avec moi. Je suis tellement sous pression que je suis au bord de lui flanquer ma démission. »

Jérôme *(passant son bras autour de son épaule)* : « Tu as eu une journée vraiment difficile, chérie. Qu'est-ce que tu aimerais faire ? »

Évelyne : « Je vais me coucher, passer une bonne nuit et me lever tôt et si je ne me sens pas mieux demain, j'aimerais que tu m'aides à faire le point à ce moment là. Je suis trop fatiguée et trop stressée pour en parler ce soir. Merci de m'avoir écoutée, chéri. Je me sens déjà beaucoup mieux... »

En s'abstenant de proposer des solutions immédiatement, Jérôme a évité une dispute, il a eu un dîner chaud et il n'a pas passé la nuit sur le canapé du salon. En laissant à Jérôme le temps dont il avait besoin, Évelyne a évité l'escarmouche habituelle et s'est sentie réconciliée avec elle et sa vie.

Comment faire des affaires avec le sexe opposé

Les hommes et les femmes ne font pas du tout des affaires de la même façon, et si les deux sexes ne font pas l'effort de comprendre toutes les implications de cette différence, leurs relations d'affaires peuvent s'avérer désastreuses. Avant d'aborder le vif du sujet, les femmes veulent d'abord établir un rapport personnel avec leur interlocuteur. Elles auront tendance à parler de choses et d'autres, souvent de sujets très personnels, afin de mieux savoir à qui elles ont affaire et si le personnage qu'elles ont en face d'elles est fiable. Les hommes, la plupart du temps, se méprennent complètement sur cette approche. Parfois, ils l'assimilent à une tentative de séduction et ils s'imaginent presque toujours qu'on leur demande conseil. Ce qui les autorise à proposer des solutions et à conseiller leurs interlocutrices sur ce qu'elles doivent dire, penser ou faire, attitude qui déplaît fortement à celles-ci. La femme à qui un inconnu prétend dicter sa conduite risque fort de faire une croix sur ce personnage incapable d'écouter : elle craint de n'avoir pas son mot à dire s'ils font des affaires ensemble.

Devant les réticences qu'elle montrera à s'engager dans une relation d'affaires avec lui, le partenaire repoussé, convaincu d'avoir réagi adéquatement, sera évidemment déconcerté. Les hommes doivent comprendre que si l'on veut faire des affaires avec une femme, il est préférable de nouer un rapport personnel avec elle. Quant aux femmes, elles doivent réaliser que les discussions personnelles mettent les hommes mal à l'aise et qu'ils préfèrent aller droit au but. Une fois que chaque partie a compris le fonctionnement de l'autre, elles sont beaucoup plus disposées à trouver un compromis, ce qui permet l'établissement d'une relation professionnelle bien plus solide à long terme.

Comment éviter une dispute

Quand une femme est énervée ou stressée et qu'elle a besoin de parler, la technique la plus simple consiste pour elle à dire à son interlocuteur : « J'ai besoin de parler de différentes choses avec vous. Je n'ai pas besoin de solutions, je désire seulement que vous m'écoutiez. » Un homme à qui on indique exactement ce qu'on attend de lui est mis en confiance.

Solution

Quand une femme parle et que son interlocuteur ne sait pas si elle recherche des solutions ou si elle souhaite seulement qu'on l'écoute, il suffit de lui demander : « Voulez-vous que je vous écoute comme un homme ou une femme ? » Si la réponse est : « Une femme », il n'a qu'à écouter. En revanche si elle attend de lui qu'il écoute comme un homme, il peut proposer conseils et solutions. En précisant ainsi la règle du jeu, nos deux interlocuteurs se mettent à l'abri d'un éventuel malentendu.

> Une femme souhaite qu'on l'écoute, pas qu'on lui dicte sa conduite.

En résumé, hommes et femmes ne donnent pas le même sens aux conseils : le donneur de conseils se sent attentionné et aimant alors que celle qui les reçoit peut se sentir mal écoutée. La leçon à tirer est simple mais capitale : pour un homme, il s'agit d'écouter avec empathie, surtout si son interlocutrice est énervée et, s'il n'est pas sûr de ce qu'elle attend de lui, le mieux est de lui poser tout simplement la question. Si vous êtes une femme, dites clairement à votre confident ce que vous attendez de lui.

2. *Pourquoi les hommes passent-ils leur temps à zapper avec la télécommande ?*

> **Télécommande :** *nom*, *fém.*, appareil permettant de passer d'une chaîne à une autre ; *masc.*, appareil permettant de surfer sur les chaînes en zappant toutes les deux minutes trente.

Pendant des milliers d'années, les hommes, au retour de la chasse, passaient leur soirée à contempler le feu. Ils pouvaient rester dans cet état de semi-transe pendant de longs moments sans communiquer et les mâles de la tribu respectaient ces moments de repos mutuel durant lesquels chacun d'eux se mettait à l'écart avec l'assentiment des autres. Ces moment de détente constituaient un très efficace moyen de recharger les batteries dans la perspective de la dépense physique du lendemain. Pour les hommes modernes, la contemplation du feu a pris d'autres formes : journaux, livres et télé (c'est-à-dire séance de *zapping*).

Un jour que nous visitions un petit village du Kalahari, en Afrique du Sud, nous avons aperçu une antenne parabolique alimentée par une batterie solaire sur le toit d'une hutte. Intrigués, nous nous sommes approchés et nous avons découvert un groupe de *bushmen* vêtus de pagnes assis autour d'un téléviseur, attendant leur tour pour zapper.

La frénésie masculine du zapping exaspère les femmes du monde entier. Combien d'entre elles n'ont pas évoqué en plaisantant le jour où elles enterreront leur époux la main droite crispée sur sa chère télécommande ?

> Au paradis, chaque homme possède trois télécommandes, et toutes les lunettes des toilettes sont relevées.

À la fin d'une longue journée, les femmes aiment se détendre en regardant une émission de télé surtout si celle-ci montre des rapports humains et comporte des scènes qui les touchent émotionnellement. Leur cerveau est organisé pour déchiffrer les paroles et le langage corporel des acteurs et, dans une série, elles aiment prédire l'évolution des rapports entre les personnages dans les épisodes suivants. Elles apprécient aussi les spots publicitaires. Pour les hommes, regarder la télévision procède d'une démarche complètement différente, destinée à satisfaire deux attentes principales. D'abord, avec son esprit obsédé par la recherche du résultat et la résolution des problèmes, l'homme veut aller droit à l'essentiel. En zappant il retrouve son élément : il peut analyser les problèmes de chaque programme et chercher des solutions. Ensuite, il aime oublier ses problèmes en se penchant sur ceux d'autrui, ce qui explique pourquoi six fois plus d'hommes que de femmes regardent les nouvelles du soir. Comme son esprit ne peut faire qu'une chose à la fois, quand il écoute les problèmes des autres sans s'en sentir responsable, il oublie les siens. C'est donc une excellente manière de se détendre, comme le surf sur Internet, le bricolage, l'arrosage du jardin, la séance au club de gym ou encore, son relaxant préféré, faire l'amour. Se concentrer sur une activité permet à un homme d'oublier ses ennuis et de se sentir en paix avec lui-même.

> Les hommes ne veulent pas savoir ce qu'il y a à la télé, ils veulent savoir ce qu'il y a d'autre à la télé.

Si un problème préoccupe une femme, elle ne pourra pas y échapper en s'absorbant dans une activité, le problème continuera de tourmenter son cerveau multitâche et elle aura besoin d'en parler pour s'en libérer.

Cette différence fondamentale entre les sexes provoque de constants malentendus. Combien de femmes n'ont pas essayé de parler à leur compagnon pendant que celui-ci lisait le journal ou surfait avec sa télécommande ? Combien, devant son absence de réaction, n'ont pas demandé, agacées : « Qu'est-ce que je viens de dire ? » Le pire, c'est qu'en général, le monsieur pris en flagrant délit de distraction est quand même capable de répéter les propos de la dame. Il a enregistré les mots mais sans écouter vraiment, en bon monotâche absorbé par ce qu'il fait.

Les femmes accusent souvent les hommes d'être à des kilomètres quand elles essaient de leur parler. Cette accusation désoriente les hommes, qui ont souvent l'impression que leur présence physique suffit. Ils se trompent : les femmes ont aussi (surtout) besoin d'une présence émotionnelle. Une femme vit toujours mal l'apparente inattention d'un homme, qu'elle interprète comme un signe de dédain. Les hommes acceptent mal qu'on ne leur concède pas une petite pause, alors même qu'ils viennent de proposer des solutions et se sont vus repoussés. Plus la femme insiste, plus l'homme résiste. Plus il résiste, plus elle lui en veut.

Les femmes doivent comprendre que la « contemplation du feu » est par excellence l'activité relaxante pour l'homme et qu'elle ne doit pas s'offusquer de ses « absences ». Ce n'est pas elle qui est en question. Quand il parle, il parle d'une chose à la fois. Le cerveau multitâche de la femme lui permet en revanche d'aborder simultanément toute une série de sujets passés, présents et futurs.

> Le silence d'un homme ne signifie pas qu'il n'aime pas sa compagne, mais seulement qu'il a besoin de silence.

L'homme doit comprendre que la femme a besoin de parler non pour obtenir des solutions mais pour soulager son stress.

Solution

Pour résoudre le problème de la télécommande, la femme doit en discuter avec l'homme. Lui dire à quel point cette manie l'exaspère et lui demander de s'abstenir quand elle regarde une émission qui l'intéresse. Solution de dernier recours : cacher la télécommande dans un endroit où il ne pensera pas à regarder. Et si aucune de ces deux solutions ne marche, il faut sérieusement songer à faire l'acquisition d'un autre téléviseur – ou d'une autre télécommande…

3. Pourquoi les hommes ne s'arrêtent-ils jamais pour demander leur chemin ?

Pendant plus de 100 000 ans, les hommes ont utilisé l'aire spatiale de leur cerveau pour chasser des proies et atteindre leur cible. C'est à ce moment qu'ils ont appris à s'orienter et à revenir sur leurs pas, afin d'être capables de chasser sur de longues distances tout en étant capables de retrouver le chemin de leur grotte. C'est pour cette raison que, pénétrant dans une pièce sans fenêtre pour la première fois, un homme sur trois pourra pointer la direction du nord avec une marge d'erreur de 90 degrés alors que seule une femme sur cinq en est capable. Une telle aptitude ne s'apprend pas, elle est innée. L'explication la plus plausible de ce don est que le cerveau masculin recèle une plus haute concentration de fer dans l'hémisphère droit, ce qui permet aux hommes de « sentir » le nord magnétique. C'est la même compétence que les hommes utilisent pour revenir des toilettes à leur fauteuil dans un stade, retrouver leur voiture dans un parking à plusieurs niveaux, ou retrouver un endroit où ils ne sont venus qu'une seule fois auparavant.

Les femmes, spécialisées dans la défense du nid, ne s'aventuraient pas au-delà de la portée du regard : le sens de l'orientation n'a donc jamais été nécessaire pour elles, il ne figurait pas dans leur « cahier des charges ». Elles ont appris à se diriger en utilisant des repères – un arbre, un lac, une colline. Ces derniers leur permettaient de retrouver leur foyer quand elles s'éloignaient. C'est aussi ce type de repères que doit utiliser un homme pour aider une femme à s'orienter. Elle a de bonnes chances de retrouver son chemin s'il lui dit, par exemple : « Tu vas jusqu'au bout de la rue où se trouve le grand chêne, ensuite tu te diriges vers le bâtiment rose qui se trouve derrière la poste en face du lac. » S'il lui dit : « Prends la troisième sortie sur le rond-point ouest de l'autoroute 23 et roule cinq kilomètres en direction du nord », il court le risque de ne plus jamais la revoir.

> Les hommes ne se perdent pas, ils découvrent simplement de nouveaux chemins.

Pour un homme, admettre qu'il s'est perdu, c'est avouer qu'il a failli dans son domaine de compétence numéro 1 : trouver son chemin. Et la plupart préféreront être écartelés que de faire cet aveu. Si vous êtes assise sur le siège du passager et que vous venez de passer devant le même garage pour la troisième fois, surtout gardez-vous bien de critiquer votre conducteur préféré ou de lui proposer vos conseils, si vous ne voulez pas finir la route à pied.

Solution
Achetez une carte ou un guide des rues et laissez-le en évidence dans la voiture. Si votre compagnon est un mordu de l'informatique, il existe aujourd'hui des sites Internet qui indiquent les meilleurs itinéraires d'un point à un autre : il vous suffira d'imprimer la carte qu'ils établissent à la demande et de vous en munir. On trouve aujourd'hui des système de navigation par satellite pour un prix abordable. Ce jouet spatial fera plaisir au petit garçon tout en mettant l'adulte à l'abri d'erreurs d'orientation. Bref, il ne se perdra plus jamais et il vous aimera toujours.

– Pourquoi faut-il quatre millions de spermatozoïdes pour fertiliser un unique ovule ?
– Parce qu'aucun d'eux n'a pu se résoudre à demander son chemin.

Une stratégie d'urgence rapide et sûre consiste à lui dire que vous avez un besoin urgent à satisfaire. Ça le forcera à s'arrêter rapidement, de préférence dans une station-service où il aura le temps nécessaire pour s'enquérir discrètement de la route.

4. Pourquoi les hommes persistent-ils à laisser la lunette des toilettes relevée ?

Jusqu'à la fin du XIXe siècle, les toilettes étaient reléguées dans de petits cabanons situés à l'arrière des maisons. Quand une femme se rendait aux toilettes, il n'était pas rare qu'elle demande aux autres femmes de la famille de rester à proximité pour garantir sa sécurité. Les hommes, en revanche, s'y rendaient seuls et se défendaient si nécessaire. Ils n'urinaient jamais dans ces toilettes fermées, préférant se soulager en plein air, dans un buisson ou contre un arbre, une habitude héritée de leurs ancêtres. C'est pour cette raison que vous verrez rarement un homme uriner au beau milieu d'un champ, il le fera toujours contre quelque chose, un mur ou un arbre. Comme les autres animaux, il marque aussi de cette manière son territoire. L'invention des WC à chasse d'eau, à la fin du XIXe siècle, a permis d'intégrer les toilettes dans la maison et les bâtiments publics. Ce qui n'empêche pas les femmes de continuer à s'y rendre en groupe. Vous n'entendrez jamais un homme dire : « Hé ! Fred, je vais aux toilettes, tu m'accompagnes... ? »

> Quand les hommes vont aux toilettes, ils ne réclament jamais le soutien d'un groupe.

Aujourd'hui, les toilettes publiques sont toujours divisées en deux parties séparées : celle des hommes avec urinoirs muraux et celle des femmes, dotées de WC. Les femmes s'assoient toujours, alors que les hommes ne s'assoient que dans 10 à 20 % des cas. Les foyers modernes sont en principe conçus et construits pour satisfaire également les besoins des deux sexes, mais les hommes sont désavantagés en ce que les appartements ou les maisons ne sont généralement pas équipés d'urinoirs. Ils se retrouvent donc devant un siège de WC dont ils doivent relever la lunette pour éviter de l'éclabousser. Quand ils oublient de la rabattre, ils ont presque toujours droit à des remarques. Cette situation les exaspère. Et pourquoi, répliquent-ils, les femmes ne relèveraient pas pour eux, cette fichue lunette ?

Dans certains pays, il est presque devenu obligatoire pour les hommes d'uriner assis dans les toilettes publiques parce que c'est « politiquement correct » !

En Suède, il y a quelques années, un groupe féministe exigea que l'on supprime les urinoirs au motif que les hommes qui urinaient debout arboraient « leur masculinité triomphante » et donc rabaissaient les femmes. Cette suggestion n'a pas reçu le soutien escompté. Dans certains espaces de bureaux, toutefois, on a aujourd'hui tendance à supprimer les urinoirs au profit de box individuels unisexes. Il ne s'agit d'ailleurs en l'occurrence pas tant de satisfaire une revendication d'égalité que d'économiser l'espace. Une société hollandaise a annoncé en 2000 le lancement sur le marché du premier « urinoir féminin ». Mais on ne peut dire que la demande ait vraiment suivi.

Un de nos lecteurs nous a écrit pour nous expliquer comment lui et sa femme avaient résolu le problème :

« Les femmes devraient comprendre qu'il n'est pas si simple de viser avec un pénis. Malgré tous ses efforts, un homme qui visera soigneusement la cuvette court toujours le risque d'asperger le rouleau de papier toilette, sa jambe gauche ou sa chaussure. Je vous le dis, on ne peut pas faire confiance à « frère Jacques ».

Après vingt-huit ans de mariage, ma femme a décidé de réagir : je ne suis plus autorisé à uriner debout, je dois le faire assis. Elle m'a convaincu que le prix à payer était modique. Et m'a menacé des pires représailles si, allant aux toilettes la nuit, elle s'asseyait machinalement sur une lunette humide ou tombait dans la cuvette parce que j'avais oublié de la rabaisser. »

Quand Dieu eut fini de créer l'univers, il s'aperçut qu'il avait laissé deux choses à répartir entre Adam et Ève. L'une d'elles, expliqua-t-il, était un organe qui permettrait à son propriétaire d'uriner debout. Adam, enthousiasmé, supplia le Seigneur de lui accorder ce merveilleux présent.
Ève sourit gracieusement et répondit à Dieu que si Adam désirait tant cet appendice miraculeux, il fallait le lui donner. Le Seigneur accorda donc à Adam ce qu'il demandait. Adam se dépêcha d'aller uriner contre un arbre. Puis Dieu se tourna vers Ève : « Et maintenant voici l'autre chose, fit-il. Elle te revient, de toute évidence.
– Merci, répliqua Ève. Qu'est-ce que c'est ?
Dieu répondit avec un large sourire :
– Des orgasmes multiples. »

Il y a aussi, comme l'explique ce lecteur, le problème de l'érection matinale qui complique encore le problème et explique certaines traînées jaunâtres sur le mur. Même assis, insiste-t-il, l'homme est confronté à un problème mécanique majeur que seuls ses pareils comprennent. Notre lecteur a donc adopté une position originale, qu'il appelle « Superman en vol », laquelle lui garantit que pas une goutte d'urine ne sera projetée en dehors des WC.

« Les femmes doivent comprendre l'injustice de certains reproches qu'elles adressent aux hommes. Rien de plus légitime que leur souci de propreté et d'hygiène des toilettes, mais on ne maîtrise pas toujours la manœuvre à 100 %. Est-ce notre faute si Mère Nature n'a pas songé à ce détail ? »

En fait, les hommes ne s'inquiètent guère de la position de la lunette mais ils peuvent se rebiffer pour peu qu'une femme exige qu'elle soit rabattue au lieu de leur demander poliment de le faire, ou de l'abaisser elle-même.

Solution

Demander à un homme de s'asseoir pour uriner règle en général définitivement le problème. Si votre compagnon refuse, faites-lui remarquer doucement mais fermement que chaque jour, dans le monde musulman, des centaines de milliers d'hommes s'assoient pour uriner sans que leur virilité en soit le moins du monde lésée. Selon la légende, le Prophète n'a uriné debout qu'une seule fois, un jour où il se trouvait dans un jardin où il lui était impossible de s'asseoir.

Si cet argument ne suffit pas, imposez tout bonnement de nouvelles règles du jeu. Dorénavant, la propreté des toilettes sera du ressort de votre compagnon, lequel n'aura qu'à passer la serpillière chaque matin pour nettoyer toutes les taches d'urine. Cette menace devrait lui faire envisager le problème sous un jour plus favorable...

Si vous avez les moyens, la solution idéale consiste à acheter une maison équipée de deux WC, un pour monsieur et un pour madame, ou de faire construire des toilettes supplémentaires. De cette façon, chacun de vous pourra jouir du niveau d'hygiène qu'il jugera acceptable sans être stressé par l'autre.

5. Pourquoi les hommes détestent-ils tant faire du shopping ?

Un homme peut parfaitement acheter deux costumes, trois chemises, une ceinture, trois cravates et deux paires de chaussures en moins de huit minutes. Et ne plus rien s'acheter pendant neuf ans. Il fera ses emplettes de Noël pour toute la famille en moins d'une demi-heure, le 24 décembre à 18 heures et cela sans aucune aide extérieure.

> Un homme peut tenir très longtemps avec une paire de chaussures, un costume et deux chemises. Il ne changera pas de coupe de cheveux pendant des années, voire des décennies. Et il fera durer son portefeuille encore plus longtemps.

Pour un homme, les courses du samedi figurent à peu près en même position que l'examen de la prostate sur la liste des obligations honnies. Le Dr David Lewis, un psychologue britannique, a découvert que le niveau de stress auquel sont soumis les hommes durant les courses de Noël est comparable à celui qu'éprouve un policier confronté à un groupe de manifestants violents. C'est tout le contraire pour les femmes : rien de tel qu'une bonne après-midi de shopping pour les détendre.

Pour quiconque a étudié l'évolution divergente des sexes masculin et féminin et connaît leur fonctionnement cérébral, l'explication de cette énigme est très simple. De sa vie de chasseur préhistorique, l'homme a hérité une vision en tunnel qui lui permet d'aller d'un point A à un point B en ligne droite. Les zigzags permanents entre rayons et consommateurs le mettent extrêmement mal à l'aise, car tout changement de direction suppose une décision consciente. Équipées d'un champ de vision plus large, périphérique, les femmes slaloment au contraire sans problèmes dans un centre commercial bondé de monde.

L'évolution masculine a produit des chasseurs faits pour tuer rapidement et rentrer chez eux. C'est exactement comme ça que les hommes, aujourd'hui encore, aimeraient faire les courses. Quant aux femmes, elles s'y prennent à peu près comme leurs ancêtres. Elles partent pour la journée avec un groupe d'autres femmes vers un endroit où l'une d'elles se souvient d'avoir vu pousser des plantes ou des baies comestibles. Elles partent donc sans but ni impératif spécifique et sans trop se soucier du temps qu'elles y consacrent. Elles passent la journée à flâner ici et là, au petit bonheur, pressant, reniflant, sentant et goûtant toutes les choses intéressantes qu'elles rencontrent sur leur chemin, tout en discutant les unes avec les autres de toutes sortes de sujets. Si elles ne récoltent rien d'intéressant et rentrent bredouilles ou presque le soir à la maison, elles ont quand même passé une bonne journée toutes ensemble. Rien de comparable pour les hommes. Un homme qui part à l'aventure avec ses copains, sans destination claire, sans but précis, sans contraintes horaires et rentre à la maison les mains vides est un raté. C'est pourquoi, quand on demande à un homme d'acheter du pain, du lait et des œufs en rentrant du bureau, il peut tout à fait revenir avec du jambon, des cacahuètes et un pack de bières. Il a oublié ce que vous lui avez demandé et il est revenu avec deux ou trois articles « en promo » – témoins de son aptitude à la chasse éclair.

> Une femme s'habillera soigneusement en tenant compte du temps, de la saison, de la mode, de ses goûts, de l'endroit où elle se rend, de son humeur du jour, de la ou des personnes qu'elle doit voir, de ce qu'elle va faire.
> Un homme se contentera de jeter un bref coup d'œil et de renifler le vêtement qu'il a laissé traîner la veille sur le dossier d'un fauteuil.

Les études montrent que non seulement les hommes détestent les courses alimentaires et vestimentaires mais qu'en outre le shopping est mauvais pour leur santé à cause du stress qu'il provoque. Mais il existe des moyens d'aider un homme à positiver cette expérience.

Au supermarché

Laissez toujours l'homme pousser le Caddie. Les hommes aiment contrôler la situation, conduire et utiliser leurs capacités spatiales – vitesse, trajectoire, virages, etc. Même le Caddie dont une roulette est bloquée, horripilant pour vous, ne l'agacera pas, parce qu'il complique l'exercice spatial et directionnel. Beaucoup d'hommes, en le poussant, imitent silencieusement le *brrrrrrrr* d'un moteur, exactement comme quand ils étaient petits garçons. Demandez à votre compagnon de ranger les paquets dans le Caddie, vous sollicitez encore ses capacités spatiales.

Au supermarché, les femmes aiment bien slalomer entre les rayons leur liste à la main, tandis que les hommes préfèrent avancer en ligne droite, se servir de leur mémoire et examiner tous les articles attirants. Résultat ? Ils rapportent toujours les mêmes choses à la maison. Un frigo masculin typique peut compter une dizaine de bouteilles de sauce bolognaise différentes et pas grand-chose d'autre. Pendant que vous zigzaguez entre les rayons, spécifiez bien les articles que vous recherchez (marques, tailles et goûts), demandez-lui de trouver les meilleurs prix et félicitez-le quand il revient avec une prise. Demandez-lui toujours ce qu'il aime manger, encouragez-le par des caresses affectueuses et n'oubliez pas sa petite récompense, une tablette de chocolat par exemple.

J'entends déjà certaines de mes lectrices se récrier : « Tout ça rien que pour m'accompagner au supermarché ? » Mais rappelez-vous : le shopping ne faisant pas partie des capacités masculines de base, si vous voulez qu'il vienne avec vous, il faut bien trouver de quoi le motiver.

Le lèche-vitrines

Beaucoup de femmes ont l'impression que les hommes sont programmés pour s'acheter des vêtements affreux et elles n'ont pas tout à fait tort. Pendant au moins cent mille ans, les femmes s'habillaient pour séduire alors que les hommes s'enveloppaient de peaux de bêtes pour effrayer leurs ennemis. Les hommes couvraient leur visage et leur corps de peintures, s'enfilaient des os dans le nez, s'affublaient d'un crâne de bison mort sur la tête et attachaient un caillou au bout de leur pénis. Il ne serait guère surprenant que les scientifiques découvrent un jour chez l'homme le gène du mauvais goût !

> Nous nous tenons toujours la main, si je la lâche, elle entre dans une boutique.
>
> Allan Pease

Les mêmes astuces de motivation s'appliquent au shopping vestimentaire : donnez-lui des directives de taille, de couleur, de tissus et de prix et envoyez-le à la chasse. Le cerveau masculin est étudié pour se concentrer sur une tâche unique.

> *Que déduire d'un homme bien habillé ?*
> *Que sa femme choisit bien ses vêtements.*

Une étude sur les poulets aide à comprendre le comportement masculin durant le shopping. Les poulets auxquels on administre des hormones mâles picorent leurs graines suivant un protocole particulier : ils mangent d'abord toutes les graines rouges, puis les jaunes et ainsi de suite. Les autres poulets (sans adjonction d'hormones mâles) picorent les graines sans tenir compte de leur couleur.

Solution

Ne donnez à un homme qu'une chose à faire à la fois et n'essayez pas de le convaincre que vous faites des économies en achetant quatre robes au lieu d'une. Ne lui posez jamais la question angoissante : « Laquelle me va le mieux ? La bleue ou la jaune ? » Il sait qu'il est incapable de trouver la bonne réponse. La plupart des hommes ne possèdent que deux paires de chaussures, le cerveau masculin n'a qu'une capacité limitée à assortir motifs et couleurs, et un homme sur huit perçoit mal le rouge, le vert ou le bleu. Si une femme demande à un homme de faire les courses à sa place ou d'aller lui chercher un vêtement sur un portant, elle doit préciser la taille exacte du vêtement qu'elle désire. S'il lui apporte un vêtement trop grand, elle l'accusera d'insinuer qu'elle est grosse. S'il lui apporte une tenue trop petite, elle s'imaginera qu'elle a grossi. Si vous demandez à votre compagnon de juger les vêtements que vous portez, suggérez-lui de les noter de 1 à 10, sans jamais lui demander : « La bleue ou la jaune ? », question qui suppose une comparaison. Enfin, si vous le laissez poireauter sur la « banquette-des-maris-qui-s'ennuient », n'oubliez pas de lui donner quelque chose àgrignoter.

Mais attention : même en appliquant cette stratégie, vous ne disposez que d'un laps de temps assez bref. La plupart des hommes ne tiennent pas plus de trente minutes dans un centre commercial. Si, malgré tout, vous insistez pour qu'il vous accompagne, arrangez-vous pour faire vos courses dans un supermarché doté d'un grand rayon de bricolage où il pourra aller essayer la toute dernière perceuse-dévisseuse sans fil, qui lui permettra de forer des petits trous impeccables dans le plafond de la salle à manger, même si c'est parfaitement inutile.

6. Pourquoi les hommes sont-ils affligés de manies si dégoûtantes ?

Les femmes du monde entier se plaignent des habitudes intimes des hommes, mais la science se désintéresse de cette question. Les hommes sont plus tolérants face à ce qu'ils considèrent comme les mauvaises habitudes des femmes et ils prêtent moins attention aux détails. Il y a donc de fortes chances pour qu'ils ne les remarquent même pas chez leur compagne.

> *C'est bien d'être un homme parce qu'on n'a pas besoin de quitter la pièce pour se gratter l'entrejambe.*

Au sommet du palmarès des habitudes masculines que les femmes ne supportent pas, on trouve : fourrer ses doigts dans son nez, roter, négliger le déodorant, porter des sous-vêtements usagés, et se gratter l'entrejambe. Mais le numéro un sur la liste, c'est le pet.

> **Flatulence :** *nom*, *fém.* : conséquence embarrassante de la digestion ; *masc.* : inépuisable source de distraction, d'expression personnelle et de rigolade avec les copains.

Même si le pet est un signe de santé physique, les femmes s'en offusquent partout et toujours. C'est vers l'âge de 10 ans que les garçons commencent à considérer l'acte de péter comme une distraction réjouissante. À cet âge, le petit garçon est jugé par ses camarades selon l'inventivité et la maîtrise qu'il montre dans l'émission de flatulences dans toutes sortes de circonstances (l'art du rot se classant en deuxième position). La palme de la virtuosité dans cet art revient à Joseph Pojul, qui imposa au *Moulin Rouge*, en 1892, son célèbre numéro du « pétomane ». Celui-ci débutait par la présentation de personnages dont il imitait les « voix ». Il se faisait fort de fumer une cigarette et d'interpréter la *Marseillaise* sans se servir de la bouche. On rapporte que son public féminin riait tellement que certaines femmes s'évanouissaient et devaient être emmenées à l'hôpital.

Quelques chiffres

Si 96,3 % des hommes reconnaissent qu'ils pètent, seules 2,1 % des femmes le concèdent. Les hommes expulsent entre 1,5 et 2,5 litres de gaz par jour, ce qui donne une moyenne de 12 pets quotidiens – de quoi remplir un petit ballon. Les femmes ne pètent que 7 fois par jour pour 1 à 1,5 litre de gaz. L'une des raisons principales qui expliquent ce phénomène est un bavardage excessif et l'habitude de parler en mangeant : l'air avalé est entraîné dans le système digestif et même s'il ressort partiellement sous formes de rots, le reliquat transite par l'intestin grêle où il se mélange à d'autres gaz avant d'être expulsé par l'anus. En 1956, Bernard Clemmens, un Anglais, a réussi un pet d'une durée, officiellement enregistrée, de deux minutes quarante-deux secondes.

– Pourquoi les hommes pètent-ils plus que les femmes ?
– Les femmes ne s'arrêtent pas de parler assez longtemps pour faire monter la pression.

Les gaz que nous relâchons dans l'atmosphère par les voies naturelles se décomposent ainsi : azote (50-60 %), dioxyde de carbone (30-40 %), méthane et hydrogène (5-10 %).

Les aliments incriminés

Parmi les aliments qui produisent des flatulences, on mentionnera le chou-fleur, l'oignon, l'ail, le chou, le brocoli, le son, le pain, les flageolets, la bière, le vin blanc en fût, et en général, les fruits et légumes. Notons que les végétariens pètent beaucoup plus mais que leurs pets sentent moins. Parmi les articles qui réduisent le volume de gaz que nous expulsons, on citera les comprimés de charbon, les comprimés anti-aérophagie et les produits à base de gingembre.

Les bovins et les ovins sont à l'origine d'environ 35 % des émissions de méthane dans l'atmosphère et concourent ainsi au réchauffement de la planète et à l'élargissement du trou dans la couche d'ozone. La menace la plus inquiétante pour notre survie n'est donc pas le terrorisme mais les pets de vaches !

Solution

Commencez pas les remèdes les plus simples : préparez des repas équilibrés en éliminant les aliments les plus « gazogènes » et, comme digestif, préférez le thé à la menthe au café. Les régimes séparant protides et glucides sont également conseillés.

Incitez votre compagnon à ne pas boire d'eau pendant le repas. Il a le droit de boire *avant* mais s'il boit *pendant* le repas, l'eau va diluer les sucs digestifs, ce qui augmentera les flatulences. Donnez l'exemple.

On devrait interdire aux hommes d'avaler des aliments gazogènes dans les deux heures qui précèdent le coucher.

Mastiquez très soigneusement la nourriture, mangez lentement et ne regardez pas la télé en mangeant. S'il continue à manger trop vite et à beaucoup péter, vous aurez peut-être besoin d'une tactique plus radicale. Voyons comment s'y est prise l'une de nos lectrices :

Jean-Jacques était toujours ravi de péter en public, par exemple dans le grand magasin où il accompagnait souvent Judith. Une fois son forfait accompli, il arborait un visage impassible afin d'être insoupçonnable. Quand les voisins se retournaient vers le couple, Judith, elle, ne parvenait pas à cacher son embarras : elle piquait un fard qui la désignait comme coupable. Jean-Jacques trouvait cette situation absolument hilarante – jusqu'au moment où Judith laissait éclater sa fureur. À la maison, il ne se privait pas de péter au lit, baptisant ce relâchement intime « test du véritable amour ».

Judith décida un beau jour que la chambre et la cuisine étaient des « zones de non-pet ». Quand ils sortaient dans des lieux publics, elle exigeait qu'il la prévienne au moins deux minutes à l'avance en cas de flatulence imminente. Quand il ne jouait pas le jeu, pour le punir, elle sortait un rouleau de papier hygiénique de son sac et lui demandait à voix haute s'il en avait besoin.

Dans ce genre de situation, un animal de compagnie est un bouc émissaire rêvé. Dès que l'odeur ou le son du pet vous alerte, tournez-vous vers le toutou frétillant en fronçant les sourcils et rabrouez-le sèchement.

Vous pouvez aussi faire miroiter à votre cher et tendre la perspective d'une bonne partie de jambes en l'air s'il se conduit bien. Rien de plus facile pour une femme que de faire comprendre à quel point les pets, surtout dans la chambre commune, sont des tue-l'amour. Faites comprendre à votre compagnon que s'il suit docilement son régime, il aura droit en retour à une vie sexuelle plus active.

7. Pourquoi les hommes aiment-ils tant les histoires cochonnes ?

Quels sont les trois objectifs essentiels d'une plaisanterie masculine ?

D'abord, se faire valoir auprès de ses copains en montrant qu'il dispose d'un bon répertoire. Ensuite, surmonter les événements tragiques et/ou leurs conséquences. Enfin, reconnaître la vérité sur un sujet important. C'est pour cette raison que presque toutes les blagues comportent une chute – généralement une fin désastreuse. Le rire plonge ses racines dans un lointain passé où il était utilisé comme signal pour avertir les congénères d'un danger imminent – c'est d'ailleurs ce qu'il signifie chez les grands singes. Si, par exemple, un chimpanzé échappe de justesse à l'attaque d'un lion, il grimpera au sommet d'un arbre, renversera sa tête en arrière et émettra une série de « Ho ! Ho ! Ho !

Har ! Har ! Har ! » qui évoquent le rire humain. Ses congénères seront avertis du danger. Le rire est associé aux larmes qui traduisent une réaction de peur soudaine (comme en témoignent par exemple les crises de larmes des nouveau-nés). Si vous effrayez intentionnellement un nourrisson en faisant des grimaces, sa première réaction consiste à sangloter de peur. Quand l'enfant réalise que la situation n'est pas dangereuse pour sa vie, il rit pour signifier qu'il a compris que sa peur était injustifiée.

Les scanners du cerveau montrent que les hommes rient plus volontiers de tout ce qui stimule leur cerveau droit que ce qui stimule le gauche, alors que, pour les femmes, c'est l'inverse. Des scientifiques de l'université Rochester (États-Unis) prétendent avoir découvert d'où vient le sens de l'humour masculin. Selon eux, il serait situé dans le lobe frontal droit, juste au-dessus de l'œil droit. Les hommes adorent les plaisanteries qui progressent logiquement, méthodiquement, avec une conclusion complètement inattendue. Voici quelques blagues insipides qui stimulent le cerveau masculin :

– Quelle est la différence entre une pute et une salope ?

– La pute couche avec tout le monde, la salope couche avec tout le monde sauf avec toi.

– Quelle est la différence entre une femme qui va avoir ses règles et un terroriste ?

– Avec un terroriste, on peut négocier.

– Pourquoi les hommes donnent-ils un nom à leur pénis ?

– Parce qu'ils ne veulent pas qu'un inconnu prenne les décisions importantes à leur place.

À la différence des femmes, les hommes raffolent des plaisanteries de mauvais goût et de celles mettant en scène leurs organes génitaux. L'appareil génital féminin, bien mieux abrité, est capable de prouesses extraordinaires, mais les femmes n'en plaisantent pas et il ne leur viendrait pas à l'idée de l'affubler de petits noms.

Les organes génitaux masculins, suspendus sur le devant dans une position vulnérable (preuve supplémentaire que Dieu est une femme), constituent une source d'amusement inépuisable pour les hommes. L'humour féminin vise plutôt les êtres, leurs relations et… les hommes. Exemples :

– Qu'est-ce qu'on dit à un homme après l'amour ?

– N'importe quoi, de toute façon, il dort.

– La définition de l'amant idéal ?

– Il fait l'amour jusqu'à deux heures du matin et il se transforme en chocolat.

– Pourquoi les hommes sont-ils incapables de contrefaire l'orgasme ?

– Parce qu'il n'y en a pas un qui soit assez fou pour faire exprès une tête pareille !

Le cerveau masculin possède une étonnante capacité de se souvenir des plaisanteries et à les stocker. Votre compagnon est capable de répéter des blagues entendues à l'école primaire, alors qu'il ne connaît pas le prénom du meilleur copain de son fils ? Pas étonnant. Beaucoup d'homme trouveront désopilant de choquer un groupe de vieilles dames, idéalement des bonnes sœurs, en exhibant leur postérieur. Ils jubileront à la pensée d'enduire le siège des WC de colle extraforte, d'organiser un concours de pets, ou d'enterrer la vie de garçon d'un copain en l'enchaînant, saoul et complètement nu, à un lampadaire au beau milieu de la ville. Autant de facéties auxquelles la plupart des femmes restent en général insensibles.

Les plaisanteries constituent un moyen de communication si important pour les hommes que dès qu'un événement tragique se produit, les fax et les e-mails du monde entier sont littéralement submergés de blagues sur cet événement. Qu'il s'agisse de la mort de la princesse Diana, des attentats du 11 septembre 2001 ou de la traque d'Oussama Ben Laden, le cerveau masculin entre instantanément en action.

> Oussama Ben Laden a 53 frères et sœurs, 13 femmes, 28 enfants et il pèse 300 millions de dollars. Mais il déteste les excès du mode de vie américain.

On touche ici à une différence essentielle entre les sexes concernant les problèmes émotionnels importants. Les femmes réagissent aux catastrophes ou aux événements tragiques en exprimant ouvertement leurs émotions, contrairement aux hommes qui les camouflent. Les plaisanteries sont leur façon de « parler » des événements sans trahir d'émotions fortes, ce qui pourrait constituer un aveu de faiblesse.

Comment le rire soulage la douleur

Chaque fois que nous rions, des endorphines sont sécrétées par le cerveau. L'endorphine, molécule dont la composition est proche de l'héroïne et de la morphine, a un effet tranquillisant sur le corps et renforce le système immunitaire. Cela explique pourquoi les gens heureux tombent rarement malades et pourquoi les êtres malheureux se plaignent de tomber souvent malade.

Le rire et les larmes sont étroitement liés d'un point de vue psychologique et physiologique. Rappelez-vous la dernière fois que quelqu'un a proféré une blague qui vous a fait éclater de rire. Comment vous sentiez-vous après ? Vous étiez « parti ». Votre sensation d'excitation venait de ce que le cerveau venait de sécréter des endorphines euphorisantes. Ceux qui ne rient pas assez dans la vie quotidienne ont tendance à se tourner vers les drogues, l'alcool ou le sexe pour atteindre le même type d'état. L'alcool atténue les inhibitions, stimule le rire et donc la sécrétion d'endorphines. C'est pourquoi la plupart des êtres équilibrés rient plus volontiers quand ils ont bu et que les gens malheureux sont assaillis par des idées noires et peuvent même devenir violents.

Vous avez peut-être constaté qu'après avoir beaucoup ri, il n'est pas rare qu'on laisse échapper quelques larmes (comme le rappelle l'expression « rire aux larmes »). Les larmes contiennent de l'encéphaline, un autre tranquillisant corporel qui soulage la douleur. Nous pleurons quand nous avons mal et les endorphines comme l'encéphaline jouent le rôle d'analgésiques naturels.

La base de nombreuses histoires drôles est une catastrophe qui tombe sur l'un des protagonistes. Mais c'est parce que nous savons que « c'est pour de faux » que nous en rions et nous auto-injectons des endorphines euphorisantes. S'il s'agissait d'une histoire vraie, nous passerions aussitôt en mode « larmes » et le cerveau sécréterait de l'encéphaline. C'est la raison pour laquelle les larmes concluent souvent un fou rire, et c'est aussi pourquoi, confronté à une grave crise émotionnelle comme la mort d'un proche, beaucoup d'entre nous pleurent. À noter qu'une personne qui ne peut accepter mentalement cette mort pourra aussi réagir par un fou rire. Mais quand la réalité l'atteint, le rire se change en larmes.

Ceux qui rient souvent résistent mieux à la douleur, tombent moins facilement malades, possèdent une meilleure mémoire, apprennent plus facilement et vivent plus vieux. Toutes les études montrent les effets positifs du rire : l'humour est un excellent médecin. Après un bon éclat de rire, le rythme cardiaque se stabilise, la respiration se ralentit, les artères se dilatent et les muscles se détendent.

Le rire est donc la principale riposte masculine à la souffrance émotionnelle. Moins un homme parvient à extérioriser ses émotions concernant un événement qui l'a affecté, plus il en rira fort quand il émettra une plaisanterie à son sujet. Les femmes ne comprennent pas ce mécanisme, qu'elles interprètent souvent comme un signe d'insensibilité. Les hommes font rarement des confidences à leurs copains sur leur vie sexuelle ; en plaisanter est leur manière de l'évoquer. Les femmes, à l'inverse, préfèrent raconter ce qu'elles vivent plutôt que d'en plaisanter.

Ne le prenez pas mal !

Tant qu'il y aura des Belges, des nains et des blondes, il y aura des blagues sur les Belges, les nains, les blondes, etc. Et chaque tragédie entraînera inéluctablement son torrent de mauvaises (ou de bonnes) blagues.

Si ces blagues prennent à partie un groupe auquel vous appartenez, c'est votre droit de vous sentir insulté. Pourtant, ce ne sont pas les autres qui vous insultent, c'est vous qui choisissez de le prendre pour vous. En faisant ce choix, vous révélez aux autres que vous êtes incapable d'accepter le problème qu'aborde la plaisanterie. Nous (les auteurs) sommes des Australiens vivant en Angleterre et les Anglais raffolent des blagues australiennes : « Quelle est la différence entre l'Australie et un yoghourt ? Au moins le yoghourt a un peu de culture ! »

« Deux chasseurs australiens voient passer un deltaplane. L'un des deux épaule et tire.

– Bah, tu l'as raté ! fait le premier.

– Oui, mais il a lâché sa proie, rétorque l'autre. »

Nous pourrions nous vexer de ces blagues, mais nous avons fait le choix inverse. Si la plaisanterie est drôle, nous en rions aussi fort que les Anglais. Et nous l'adaptons souvent pour nous moquer des Néo-zélandais ou des Américains. Se vexer est un choix négatif, comme la honte ou l'embarras. Cette réaction trahit un manque de confiance en vous, un défaut de maîtrise de vos émotions ou une incapacité à affronter une situation inhabituelle.

Vous pouvez choisir de vous sentir gêné parce que la blague que vous venez d'entendre sur votre pays est stupide. Cela ne signifie pas que celui qui vient de la raconter est stupide, et même s'il l'est, l'injurier ne le rendra pas plus intelligent. Prenons un autre exemple : en cas d'embouteillage, vous pouvez choisir de réagir par la colère, mais cela ne vous fera pas avancer plus vite. Si, au contraire, vous réfléchissez à la cause du bouchon vous trouverez peut-être la solution qui vous permettra de régler le problème. La colère est toujours une réponse inadaptée. Quand vous vous trouvez en compagnie d'une personne qui débite des plaisanteries douteuses au mauvais moment, vous êtes en droit de lui demander de cesser. S'il persiste, éloignez-vous et intéressez-vous à autre chose. Lors d'un dîner en ville, cette solution ne sera certes pas toujours praticable, surtout si vous êtes l'hôte. La personne à qui vous demandez d'arrêter ses blagues stupides pourra se sentir publiquement humiliée, ce qui l'encouragera peut-être à proférer des insanités encore plus énormes. Mieux vaut sans doute recourir à la tactique qui consiste à conclure l'une de ses plaisanteries en lançant le sujet de conversation suivant : « Pourquoi les blagues qui nous font le plus rire sont-elles toujours les plus odieuses ? » Question qui, avec un peu de chance, va sans doute déclencher une discussion générale sur l'humour. Vous pourrez alors étonner vos convives en leur expliquant pourquoi les deux sexes rient de plaisanteries très différentes !

Un comportement acquis : la faute de sa mère !

Certaines femmes considèrent les hommes comme de vilains petits garçons qui n'ont jamais grandi. Leurs griefs sont connus : les mecs laissent traîner leurs vêtements partout, se défilent pour les tâches ménagères, ne demandent jamais leur chemin, considèrent que leur femme est à leur service, et refusent de reconnaître leurs erreurs. Le cerveau de la femme est conçu pour materner et dorloter les autres, à commencer par ses fils. Maman ramasse leurs vêtements, cuisine de bons petits plats, repasse les chemises, donne de l'argent de poche et leur épargne toutes sortes d'épreuves désagréables.

Le résultat de cette éducation, c'est que beaucoup d'hommes arrivent à l'âge adulte avec des compétences ménagères très limitées et peu armés pour les contraintes de la vie en couple.

Ce type d'hommes est attiré par des femmes qui les dorlotent comme leur mère. Au début d'une relation amoureuse, beaucoup de femmes sont enclines à materner leur amant mais quand elles réalisent que ce rôle pourrait devenir permanent, elles ont tendance à se rebiffer.

Il est important pour une femme de comprendre que si elle dorlote continuellement son compagnon, il la considérera comme une mère et risque fort de développer un comportement infantile : il criera, piquera des colères, et fuira. En outre, très rares sont les hommes qui sont sexuellement attirés par leur mère…

Comment rééduquer un homme ?

Pour éduquer un homme, appliquez exactement la même méthode qu'avec un enfant : récompensez le « bon » comportement et ignorez le « mauvais ». Par exemple, s'il laisse traîner ses vêtements ou ses serviettes sur le sol de la salle de bains au lieu de les mettre au sale, expliquez-lui doucement que la place du linge sale est le panier de linge sale. S'il ignore vos recommandations, arrêtez tout simplement de lui ramasser ses serviettes. Si vous considérez que votre droit à disposer d'une maison propre est bafoué, expliquez calmement que vous mettrez ces serviettes dans un sac en plastique, lequel finira dans sa penderie (sous son bureau, sous son établi...). De cette façon, s'il en a besoin, il saura où les trouver. La clé, c'est de le prévenir de vos intentions et d'éviter de vous montrer sarcastique, agressive, sermonneuse, ce qui pourrait avoir l'effet inverse à celui que vous recherchez. Quand il aura besoin d'une serviette, de sous-vêtements ou de chemises propres, ce sera son problème et non le vôtre. Même tactique pour les outils qu'il laisse traîner dans la maison et les « chantiers » qu'il laisse en plan. Pas question de ranger derrière lui et de rapporter ses outils, ce qui ne ferait que le conforter dans sa négligence chronique. Si vous voulez le rééduquer, résistez à la tentation de jouer les femmes de ménage. La prochaine fois qu'il laisse traîner des outils, fourrez-les dans un placard ou un tiroir inaccessible. Il retiendra d'autant mieux la leçon qu'il aura passé plus de temps à les chercher. Quand, à l'inverse, il range soigneusement ses affaires, n'oubliez pas de le récompenser par un sourire ou un petit merci. Mais pourquoi le remercier alors que c'est la moindre des choses, objecterez-vous ? Rappelez-vous que l'évolution n'a pas fait des hommes des défenseurs du nid et que la propreté du foyer n'est pas leur souci premier. De plus, si sa mère ne lui a pas inculqué ces automatismes élémentaires, c'est à vous d'y remédier. En revanche, si vous persistez à ranger derrière lui, vous devez accepter le fait que vous avez choisi de remplacer sa mère et il ne vous reste plus qu'à assumer votre rôle !

Quand vous comprendrez comment fonctionne le cerveau masculin, vous découvrirez que la présence d'un homme dans une maison peut aussi être autre chose qu'une source d'ennuis. Les hommes sont les mêmes partout. Ils peuvent différer par la couleur de leur peau, leur culture ou leurs croyances, mais leur cerveau fonctionne de la même façon, qu'ils habitent Romorantin ou Tombouctou...

Voici un conseil qui vous simplifiera la vie : vous ne résoudrez pas le problème en vous disputant avec lui, en le sermonnant ou en sombrant dans la dépression. Rééduquez-le patiemment, méthodiquement, c'est le seul moyen de préserver l'harmonie de votre foyer.

Et qui sait ? la prochaine fois que nous interrogerons nos lectrices sur les sept défauts qu'elles supportent le moins chez leur compagnon, peut-être ne seront-elles même pas capables d'en citer trois...

Qui sait ?

Chapitre 3

Pourquoi les femmes pleurent ? Le chantage émotionnel

Dans les deux premiers chapitres, nous avons porté un regard à la fois sérieux et humoristique sur les différences entre les sexes, les malentendus qu'elles entraînent et les moyens de les surmonter. Nous allons maintenant examiner sérieusement le problème de la soumission et de la manipulation émotionnelle. Les histoires que nous vous racontons dans ce chapitre sont toutes vraies, seuls les noms ayant été changés afin de protéger les « coupables ».

Il arrive que les humains pleurent spontanément, mais bien souvent, leurs larmes visent surtout à manipuler les émotions des autres. Les hommes n'utilisent que rarement cette arme. En revanche, les femmes sont assez enclines au chantage émotionnel. Parfois, elles n'ont pas conscience de ce qu'elles font. Elles pleurent en réaction à une situation, en sachant que leurs larmes vont entraîner une réaction de culpabilité chez l'autre et dans l'espoir qu'elles pourront exploiter cette culpabilité pour reprendre le dessus.

Ce mécanisme de contrôle peut être délibéré ou inconscient. Le but ? Forcer l'autre, qu'il s'agisse du mari, de l'enfant, de l'amant, d'un parent ou d'un ami, à faire quelque chose qu'il n'aurait peut-être pas fait spontanément. Les femmes pleurent aussi pour donner l'impression qu'elles regrettent d'avoir mal agi et alléger la sanction qu'elles craignent. Ce chapitre vous aidera à identifier la ou les personnes de votre entourage qui utilisent cette tactique pour vous manipuler ou vous amener à faire ce qu'ils veulent.

Pourquoi pleurons-nous ?

Pleurer : *verbe*, gémir, se lamenter, sangloter, couiner, vagir, gémir, braire, pleurnicher.

Notre espèce n'est pas la seule à pleurer, et ce dès la naissance, mais les êtres humains sont les seuls mammifères à pleurer d'émotion. Chez nous, les larmes ont trois fonctions : aider à nettoyer la surface de l'œil, excréter des toxines du corps et signaler un stress dans une situation à haute teneur émotionnelle.

C'est une glande située au-dessus de l'œil qui produit les larmes, lesquelles s'écoulent par deux conduits situés dans le coin inférieur de l'œil, qui débouchent dans la cavité nasale. Dans une situation de stress émotionnel intense, l'excès de larmes qui ne peut être évacué assez vite par les conduits lacrymaux déborde et ruisselle le long des joues.

Pourquoi les femmes pleurent-elles plus que les hommes ?

L'être humain commence à pleurer dès la naissance et la fonction initiale des larmes est de stimuler l'instinct de protection et l'amour des adultes. Les vagissements du nourrisson lui permettent d'obtenir ce qu'il désire et certaines femmes, une fois adultes, reprennent cette technique avec efficacité. La plupart d'entre elles sont d'ailleurs capables de décrypter très finement la signification des larmes d'un bébé puisqu'elles peuvent y déceler jusqu'à sept besoins différents. Les glandes lacrymales féminines sont plus actives que celles des hommes, une aptitude qui n'est pas surprenante compte tenu de la grande diversité de réactions émotionnelles inhérentes au cerveau féminin. On voit rarement des hommes pleurer en public parce que, d'un point de vue évolutionniste, un homme qui montre ses émotions, surtout à d'autres hommes, se met en danger. En dévoilant sa faiblesse, il encourage les autres à l'attaquer. Pour les femmes, en revanche, montrer ses émotions aux autres, surtout à d'autres femmes, est considéré comme un signe de confiance : la pleureuse redevient un bébé et place son amie en situation de mère ou de parente protectrice.

Les larmes ont trois fonctions connues :

1. Nettoyer l'œil

Beaucoup de zoologues considèrent cette fonction comme un vestige de l'ère aquatique où l'espèce humaine vivait principalement dans l'eau, où nos mains et nos pieds étaient palmés et nos narines placées tout en bas du visage pour nager plus confortablement sous l'eau. Les glandes lacrymales sécrètent un liquide dans l'œil et les conduits lacrymaux font office de tuyaux d'écoulement de ce liquide dans la cavité nasale. Pleurer sert à évacuer le sel et les autres impuretés de l'œil, une singularité qu'on n'observe pas chez les autres primates. Les larmes contiennent aussi un enzyme appelé lysozyme qui élimine les bactéries et prévient les infections oculaires.

2. Réduire le stress

Une analyse chimique des larmes révèle que les larmes de stress, celles qui roulent le long des joues, contiennent des protéines différentes de celles qui servent à nettoyer l'œil. Le corps utilise, semble-t-il, les larmes pour purger le corps des toxines de stress. Cela pourrait expliquer pourquoi les femmes disent qu'elles se sentent mieux après une bonne « crise de larmes », même quand elles n'avaient pas de vraie raison de pleurer. Les larmes contiennent aussi des endorphines, un analgésique sécrété naturellement par le corps, qui soulage la souffrance émotionnelle.

3. Envoyer un signal émotionnel

Les phoques et les otaries femelles pleurent en état de choc émotionnel dans un cas : quand elles ont perdu leur petit. Les êtres humains sont les seuls mammifères qui pleurent d'émotion et pour manipuler un tiers. Les larmes agissent comme un signal émotionnel appelant l'entourage à réconforter celui ou celle qui pleure, et elles stimulent la production d'ocytocine, une hormone qui stimule notre besoin d'être touchés et dorlotés.

> Les phoques et les otaries ne se servent pas de leurs larmes pour se manipuler les uns les autres. Seuls les humains le font.

On peut avoir les larmes aux yeux ou les yeux brillants quand on éprouve une émotion intense, mais qu'on n'est pas débordé au point que les larmes ruissellent. Un père fier de ses enfants, ou une femme amoureuse, a souvent le regard brillant.

Les larmes et le chantage émotionnel

Comment ça marche ?
Maintenant que vous avez compris les fonctions des larmes, nous allons examiner la mécanique de la manipulation émotionnelle.

Étude de cas : l'histoire de Georgina

Georgina était une femme séduisante et intelligente. Elle avait travaillé dans le secrétariat d'une université avant de devenir assistante de direction. Elle avait des goûts de luxe : elle sortait beaucoup, avait craqué pour un loft avec vue panoramique, s'habillait chez des stylistes branchés, s'était offert une décapotable. Elle gagnait assez bien sa vie pour payer ses dépenses courantes mais ses caprices les plus onéreux étaient en général pris en charge par son compagnon du moment.

Pourtant, plus le temps passait, moins Georgina supportait de devoir travailler pour subvenir à ses besoins. Elle ne réussissait plus à se lever le matin pour arriver au bureau à 9 heures après une nuit blanche. Concilier sa vie sociale et ses obligations professionnelles tenait du casse-tête. Un jour, lors d'une soirée, elle confia ses problèmes à un homme qu'elle venait de rencontrer. Plus âgé qu'elle, il semblait fortuné puisqu'il était l'heureux propriétaire d'un yacht et d'une Porsche. Il voyageait beaucoup et ne travaillait apparemment pas. Il suggéra à Georgina de devenir *call-girl* de luxe, et lui expliqua « qu'en échange d'un pourcentage modique sur ses tarifs », il lui présenterait de nombreux clients.

Après quelques jours de réflexion, Georgina accepta sa proposition. Elle pouvait enfin s'offrir la vie dont elle avait rêvé. Mais ce tableau idyllique ne dura pas très longtemps. La culpabilité, sa conscience et un incident violent lui firent bientôt regretter sa vie antérieure. Elle déménagea, se fit appeler Pamela et dénicha un travail dans un grand cabinet d'expertise comptable. Pamela, ex-Georgina, devint rapidement la petite amie de son patron, l'épousa peu de temps après et accoucha d'un splendide bébé trois ans plus tard. La vie semblait sourire à la jeune femme. Elle avait un merveilleux mari qui l'aimait, un bébé adorable, une nouvelle maison, la sécurité financière et beaucoup d'amis.

Mais voilà qu'un matin, elle reçut un appel d'un certain Frank, lequel avait été un de ses clients réguliers quand elle était *call-girl*. Désireux de la revoir, il l'invita à déjeuner. Pamela refusa au motif qu'elle avait définitivement rompu avec son passé. Frank insista : c'était dans l'intérêt de Pamela de le rencontrer. Il ajouta qu'elle ne voulait sûrement pas que son mari et ses amis apprennent qu'elle avait été une prostituée de haut vol.

Ce coup de fil bouleversa Pamela. Elle avait tout à perdre : son mari, sa maison, son enfant, une sécurité si chèrement conquise.

Elle se résolut donc à rencontrer Frank qui réclama 10 000 dollars pour prix de son silence. Pamela avait quelques économies et elle se dit qu'elle n'avait guère d'autre choix que de payer. Trois mois plus tard, Frank était de retour avec de nouvelles exigences. Il voulait du liquide mais il exigeait en plus des relations sexuelles avec Pamela. La jeune femme le dénonça à la police. Frank fut condamné pour tentative d'extorsion et passa un an en prison. Victor, le mari de Pamela, réagit avec générosité, mais la jeune femme comprit que sa vie ne serait plus jamais la même.

Cette histoire illustre bien le fonctionnement du chantage criminel classique. Nous y trouvons les motivations et les ingrédients communs aux situations où une personne tente d'en manipuler une autre pour en tirer un profit personnel.

Les voici :

La victime : elle est coupable d'une faute qui ne doit pas être révélée.

Le maître chanteur : il connaît le point faible de la victime.

Sa demande : être rétribué en échange de son silence ou de sa coopération.

La menace : être démasquée, punie, et perdre quelque chose à quoi l'on tient beaucoup.

La résistance : au début, la victime refuse de coopérer.

La soumission : elle se résigne à accepter les exigences du maître chanteur.

Les conséquences : celui-ci relève ses exigences et la situation devient intenable.

La plupart des êtres n'imaginent même pas que leurs proches puissent recourir à une telle stratégie de manipulation. Ils estimeront seulement qu'ils se « conduisent mal » ou qu'ils « exagèrent ». Ce chapitre va vous aider à identifier les êtres qui dans votre vie se comportent de cette façon et à réagir.

Le chantage émotionnel

Le chantage émotionnel consiste dans la pression (menace souvent indirecte de punition, de souffrance) qu'un proche vous fait subir pour obtenir ce qu'il attend de vous. Il connaît vos secrets et vos failles les plus intimes et se sert de ce savoir pour obtenir votre soumission. Quelles que soient vos forces ou vos faiblesses, le maître chanteur les utilisera contre vous.

Étude de cas : l'histoire de Claudine

Grégoire, le mari de Claudine, ne s'était jamais bien entendu avec sa belle-mère. Cette dernière estimait que Grégoire n'était pas assez « bien » pour sa fille et elle prenait un malin plaisir à semer la discorde au sein du couple.

Un jour, elle assura Claudine qu'une de ses amies avait vu Grégoire en charmante compagnie au bar du coin. « C'était sans doute juste une collègue, répondit Claudine. Il a le droit de parler à une autre femme que moi, après tout. »

Claudine évoqua cette discussion avec Grégoire, qui se mit en colère et l'accusa de l'espionner. « Si tu n'as plus confiance en moi, peut-être devrions-nous reconsidérer notre relation ! » lui lança-t-il. Claudine ne se laissa pas démonter pour autant et Grégoire fut contraint d'admettre que la femme en question était la tenancière du bar et qu'il discutait avec elle de l'anniversaire de Claudine qu'il voulait fêter là-bas. Il insista pour que sa femme l'accompagne à ce bar et la présenta à sa soi-disant « rivale ».

Deux ans plus tard, à la suite d'une mauvaise chute, la mère de Claudine dut être hospitalisée durant quatre mois. En sortant de l'hôpital, elle était affaiblie, avait perdu confiance en elle, semblait incapable de vivre seule. Claudine se résigna, consternée, à l'inévitable : sa mère allait devoir venir habiter chez elle. Elle tremblait en essayant d'imaginer la réaction de Grégoire à ce projet. Elle choisit soigneusement le moment d'aborder la question.

Le jour J, elle se maquilla avec un soin tout particulier et mitonna le plat préféré de Grégoire. Quand il rentra du bureau, il trouva son verre de vin servi sur la table basse et une Claudine encore plus attentionnée que d'habitude. Au moment de passer à table, elle le sentit suffisamment calme et décontracté.

Au dessert, elle se prit soudain la tête dans les mains. Greg, inquiet, lui demanda ce qui n'allait pas.

« Je ne sais pas comment te le dire, répondit-elle. C'est si dur...

– Chérie, qu'y a-t-il ?, interrogea-t-il doucement en posant sa main sur la sienne. Est-ce que j'ai fait quelque chose de mal ? »

Claudine secoua la tête tristement.

« Non, Greg, tu n'as rien fait. J'ai seulement... »

Puis elle éclata en sanglots.

Grégoire la prit dans ses bras et la supplia de lui dire en quoi consistait le problème. À travers ses larmes, elle secouait la tête.

« Non, tout va bien, Grégoire. Je peux le surmonter. Je suis désolée de t'infliger tout ça. Ne t'en fais pas.

– Mais chérie, insista-t-il, dis-moi ce qui s'est passé. Ce n'est quand même pas si grave que ça... ? »

Claudine lui lança un regard implorant et murmura d'une voix étranglée :

« Non, Grégoire, j'ai trop peur que tu m'en veuilles et je ne pourrais pas le supporter. Tu ne peux pas comprendre. »

Grégoire commençait à être vraiment inquiet.

« S'il te plaît, ma chérie, explique-moi de quoi il s'agit. Vraiment. J'essaierai de comprendre. »

Il commençait à imaginer le pire : Claudine sortait avec un autre homme.

Claudine tressaillit, s'essuya les yeux et inspira profondément.

« C'est à propos de maman, fit-elle. Elle est si faible à présent... Je suis inquiète pour elle. Je veux pouvoir la surveiller, mais je sais que tu n'as pas très envie qu'elle s'installe ici. J'ai essayé de penser à autre chose mais ça me ronge, le fait de la savoir seule dans sa maison, sans personne pour l'aider si jamais elle fait une nouvelle chute. Oh, Grégoire, je ne sais pas quoi faire... Si c'était ta mère, je n'hésiterais pas, mais là... »

Elle éclata en longs sanglots et se mit à trembler.

Au début, Grégoire refusa tout net que sa belle-mère s'installe chez eux, mais après deux jours de crises de larmes répétées de Claudine, il commença à se sentir coupable. S'il aimait vraiment sa compagne, ne devait-il pas être capable de faire des sacrifices pour elle ? N'était-ce pas le signe même du véritable amour ? Le mariage ne supposait-il pas des concessions de part et d'autre ? Il commença à se juger égoïste et mesquin, exactement comme Claudine l'espérait. Finalement, Grégoire accepta le principe d'une période d'essai d'un mois. Claudine, tout comme sa mère, pressentait qu'une fois cette dernière installée dans sa nouvelle demeure, il serait virtuellement impossible de l'en faire partir. Et Grégoire savait bien que chaque fois qu'il protesterait, il aurait droit à de nouvelles crises de larmes et de nouvelles accusations qui le culpabiliseraient. Le schéma était bien installé.

L'histoire de Claudine et Grégoire comporte tous les ingrédients du chantage émotionnel type (manipulation d'une personne pour en tirer un profit personnel).

La victime : Grégoire. Il a un point faible : il se sent coupable quand il voit la femme de sa vie en état de choc émotionnel.

Le maître chanteur : Claudine. Elle connaît le point faible de Grégoire.

La demande : installer la mère de Claudine à la maison.

La menace : si Claudine n'obtient pas ce qu'elle veut, elle menace implicitement de retirer son amour.

La résistance : Grégoire commence par refuser de coopérer.

La soumission : Grégoire cède à la demande de Claudine.

Les conséquences : nouvelles demandes accompagnées de disputes et de crises de larmes.

Vous avez connu au moins une personne qui avait recours au chantage émotionnel pour vous forcer à faire quelque chose que vous aviez d'abord refusé. Il s'agissait peut-être d'une situation semblable à celle de Greg, ou bien c'est une situation que vous vivez régulièrement avec une personne au profil agressif-passif qui ne semble jamais savoir exactement ce qu'elle veut et multiplie les manèges pour parvenir à ses fins. Il est important que vous identifiiez toute personne dans votre vie qui recourt à ce genre de tactique pour vous manipuler, c'est-à-dire, en général, vous faire faire quelque chose que vous ne voulez pas faire. La plupart des gens ne réalisent pas que certains amis ou membres de leur famille peuvent recourir à ce genre de stratégie mûrement réfléchie. Ils considèrent juste ces êtres comme trop autoritaires ou agressifs. Les conséquences d'un chantage émotionnel sont toujours destructrices.

> Les maîtres chanteurs émotionnels sont presque toujours des membres de votre famille ou des amis proches.

Victime d'un chantage de ce genre, vous finirez par faire le contraire de ce que vous voulez ou croyez sage, vu les circonstances. Le maître chanteur a réussi à vous donner des remords, c'est son « truc » pour vous soumettre : vous vous sentez coupable d'avoir résisté dans un premier temps. Évidemment, vous détestez vous retrouver dans cette situation. Que vous en soyez conscient ou non, votre relation avec la personne qui vous a imposé ce chantage ne sera plus jamais la même.

Les hommes et le chantage émotionnel

Les victimes du chantage émotionnel sont, dans leur immense majorité, des hommes. Quand ils ont unc demande à formuler, ces derniers préfèrent la ligne droite : ils posent carrément la question. Les femmes, toujours dans leur rôle de gardiennes de la paix, répugnent souvent à dire exactement ce qu'elles veulent au moment opportun. Beaucoup de femmes manquent de confiance et ne réalisent pas qu'elles méritent ce qu'elles demandent. En tant que protectrices du nid, leur besoin le plus pressant est de se faire *apprécier* par leur entourage. Elles ont toujours été celles qui veillaient sur l'harmonie des relations – avec leur partenaire, leurs enfants et les autres familles ou groupes sociaux. Leur cerveau est organisé pour faire efficacement fonctionner les relations. C'est pourquoi elles recourent souvent au chantage émotionnel pour parvenir à leurs fins, plutôt que de demander directement ce qu'elles veulent au risque d'être rejetées.

> L'avantage, avec le chantage, c'est qu'il permet d'éviter la confrontation.

Les hommes aussi se servent du chantage émotionnel mais dans une moindre mesure. Le fonctionnement du cerveau masculin dans le domaine émotionnel est beaucoup plus simple. Quand les hommes étaient des chasseurs, ils préféraient l'approche directe et sans chichis, et leur cerveau a continué d'évoluer dans ce sens.

Si un homme a l'intention de faire emménager sa mère chez lui, il achètera peut-être un bouquet de fleurs à sa femme, mais la manipulation n'ira pas plus loin. Après quoi, il embrayera sur le problème et en discutera ouvertement, sans émotion, en pesant le pour et le contre. Il présentera peut-être un plan d'extension de la maison, organisera le planning de la garde-malade, les week-ends à la campagne sans la mère, etc. Les hommes demandent souvent une approbation sans réserves de leurs choix, ou insistent subtilement pour l'obtenir, et beaucoup de femmes obtempèrent.

> Pour arriver à leurs fins, les hommes utiliseront une approche directe, bien préparée. Les femmes préféreront le chantage émotionnel.

Les hommes ont depuis toujours l'habitude des positions de pouvoir, ce qui les autorise à jouer leurs coups beaucoup plus ouvertement. Les femmes ont rarement été en position dominante, ce qui les a incitées à multiplier les astuces et les intrigues pour parvenir à leurs fins.

Dans certaines situations, cependant, les hommes recourent aussi au chantage émotionnel. Les adolescents, par exemple, pour persuader leurs petites amies de faire l'amour avec eux.

Étude de cas : l'histoire de Damien

Damien était sorti deux fois avec Erika, et chaque rendez-vous s'était conclu par un long et fougueux baiser qui s'était terminé de la même façon décevante : la jeune fille s'extrayait de la voiture et remontait l'allée de la maison parentale. Damien bouillait d'impatience ; Erika lui plaisait et il voulait faire l'amour avec elle, mais la jeune fille semblait nettement moins pressée, il ne comprenait pas pourquoi. Elle le trouvait visiblement à son goût, et il supposait qu'elle devait éprouver le même désir que lui.

À leur troisième rendez-vous, après un cinéma et un dîner au restaurant beaucoup plus onéreux que Damien ne l'avait prévu, le jeune homme arrêta la voiture dans une allée sombre du parc voisin et coupa le moteur. Il se tourna vers Erika et se mit à l'embrasser et à lui caresser les seins. Elle l'aida à déboutonner son soutien-gorge et lui rendit ses caresses. Au bout de cinq minutes, Damien essaya de remonter sa jupe, mais elle repoussa sa main. Damien fit une deuxième tentative, puis une troisième, sans succès. Finalement, il se rejeta en arrière et lui demanda ce qui clochait.

« Erika, tu me plais vraiment, lui dit-il. J'ai envie de faire l'amour avec toi. On s'entend si bien, je veux te montrer à quel point j'ai envie de toi. »

Erika ne semblait pas convaincue.

« Je suis désolée, Damien, moi aussi je t'aime beaucoup, mais c'est trop tôt. Je ne me sens pas prête. On n'est sortis que trois fois ensemble. Quand je serai prête, je te le dirai. Sois patient, je t'en prie. »

Damien lui embrassa l'oreille. « Allons, ma chérie, tu sais que tu en as envie. Je t'ai dans la peau. Pour moi, le bon moment, c'est maintenant. Je veux seulement te connaître encore mieux. Je n'ai jamais éprouvé ce sentiment pour personne avant toi. »

Erika s'écarta de lui.

« Non, Damien, désolée, mais je ne veux pas. Moi aussi, je te trouve attirant, mais je ne suis pas prête. »

Damien fit mine de tomber des nues.

« Moi qui étais sûr que tu éprouvais les mêmes sentiments que moi... Erika, je suis vraiment désolé, j'ai mal interprété ton attitude. »

Il avait l'air si bouleversé qu'Erika s'attendrit.

« Damien, je suis vraiment heureuse de sortir avec toi, et j'ai envie de continuer. Donne-moi juste un peu de temps. »

Damien secouait la tête tristement.

« Non, on n'est pas sur la même longueur d'onde, je m'en rends compte. Je commençais vraiment à croire à notre histoire. Je me suis conduit comme un parfait idiot. Vraiment désolé, je crois qu'il vaut mieux oublier tout cela. »

Il se pencha vers le vide-poche pour prendre les clés de contact. Erika se sentait de plus en plus mal.

« Non, Damien, écoute, tu es un garçon charmant et j'ai très envie qu'on passe d'autres soirées ensemble.

– Mais Erika, répondit Damien, moi je t'aime *vraiment*, et pour un homme, c'est naturel de vouloir exprimer ce sentiment physiquement. Mais si tu ne ressens pas la même chose, alors il vaut mieux nous arrêter avant que ça devienne trop sérieux. Désolé, mais c'est comme ça que je vois les choses. J'ai déjà souffert, tu comprends... »

Erika finit par accepter de faire l'amour avec Damien ce soir-là. Deux semaines plus tard, leur relation était terminée.

Ici, Damien est le maître chanteur et Erika sa victime. Ce qu'il demande ? Des relations sexuelles. Il connaît assez bien Erika pour avoir repéré ses points faibles et il les exploite sans pitié. Les femmes supportent mal la vue d'hommes émotionnellement perturbés. Ce spectacle stimule leur instinct maternel et le désir de les aider à surmonter leur détresse. Quand les hommes, ces êtres en principe forts, infaillibles, flanchent, les femmes sont profondément affectées. Quand Damien accuse indirectement Erika de ne pas se soucier vraiment de lui, alors qu'elle vient de lui dire le contraire, elle se dit que le seul moyen de lui faire comprendre la tendresse qu'elle éprouve, c'est peut-être d'accepter d'avoir des rapports sexuels avec lui.

Finalement, Damien menace implicitement de mettre fin à la relation s'il n'obtient pas ce qu'il veut. S'il avait lancé cette menace d'entrée de jeu, Erika n'aurait sans doute pas réagi comme elle l'a fait. Mais la façon habile dont il l'a présentée (je ne supporterai pas d'être blessé de nouveau) lui a fait rendre les armes et sa compassion a permis la réussite d'un chantage émotionnel qui l'a incitée à faire ce qu'elle ne voulait pas faire. Et ensuite, Damien s'est cru autorisé à réclamer un rapport sexuel chaque fois qu'il la voyait.

Une relation qui commence sur une base si manipulatrice est en général vouée à l'échec. Comment deux êtres peuvent-ils espérer bâtir un rapport de respect et de confiance, si ce rapport débute par une mystification ? À moins d'être immédiatement déjoué, le chantage émotionnel est toujours destructeur.

Les ressorts du chantage émotionnel

Toute personne de votre entourage est susceptible de pratiquer le chantage émotionnel : votre partenaire amoureux, mais aussi votre enfant, votre belle-mère, un ou une amie et même votre employeur. Dans les familles, le chantage émotionnel se transmet souvent d'une génération à l'autre.

Voici quelques-unes des menaces ou des sanctions qu'utilisent les maîtres chanteurs émotionnels. Vous en reconnaîtrez sans doute certaines :

Parents : « Après tout ce que j'ai fait pour toi ! »

« Je vais te déshériter. »

« Toi qui es la chair de ma chair, comment peux-tu me faire ça ? »

Maris et femmes : « Comment peux-tu te comporter si égoïstement ? »

« Je ne compte pas vraiment pour toi... »

« Si tu m'aimais, tu le ferais. »

La rupture : « Je te traînerai en justice, tu ne reverras plus jamais les enfants ! »

« Je te prendrai jusqu'à ton dernier sou ! »

« Au lit, tu étais complètement nul ! »

Amants : « Tous les autres le font, qu'est-ce qui cloche avec toi ? »

« C'est ce que tous les gens qui s'aiment sont censés faire l'un pour l'autre ! »

« Il est évident que tu ne m'aimes pas. Il vaudrait peut-être mieux qu'on se sépare. »

Enfants : « Tous les autres parents le font pour leurs enfants. Ils aiment leurs enfants, eux. »

« Puisque c'est comme ça, je vais fuguer. De toute façon, je suis un enfant adopté. »

« Tu aimes plus ma sœur que moi. »

Beaux-parents : « Je laisserai toute ma fortune à des œuvres ! »

« Si tu ne t'occupes pas de moi, je tomberai malade et je finirai à l'hôpital. »

« Ne t'inquiète pas pour moi, je suis vieux et je serai bientôt mort. »

Amis : « Moi, pour toi, je l'aurais fait. »

« Tu dis que je suis ton meilleur ami. Tu devrais peut-être en trouver un autre ! »

« J'ai toujours été là quand tu avais besoin de moi, non ? Et voilà comment tu me traites quand c'est moi qui ai besoin de toi ! »

Un patron à ses employés : « Vous allez seulement compliquer la vie de vos collègues, c'est eux qui devront se coltiner le boulot ! »

« Je vais faire en sorte que vous n'obteniez plus jamais de promotion ! »

« Je crois que vous me devez, à moi et la société, un minimum de loyauté ! »

« Vous n'avez jamais entendu parler de harcèlement ? »

Le message du maître chanteur est simple : « Si tu ne te comportes pas comme je le souhaite, tu vas passer un sale quart d'heure. »

Les enfants comprennent très tôt les rouages du chantage émotionnel, surtout quand leurs parents l'utilisent volontiers. Les enfants disposant, du fait de leur âge et de leur taille, de moyens de pression réduits, le chantage leur semble le moyen le plus efficace pour arriver à leurs fins.

Étude de cas : l'histoire de Julia

En grandissant, les enfants de Julia se montraient de moins en moins disposés à passer du temps avec leur oncle, un vieil homme grabataire. Julia éprouvait de vifs remords à ce sujet. Chaque fois qu'elle lui rendait visite, le vieux monsieur demandait où étaient les enfants. Et chaque fois, Julia se sentait obligée de mentir : elle racontait qu'ils étaient à l'école, ou qu'ils faisaient leurs devoirs, ou qu'ils étaient à leur cours de tennis.

« Les enfants, leur dit-elle un jour, votre oncle se fait vieux et je ne sais pas combien de temps il sera encore parmi nous. Il est tout seul et il a envie de vous voir. Vous vous rappelez tout ce qu'il a fait pour vous quand vous étiez petits ? Il vous gardait souvent, il vous apportait toujours des cadeaux. Il n'avait pas beaucoup d'argent mais le peu qu'il avait, il le dépensait toujours pour vous. »

Mais les enfants de Julia restaient indifférents à ses exhortations et n'hésitaient pas à recourir au chantage émotionnel. « Mais maman, il n'entend jamais ce qu'on lui dit, il est trop sourd, maugréait Bernard, 15 ans. Et on s'ennuie tellement chez lui ! Il n'y a rien à faire... Déjà qu'avec tout le boulot que j'ai au lycée, je ne vois pas mes amis souvent... J'ai quand même le droit de m'amuser un minimum, non ? J'ai le droit à un peu de bonheur, non ? »

Catherine, 16 ans, était aussi une experte en chantage émotionnel : « Allez, maman, tu sais bien qu'on a plein de boulot pour le bahut, tu ne veux quand même pas qu'on rate nos exams, hein ? Je voulais venir avec toi ce matin, mais j'avais un exposé de géo à faire. La note comptera dans le résultat final, tu sais. Si je le rate, je suis plutôt mal partie. D'ailleurs, tu as tort d'essayer le chantage émotionnel avec nous. Ça ne prend pas. On n'a pas envie d'y aller, un point, c'est tout. »

Les enfants peuvent se montrer des virtuoses dans l'art de la manipulation, surtout quand ils ont été à bonne école avec leurs parents.

Dans ce scénario, Julia, qui se sent impuissante, essaie d'exercer une pression morale et émotionnelle sur ses enfants. Au lieu de raisonner calmement et froidement avec eux ou simplement de leur imposer ce qui lui semble juste, elle a recours au chantage émotionnel. Ses enfants répondent de la même façon parce qu'ils maîtrisent parfaitement les règles du jeu.

> Les enfants de ceux qui pratiquent le chantage émotionnel sont à bonne école : ils l'exercent à leur tour, en mieux.

Un jour, nous regardions un musicien ambulant qui jouait dans une rue de Londres. À la fin de son morceau, il s'est tourné vers un groupe d'enfants captivés qui le regardaient et leur a crié : « Hé ! les enfants ! Si vos parents ne vous donnent pas une livre à mettre dans mon chapeau, c'est qu'ils ne vous aiment pas ! » Il a récolté 20 livres.

Plus une personne s'adonne au chantage émotionnel, plus ce schéma a tendance à s'imposer dans toutes ses relations. C'est dans ses relations les plus étroites que la culpabilité sera la plus profonde et la culpabilité est le plus puissant outil du maître chanteur.

Étude de cas : l'histoire de Stéphane

Stéphane était marié à Camille depuis cinq ans quand ils ont décidé de divorcer par consentement mutuel. En fait, Stéphane pensait qu'il s'agissait de consentement mutuel, mais Camille était convaincue, tout en ayant accepté la séparation, que Stéphane n'irait pas jusqu'au bout. Elle se disait qu'après une ou deux semaines de solitude, il la supplierait de le reprendre.

Stéphane fit le choix de se consacrer entièrement à son travail pour oublier l'échec de son mariage et ne donna plus signe de vie. Camille était convaincue qu'il ne tiendrait pas le rythme infernal qu'il s'imposait et qu'il comprendrait tôt ou tard à quel point sa nouvelle vie sans elle était vide et absurde. Mais Stéphane rencontra une autre femme, une nouvelle qui rendit Camille furieuse. Elle l'apprit de la mère de Stéphane, qui l'aimait comme une fille et l'appelait régulièrement. C'était la goutte d'eau qui faisait déborder le vase. Camille se mit à appeler Stéphane à des heures indues, jour et nuit, pour lui soutenir qu'il avait commis une grosse erreur et qu'elle voulait le rencontrer pour discuter de leur relation.

À contrecœur, Stéphane accepta de la revoir. Camille se montra drôle, charmeuse et chaleureuse, exactement comme lors de leur première rencontre.

Stéphane, lui, avait fait du chemin depuis leur séparation ; il aimait toujours Camille et se montrait affectueux avec elle, mais le lien amoureux était définitivement rompu. Il l'écouta parler de ses sentiments, elle lui dit qu'elle souffrait, qu'il lui manquait beaucoup. Stéphane répondit qu'il était désolé mais qu'il avait rencontré quelqu'un d'autre, et il souhaita beaucoup de bonheur à Camille.

Celle-ci ne comprit pas le message. Elle le rappela en larmes pour le supplier de passer la voir. Et Stéphane lui rendit visite plusieurs fois. Mais Camille fondait rituellement en sanglots et lui avouait que sans lui sa vie ne valait plus la peine d'être vécue. Stéphane, qui se sentait impuissant devant ces crises de larmes, essayait de la réconforter comme il pouvait. Mais elle le rappelait en menaçant de se suicider.

Bref, Stéphane ne savait plus à quel saint se vouer. Heureusement, sa nouvelle amie, Christine, comprit ce qui était en train de se passer et prit la situation en mains. Elle persuada la mère de Stéphane d'appeler les parents de Camille et de leur dire qu'elle s'inquiétait pour la santé mentale de leur fille. Christine convainquit Stéphane d'écrire à Camille pour lui dire fermement qu'il était navré de la savoir dans cet état mais que leur relation appartenait au passé et qu'il était hors de question qu'il retourne vivre avec elle.

Comme la plupart des femmes, Christine avait bien déchiffré à distance le chantage émotionnel auquel se livrait Camille et voyait en Stéphane une victime naïve. Sa rapidité de réaction aida Stéphane à ne pas se laisser piéger dans une relation dont il ne voulait plus. Si Christine n'était pas intervenue, il se serait peut-être laissé convaincre par Camille, alors qu'au fond, il ne voulait plus vivre avec elle. Il se sentait responsable de sa dépression, et ses menaces de suicide, en particulier, l'avaient beaucoup effrayé. Ce qu'il n'avait pas réalisé, en revanche, c'est qu'elle recourait à un chantage émotionnel des plus banals pour le reconquérir et qu'elle n'avait pas la moindre intention de mettre fin à ses jours.

Stéphane et Christine se sont mariés l'année suivante. Camille, elle, n'a jamais accepté la séparation. Elle continue à fréquenter son ex-belle-mère avec qui elle parle encore du « bon vieux temps » de sa relation avec Stéphane. Mais ses états d'âme laissent son « ex » impassible. Il est désolé pour elle et lui souhaite de parvenir à reconstruire sa vie.

La culpabilité place les victimes sous une énorme pression. Il est décisif de ne pas céder sur ce que l'on veut, sans se montrer pour autant indifférent aux autres. Stéphane savait qu'il ne voulait pas retourner vivre avec Camille et il aurait dû s'en tenir là. Les hommes, souvent assez désorientés par leurs propres émotions, ne savent pas comment s'y prendre avec des femmes hyperémotionnelles.

Les hommes aiment les discussions carrées : ils débattront de la meilleure équipe de foot, du meilleur programme politique, de la bière qui donne la gueule de bois la moins pénible… Les hommes sont à l'aise avec les faits, les données chiffrées, le concret. Quand on (souvent des femmes) les confronte à des émotions, ils s'en tirent généralement assez mal. Les femmes le savent et exploitent cette faiblesse.

Pourtant certains hommes savent parfois exploiter ce filon émotionnel à leur avantage. Ce schéma fonctionne particulièrement bien quand leur compagne est du type doux et sensible, encline à céder aux volontés d'un homme dominateur.

Étude de cas : l'histoire d'Irène

Irène était une belle nature : c'était une femme sereine, disponible aux problèmes des autres, désintéressée, loyale. Mais elle ne se voyait pas de cette façon. Elle avait tendance à céder aux demandes de son entourage et à ne pas affirmer son opinion uniquement pour préserver l'harmonie de son foyer. Gérard, son mari, un homme très exigeant et jaloux, lui imposait toujours sa volonté.

Un jour, Gérard annonça qu'il voulait acheter un nouveau bateau. Il expliqua à Irène que l'ancien n'était pas assez rapide, pas assez grand, pas assez maniable et qu'il n'était pas équipé des gadgets technologiques indispensables. Il avait prospecté le marché et prétendait pouvoir obtenir exactement ce qu'il voulait pour un prix raisonnable. Quand il lui annonça la somme, Irène faillit s'évanouir.

« Mais, chéri, on ne peut pas se le permettre en ce moment. On vient de payer la scolarité des enfants et tu m'avais promis que je pourrais m'acheter une nouvelle voiture à la fin du mois. Tu sais bien que la mienne est une épave, elle tombe tout le temps en panne. »

Gérard était furieux.

« Et voilà, comme de bien entendu tu ne penses qu'à toi. L'idée que, moi aussi, j'ai mes besoins ne te traverse jamais l'esprit ? Je travaille dur toute la semaine pour subvenir aux besoins de ma famille, je suis constamment sous pression et mes parties de pêche du dimanche sont mes seuls moments de détente. »

Gérard fut très désagréable pendant les trois jours suivants. Irène, que cette tension épuisait, essaya de négocier un compromis raisonnable :

« Gérard, j'ai repensé au bateau et je me suis dit que je pourrais acheter une voiture plus petite, d'occasion, et que tu pourrais reporter l'achat du bateau d'un an. Du coup, je crois qu'on pourrait supporter les deux crédits. »

Gérard resta inflexible.

« Non, rétorqua-t-il, le bateau sera plus cher l'an prochain et, de toute façon, c'est maintenant qu'il faut l'acheter. Les enfants pourront faire du ski nautique, ce sera l'occasion de passer du bon temps tous ensemble. Il faut qu'on les occupe durant le week-end, sinon ils vont encore faire des bêtises. »

Irène était affolée.

« Mais, Gérard, on n'a tout simplement pas les moyens ! On va avoir toutes sortes de travaux à faire dans la maison, tu le sais bien... »

Le visage de Gérard se crispa un peu plus.

« Je ne te comprends pas, Irène, fit-il, d'une voix de plus en plus irritée. Tu te préoccupes du bien-être des enfant, non ? C'est quand même toi qui demande toujours où ils sont et ce qu'ils font. J'étais loin de penser qu'un jour, tu ferais une croix sur leurs week-ends avec nous. Eux aussi ont besoin de ce bateau !

Après deux jours supplémentaires de ce régime, Irène ne pouvait plus supporter cette situation. Elle savait que Gérard ne lâcherait jamais le morceau et les enfants étaient de plus en plus perturbés par la tension qui régnait dans la maison. Finalement, Irène opta pour la seule solution financièrement raisonnable : il fallait qu'elle recommence à travailler à plein temps.

Gérard acheta son bateau, pour lequel il exige maintenant un poste d'amarrage. Il sait qu'il l'aura, il compte bien réemployer la même tactique pour l'obtenir.

Irène est victime d'un chantage, exactement au même titre que quelqu'un qui reçoit une demande de rançon ou des menaces directes. Les ingrédients essentiels d'un chantage émotionnel sont les mêmes.

La victime : le point faible d'Irène, c'est qu'elle est une mère poule ; elle se sent responsable du bien-être de ses proches, elle est toujours prête à se sacrifier pour ses enfants et pour la paix au sein de son ménage.

Le maître chanteur : Gérard connaît bien les points faibles d'Irène et ses sentiments.

La demande : qu'Irène accepte l'achat d'un nou veau bateau.

Les menaces : la santé de son mari est en jeu, ses enfants risquent de faire des bêtises s'ils ne sont pas encadrés, l'atmosphère familiale menace de se dégrader.

La résistance : Irène tente d'expliquer à Gérard que son désir est irréaliste et elle propose une alternative.

La soumission : Irène finit par se soumettre.

Les conséquences : Gérard, sûr de gagner, va recourir à la même tactique pour obtenir un poste d'amarrage.

Le chantage émotionnel détruit l'image que la victime a d'elle-même. Si elle cède au maître chanteur, elle finira par perdre confiance et fera une croix sur ses désirs. La sentant minée par le doute, la peur et la culpabilité, son maître chanteur ne manquera pas de surenchérir.

Le maître chanteur émotionnel : comment le gérer ?

Les maîtres chanteurs émotionnels paraissent forts et résolus. Mais c'est rarement le cas, même s'ils donnent l'impression de savoir ce qu'ils veulent et d'être prêts à se bagarrer pour l'obtenir.

Les maîtres chanteurs ne sont en général que des « petits durs ». Ils ont une image négative d'eux-mêmes et ne supportent pas qu'on leur dise non. Ils manquent de confiance en eux, sont incapables de discuter posément de leur situation et d'envisager les différentes options. De plus, ils ont très peur de perdre ce qu'ils ont acquis. Ils accusent en général leurs victimes d'égoïsme et d'indifférence – leurs propres défauts. Ils se comportent comme des enfants tyranniques : ils formulent une demande et si elle n'est pas exaucée, ils piquent une crise de colère. Chaque fois qu'un parent cède à une crise de colère, il encourage le maître chanteur émotionnel qui sommeille en chaque enfant.

> Ne jamais oublier : les maîtres chanteurs émotionnels ressemblent à des petites brutes ou à des sales gosses,et doivent être traités comme tels.

Si vous pensez être victime d'un chantage émotionnel, il est important que vous décidiez si vous acceptez de continuer à subir cette situation ou si vous avez l'intention de réagir. À vous de décider comment vous voulez que vos proches vous traitent. Si vous êtes une victime, c'est parce que vous vous êtes laissé faire. Mais la tendance au chantage émotionnel qui est le fruit d'une éducation peut être corrigée. Cette modification du comportement demande du temps et des efforts, aussi armez-vous de ténacité et de patience.

La première chose à comprendre, c'est que le maître chanteur a besoin de votre accord, sans quoi il ne vous le demanderait pas. Sans cela, il se sent impuissant. C'est donc vous qui êtes en position de force. Ne révélez donc pas vos points faibles, vous lui donneriez un moyen de pression. Ne quémandez pas sa compréhension et n'acceptez aucun reproche de sa part. N'essayez pas de vous mettre à sa place. N'oubliez jamais que c'est vous qui êtes soumis à un chantage et que l'important, c'est ce que vous ressentez. Ne répondez jamais au chantage par le chantage.

En prévision du moment où le maître chanteur émettra demandes, menaces et accusations, il est essentiel que vous ayez constitué un stock de réponses toutes prêtes. Elles ne vous viendront peut-être pas naturellement, donc répétez-les afin qu'elles deviennent automatiques.

Que dire à un maître chanteur ?

« Très bien, si tel est ton choix. »

« Je suis désolé que tu aies choisi de prendre les choses comme ça. »

« De toute évidence, tu es en colère, on en reparlera quand tu te seras calmé. »

« Je constate que nous n'avons pas la même opinion à ce sujet. »

« Je me rends bien compte que tu n'es pas content, mais c'est comme ça. »

« Je crois qu'il faut bien y réfléchir. On en rediscutera plus tard. »

« Nous ne voyons pas les choses de la même façon. »

« Tu as peut-être raison. On devrait y réfléchir un peu avant de prendre une décision. »

« Je vois bien que tu es déçu mais ce n'est pas négociable. »

Le refus de céder ou de négocier va sans doute provoquer la mauvaise humeur du maître chanteur. Silences lourds de reproches et bouderies sont à prévoir. Ils suffisent d'ailleurs souvent à faire céder la victime. Cette tension doit évidemment se dénouer, mais vous devrez attendre que le maître chanteur soit prêt à une discussion adulte et rationnelle avec vous. Ne répondez pas à ses silences par des plaintes, car il en déduirait logiquement que vous ne supportez pas la situation et cela le conforterait dans son attitude.

Contentez-vous de lui dire : « Je suis disposé à en parler avec toi quand tu le voudras. »

> N'entrez jamais dans le jeu du maître chanteur : évitez les menaces, les insultes ou de viser ses points faibles.

Le maître chanteur se sent impuissant et aux abois, mais il a quand même besoin de sauver la face : réagissez positivement à toutes ses concessions. Si vous vous mettez d'accord sur un compromis, définissez bien la limite à ne pas franchir et ne tolérez aucune transgression. Si le maître chanteur essaie de vous culpabiliser, refusez d'écouter ses arguments.

> On ne discute pas avec un maître chanteur, on le rééduque.

En utilisant les réponses que nous avons énumérées, vous pouvez espérer modifier le comportement de votre maître chanteur. Les maîtres chanteurs respectent ceux qui ne se laissent pas faire.

Quand le maître chanteur est lui aussi dans le brouillard…

Parfois, un maître chanteur n'est même pas conscient de ce qu'il fait. La journaliste sud-africaine Charlene Smith a raconté son histoire dans un livre passionnant. Après avoir été violée chez elle par des voyous, elle a dû lutter bec et ongles pour que la police de son pays enquête sur ses agresseurs. À l'heure actuelle, l'Afrique du Sud est le pays où l'on recense le plus grand nombre de viols puisqu'on compte une femme violée toutes les 26 secondes. Ce crime reste pourtant le sujet le plus tabou du pays et peu de gens, surtout parmi les victimes, ont le courage de raconter ce qu'ils ont vécu.

Dans son ouvrage, Charlene Smith évoque les terribles conséquences de son agression et comment elle a fini par sortir du tunnel encore plus forte. Cette femme est devenue un exemple pour les milliers de femmes dans le monde qui ont subi le même traumatisme. Charlene Smith raconte l'histoire de Marie, qui l'avait contactée. À la suite d'un viol, cette jeune femme avait quitté l'université, exigé que son mari achète une maison dans un autre quartier et complètement cessé de s'occuper de ses trois enfants et de son ménage. Les enfants étaient livrés à eux-mêmes, la pagaille régnait à la maison, et son mari, se sentant incapable de l'aider, était accablé de chagrin et de frustration. Quand cette femme téléphona à Charlene, elle fut sidérée par l'attitude de l'écrivain. Charlene ne prit pas de gants pour lui dire tout le mal qu'elle pensait de son attitude : elle soumettait sa famille à un chantage émotionnel dans le but de la faire souffrir comme elle-même avait souffert. « En devenant accro à l'apitoiement sur soi, Marie était un peu devenue l'esclave de ses agresseurs », écrit notamment Charlene dans *Proud of Me*. « Elle copiait leur comportement violent en le transposant. Les coups qu'elle avait reçus étaient évidents, ceux qu'elle donnait à sa famille étaient beaucoup plus destructeurs mais invisibles à l'œil nu. »

> Les victimes peuvent inconsciemment répercuter sur leur entourage et leurs amis les conséquences du chantage émotionnel qu'elles ont subi.

Cette femme n'était sans doute pas consciente de faire chanter émotionnellement sa famille. La tentation du chantage était d'autant plus forte que ses enfants et son mari s'interdisaient de protester ou de riposter. Ils nourrissaient un sentiment de culpabilité minant, comme si c'étaient eux les responsables du viol : si son mari et ses enfants avaient été à la maison ce soir-là, le drame ne se serait peut-être jamais produit. La culpabilité est souvent l'arme la plus efficace dont dispose le maître chanteur : il s'en sert pour paralyser ses victimes.

Quand c'est pour la vie...

Quand on cède aux menaces d'un maître chanteur, on met le doigt dans un engrenage qui risque de devenir de plus en plus difficile à stopper. Le maître chanteur peut, à terme, annihiler sa victime sur le plan émotionnel mais aussi psychologique et financier.

Une de nos connaissances fut ainsi soumise à un véritable harcèlement de la part de son petit ami jusqu'à ce qu'elle accepte de se porter caution pour un emprunt qu'il avait contracté pour acheter une nouvelle voiture. Il prétendait que sans la caution de la jeune femme, ses revenus étant insuffisants, son emprunt ne serait pas accepté. Au début, elle a résisté. « Mais pourquoi refuses-tu puisque nous allons passer notre vie ensemble ? lui demanda-t-il. Si tu ne peux pas me faire confiance pour un simple prêt, autant tout arrêter maintenant ! »

Il revint à la charge plusieurs jours de suite : « Si tu m'aimais vraiment, tu accepterais. Ce n'est qu'une formalité. Ce n'est pas comme si je te demandais d'emprunter de l'argent pour moi tout seul. Nous le faisons pour nous deux, c'est de notre avenir commun qu'il s'agit, après tout. » Une dernière petite phrase emporta le morceau : « Après tout ce que nous avons vécu ensemble, c'est bien la moindre des choses ! » La jeune femme a cédé. Quelque temps plus tard, elle découvrait que son petit ami était un mythomane patenté incapable de garder un emploi plus de deux semaines d'affilée et qui devait de l'argent à la ville entière ! Trop tard.

En cédant à son maître chanteur, elle contracta une très lourde dette dont elle continue aujourd'hui de payer les traites. Quant à son fiancé, il s'éclipsa peu de temps après. Elle a gardé de cette mésaventure une méfiance chronique envers tous les hommes qui l'approchent.

Quand l'amour est en jeu, les femmes deviennent des cibles faciles pour un maître chanteur.

Les parents aussi peuvent abuser affectivement de leurs enfants et leur infliger des blessures longues à guérir. Chez les agriculteurs, par exemple, les parents sont tentés de faire pression sur leur aîné ou sur le cadet, s'il se montre plus soumis, pour qu'il reprenne l'exploitation familiale. Mais le jeune homme en question rêve peut-être d'un autre avenir. Peut-être désire-t-il voyager, se lancer dans les affaires, apprendre un métier ou devenir acteur... S'il cède au chantage émotionnel, il se sentira piégé pour toujours et éprouvera un ressentiment plus ou moins rentré envers ses parents. Le chantage émotionnel des filles tend à prendre des formes assez différentes. Nous avons tous entendu parler de femmes qui ont passé leur vie à s'occuper d'un parent plus âgé, sacrifiant leur vie par sens du devoir à un père ou une mère. Ce parent exploite sans vergogne leur culpabilité pour dissuader leur enfant de partir.

Le chantage émotionnel, quel que soit le contexte où il se produit, est toujours déplaisant et laid. Il suffit parfois d'en avoir été victime un jour pour être définitivement piégé. On a alors bien peu de chances de trouver le bonheur, l'amour et de connaître une vie déchargée de toute culpabilité émotionnelle.

Donc, si vous pleurez, assurez-vous que ce soit pour les bonnes raisons !

Chapitre 4

Le carnet de notes top secret des femmes

Pour le reste du monde, Olivier et Laurence menaient la vie idéale. Olivier avait un boulot génial, ils étaient propriétaires d'une jolie maison, leurs trois enfants étaient heureux et équilibrés, et ils s'offraient chaque année des vacances à l'étranger.

Pourtant, au-delà des apparences, leur ménage battait de l'aile. Ils s'aimaient profondément l'un l'autre, mais ils ne savaient plus à quel saint se vouer : leurs disputes continuelles les démoralisaient et commençaient à sérieusement lézarder leur couple. Laurence semblait presque toujours à cran et Olivier ne comprenait pas ce qui motivait ces accès de mauvaise humeur.

Le problème, c'est qu'Olivier ne comprenait pas le système d'évaluation féminin que Laurence utilisait pour noter leur mariage.

Quand ils en vinrent, à la suite d'une énième querelle, à évoquer le divorce, ils décidèrent d'un commun accord d'aller consulter un thérapeute spécialisé dans les problèmes de couple. Olivier accepta, tout en se disant qu'ils auraient mieux fait de régler leur problème tout seuls.

Voici ce qu'ils confièrent au thérapeute :

Laurence : « Olivier est un drogué du travail. Les enfants et moi, on est le cadet de ses soucis, il ne s'occupe pas de nous, c'est comme si on n'existait pas. C'est boulot, boulot, boulot, et nous, on doit arriver en avant-dernière position sur la liste de ses priorités. J'en ai assez d'être à la fois la mère et le père de mes enfants. Je veux un homme qui ait besoin de moi, qui veille sur moi et qui participe à la vie de famille sans que j'aie à le lui rappeler tout le temps ! »

Olivier *(sidéré)* : « Je n'arrive pas à croire ce que j'entends, Laurence... Qu'est-ce que ça veut dire, "je ne m'occupe pas de vous" ? Regarde notre jolie maison, les vêtements, les bijoux que tu portes, l'école où vont les enfants, qui est la meilleure du quartier... Qui paye tout ça, sinon moi ? C'est vrai, je travaille dur pour pouvoir vous l'offrir, ça et le reste. Je me crève au boulot pour vous, jour après jour, et tu n'es jamais contente. Tout ce que tu sais faire, c'est râler... »

Laurence *(furieuse)* : « Tu ne comprends vraiment rien, hein, Olivier ? Je crois que tu ne comprendras jamais ! Je fais *tout* pour toi. Je cuisine, je fais le ménage, je lave le linge, j'organise les soirées avec les amis et je m'occupe des enfants. Toi, la seule chose que tu fais, c'est ton boulot. Quand as-tu vidé le lave-vaisselle pour la dernière fois ? Tu ne saurais même pas où mettre le détergent ! Et quand m'as-tu emmenée au restaurant pour la dernière fois ? Quand est-ce que tu m'as dit "je t'aime" pour la dernière fois ? »

Olivier *(interloqué)* : « Mais, chérie, tu sais bien que je t'aime... »

La plupart des hommes ignorent complètement que leur compagne note leurs performances conjugales et familiales au jour le jour. Ils sont totalement inconscients de l'existence d'un tel système de notation et peuvent accumuler les mauvaises notes sans avoir la moindre idée de ce qu'ils ont fait de mal. Pourtant, le nombre de points qu'un homme récolte va influer directement sur la qualité de sa vie. Non seulement les femmes notent les hommes, mais ce sont elles qui ont la haute main sur le carnet ! Quand un homme et une femme décident de vivre ensemble, ils ne discutent pas dans les moindres détails de la répartition des tâches ménagères et de la contribution de chacun à la vie familiale. Chacun suppose, dans son for intérieur, que l'autre continuera à se conduire comme il l'a fait jusque-là, qu'il reproduira à peu près la relation de ses parents ou se conformera aux schémas stéréotypés qui assignent les hommes au bricolage et au jardin, tandis que leurs compagnes s'activent dans la cuisine ou la salle de bains.

Les hommes se concentrent sur l'essentiel

Les hommes préfèrent prendre du recul, se concentrer sur l'essentiel et assurer quelques contributions importantes plutôt qu'une multitude de contributions secondaires. Supposons, par exemple, qu'un homme offre rarement des cadeaux à sa compagne. Le jour où il en fera un, ce sera un présent mémorable. Le cerveau de la femme, en revanche, est organisé pour ne rien laisser au hasard et les femmes prennent toutes sortes de petites décisions concernant tous les aspects de la relation. Une femme accordera un point pour tous les actes constructifs, importants ou non, de son compagnon et deux points pour les actes d'amour.

Prenons un exemple : si un homme achète une rose à sa femme, il gagne un point. S'il lui achète un bouquet de roses, il gagne toujours un point. En d'autres termes, c'est le nombre d'actes qui est pris en compte et non l'importance, la qualité ou le résultat de chaque geste. Si le monsieur en question fait l'acquisition d'une voiture ou du diamant dont sa compagne rêve depuis toujours, il engrangera sans doute quelques points supplémentaires. Mais 95 % des points concernent des petits gestes du quotidien, quel que soit leur résultat. Et pour les femmes, c'est vraiment l'intention qui compte.

> Les femmes accordent un point par action ou par cadeau, quelle que soit leur importance. Les hommes, en revanche, s'ils tenaient un registre similaire, tiendraient compte de l'importance de l'acte ou de la valeur du cadeau.

La plupart des hommes sont complètement inconscients de la manière dont fonctionne le système de notation féminin, tout simplement parce qu'eux-mêmes ne songeront jamais à noter l'autre et ne soupçonnent même pas qu'ils puissent être notés. Chez les femmes, d'ailleurs, cette notation est souvent inconsciente, mais toutes comprennent intuitivement comment le système fonctionne. Une différence d'approche à l'origine de nombreux malentendus entre hommes et femmes.

Les femmes, en comptables impartiales et rigoureuses, n'oublient rien : même si le solde de la relation est en leur défaveur, elles vont continuer à faire ce qu'elles croient devoir faire pour un homme, dans l'espoir qu'un jour les compteurs seront remis à zéro. C'est-à-dire qu'il lui rendra ce qu'elle lui a donné.

> Les femmes tiennent les comptes, et elles n'oublient jamais.

Mais un homme n'a pas la moindre idée du moment où son « compte » est « débiteur ». Et sa femme attendra qu'il ait atteint son « découvert autorisé », et même bien au-delà, avant de s'expliquer avec lui. Et ce jour-là, il tombera des nues ! Il ignorait qu'il avait accumulé des points négatifs. D'autant que, si lui tenait un livre de comptes, il ne laisserait pas le déficit de l'autre se creuser autant, il sonnerait l'alarme à peine le découvert autorisé franchi. Et il exigerait qu'il soit comblé.

Si un homme tient une comptabilité conjugale, il estime que le score doit être proportionnel à l'importance de chaque action ou cadeau dont il mesurera précisément la longueur, la valeur ou le gabarit, qu'il s'agisse de temps passé, d'argent dépensé ou de volume. Ainsi, pour lui, une semaine de travail au bureau vaut largement 30 points, alors que sa femme ne lui en accordera que 5, un point par journée de travail. Mais c'est bien connu, les hommes ont toujours été hantés par des histoires de gabarit.

> Pour les femmes, ce n'est pas le gabarit qui compte, mais la fréquence.

Notre expérience avec Gilles et Nadine

Gilles est un conseiller en placements financiers qui ne compte pas les heures qu'il consacre au développement de son cabinet et à ses clients. Nadine, son épouse, s'occupe de sa maison et veille sur leurs deux enfants. Ils se définissent comme un couple heureux et normal. Nous leur avons demandé de tenir une fiche de score, quotidiennement, durant trente jours, et de noter les contributions qu'ils apportaient à leur relation, en s'allouant le nombre de points qu'ils estimaient mériter. Les notes pouvaient s'échelonner de 1 à 30, en fonction de l'importance de la contribution. Nous leur avons également demandé d'infliger des « points de pénalité » à leur partenaire quand ce dernier se montrait désagréable. En aucun cas ils n'étaient autorisés à parler ensemble des points qu'ils s'attribuaient, rien ne devait filtrer jusqu'à la fin des trente jours.

Voici un résumé partiel des résultats obtenus. Vous remarquerez que les pénalités sont restées très limitées. Nous soupçonnons deux raisons à cela : les couples qui cohabitent depuis un certain temps ont tendance à fermer les yeux sur certains comportements et défauts de l'autre, et quand on leur demande de s'évaluer, il semble que, pendant la durée du test, les conjoints fassent davantage d'efforts.

Les résultats notés par chacun

Activité de Gilles	Notée par lui	Notée par elle
Travailler 5 jours par semaine	30	5
Rendre visite à sa belle-mère	5	1
Monter l'avion radiocommandé de son fils	5	1
Préparer le barbecue pour les amis	3	1
Intervenir auprès du voisin pour qu'il fasse moins de bruit	1	2
Remplir le réservoir d'huile de la voiture	2	1
Balayer les feuilles mortes sur les marches du perron	3	1
Emmener la famille dîner à la pizzeria	2	1
Laver la voiture2	1	
Rester au bureau tard un soir	5	1
Nettoyer la piscine	2	1
Emmener les enfants au foot	3	2
Lire *L'Ordinateur familial*	1	0

→

Acheter de la peinture pour repeindre le garage	2	1
Planter un arbre	2	1
Conduire la famille dans la maison de campagne	3	1
Recoller le talon cassé de madame	3	1
Acheter des fleurs, des chocolats et une bonne bouteille	10	3
Suspendre un tableau au mur du salon	2	1
Sortir les poubelles	1	1
Réparer une poignée de porte	1	1
Lui dire qu'elle est belle	1	3
Tondre la pelouse	3	1
Réparer la bicyclette de sa fille	2	1
Réparer les enceintes de la stéréo	4	1

Activités notées par Nadine et qui ne figuraient pas sur la liste de Gilles

Me prêter son manteau quand il fait froid	3
Me déposer devant la porte parce qu'il pleut	2
Ouvrir la portière de la voiture pour moi	2
Allumer le chauffage de la voiture avant que je monte	2
Aiguiser le couteau à découper la viande	1
Enregistrer le numéro de maman sur son portable	1
Ouvrir un pot de confiture rebelle	1
Me complimenter sur ma cuisine	3

Activités qui auraient pu donner plus de points à Gilles

Ramasser sa serviette humide	1
Peler les légumes	1
Mettre les enfants au lit de bonne heure	2
Me parler au lieu de s'installer devant la télé en arrivant à la maison	5
M'écouter sans m'interrompre pour dicter ses solutions	6
Appeler pour prévenir qu'il sera en retard	3
Nous ménager un week-end en tête-à-tête	10
Proposer de nettoyer la cuisine	2
Baisser le volume de la télé pour me parler	2
M'appeler pour me dire « je t'aime »	3
Faire le lit	1
Se raser avant de faire l'amour	1
Me masser la tête et les pieds	3
M'embrasser	1
M'embrasser sans me peloter	3
S'abstenir de zapper	2
Me tenir la main en public	3
Me donner l'impression que je compte plus que les enfants	3
M'accompagner au supermarché	5
Me prendre dans ses bras dans la cuisine	2
Sortir la vaisselle du lave-vaisselle	1
Montrer de l'intérêt quand je parle	3
Porter le linge sale chez le teinturier	1
Me dire que je lui manque	3
Abaisser la lunette des WC	1

Cette liste est révélatrice : d'abord, les hommes, à cause de l'organisation spatiale de leur cerveau, allouent plus de points aux tâches physiques et spatiales. Ainsi, Gilles s'est accordé 5 points pour avoir aidé son fils à construire son avion télécommandé, une tâche qui, pour Nadine, ne valait qu'un seul point. Pour lui, c'est un travail difficile qui suppose une véritable compétence, et il est fier d'y être arrivé. Pour elle, il a passé un bon moment à jouer avec son fils. Les femmes accordent en général à leur compagnon un point pour chaque tâche ménagère qu'ils accomplissent, mais elles auront tendance à monter la note pour un « geste » affectueux. Par exemple, quand Gilles complimente Nadine pour le repas qu'elle lui a mitonné, elle lui donne 3 points, alors que lui ne le mentionne même pas. Non qu'il l'ait oublié, mais il ne considère pas un compliment comme un acte devant être noté. À l'inverse, quand il rentre à la maison avec un bouquet de fleurs, des chocolats et une bouteille de champagne, il pense que cela va lui valoir au moins 10 points – soit le tiers de la note qu'il s'attribue pour son travail de la semaine –, parce qu'il s'est fendu d'un beau cadeau : Nadine ne lui en accordera que 3, alors que Gilles a obtenu des notes substantielles pour des gestes de galanterie – « Me prêter son manteau quand il fait froid » – sans même imaginer qu'un geste si machinal, ne lui demandant aucun effort, puisse lui valoir des points...

Gilles pensait que plus il travaillait, plus il accumulait de points, sans penser qu'à cause des heures supplémentaires passées au bureau, il consacrait moins de temps à sa famille et aux tâches ménagères : résultat de ce surplus de travail, il a perdu des points. Il croyait que Nadine lui saurait gré du surcroît de salaire, et donc de confort, qu'il offrait à la famille. En fait, elle a retenu de ce comportement que, pour son mari, le travail était plus important que la vie de famille. Résultat : là où il s'adjuge 5 points pour ses heures supplémentaires au bureau, elle ne lui en concède qu'un. S'il l'avait appelée du travail pour lui dire qu'il l'aimait et qu'elle lui manquait, et appelée à nouveau juste avant d'arriver, il aurait rattrapé au moins 3 points ! Mais, comme la plupart des hommes, Gilles a simplement oublié que les petits gestes comptent beaucoup pour les femmes – et ce n'est pourtant pas faute d'avoir entendu sa mère et sa grand-mère le répéter !

> – Pourquoi est-ce qu'on ne changerait pas de position, ce soir ? proposa-t-il d'un ton lourd de sous-entendus.
> – Bonne idée ! répondit-elle. Tu te lèves pour faire la vaisselle et je m'allonge pour regarder la télé.

Les résultats de Nadine

La liste des contributions personnelles de Nadine est quatre fois plus longue que celle de Gilles : y figure tout son emploi du temps quotidien, ou presque. Mais, dans la plupart des cas, elle ne s'accorde que des notes très modestes pour chaque tâche. Passer l'aspirateur, se rendre à l'épicerie du coin, arroser les plantes, passer à la banque, sortir le chien, payer les factures, répondre au courrier, baigner les enfants, leur faire la lecture ou surveiller leurs devoirs, chacune de ces activités, dans son système d'évaluation, ne vaut qu'un point. Les actions répétitives, comme ramasser les vêtements ou les serviettes qui traînent par terre, les mettre dans la machine, préparer les repas, faire les lits sont elles aussi dotées d'un seul point. Gilles ne voit jamais Nadine abattre tout son travail domestique parce qu'il est au bureau. Il lui a donc attribué une note globale de 30 points pour son labeur, la même note qu'il s'attribue pour les cinquante heures qu'il passe au bureau chaque semaine. Nadine a également eu droit à une rétribution de 3 points pour lui avoir gratté le dos un soir, et s'est vue récompensée de 10 points pour avoir, à deux reprises, pris l'initiative au lit.

Les points de pénalité

Les pénalités s'appliquaient aux actes du conjoint, jugés contrariants.

Points de pénalité infligés par Nadine à Gilles

Me critiquer devant des amis	-6
Péter durant un dîner avec des amis	-10
Reluquer d'autres femmes dans un centre commercial	-5
Insister pour faire l'amour quand je n'en ai pas envie	-6

Points de pénalité infligés par Gilles à Nadine

Me parler pendant que je regarde la télé	-2
Refuser de faire l'amour	-6
Me houspiller	-5
Me parler de plusieurs choses à la fois	-3

> « Je ne le houspille pas. Je lui rappelle simplement sans arrêt ce qu'il doit faire, sinon il ne fait rien. »

Les doléances de Gilles concernent ce que Nadine fait ou ne fait pas pour lui, alors que celles de Nadine concernent plutôt des attitudes de Gilles en public. Ces deux listes montrent aussi le degré de ressentiment des membres d'un couple quand l'un des deux désire faire l'amour et l'autre non.

> « Comment ça, mater ? protesta Gilles. Cette fille me bouchait la vue ! »

À la fin de notre expérience, Gilles, qui s'était accordé un score moyen hebdomadaire de 62 points, en avait donné 60 à Nadine. Il était donc content que leurs scores soient équilibrés. Quant à Nadine, elle s'était gratifiée d'un score hebdomadaire de 78 points, mais n'en avait accordé que 48 à Gilles.

Les réactions de Gilles et Nadine

Nadine avait l'impression d'en faire nettement plus que Gilles et elle en éprouvait, depuis un an environ, une amertume croissante. Gilles fut consterné par ce résultat. Il était convaincu que tout allait pour le mieux dans leur relation et ne se rendait absolument pas compte de ce que ressentait Nadine pour la simple raison qu'elle n'en parlait jamais. Il avait bien remarqué qu'elle était un peu plus distante depuis la naissance du petit dernier, un an plus tôt, mais il pensait que c'était à cause du stress lié à la surcharge de travail. Pour lui faciliter la vie, il s'était mis à travailler plus, en se disant que ces heures supplémentaires leur assureraient une existence plus confortable. Et comme, du coup, il rentrait plus tard à la maison, il se disait que ces moments de solitude en début de soirée permettaient à Nadine de décompresser.

Pour Gilles et Nadine, ce test fut une véritable révélation. Ce qui n'était au départ qu'un jeu amusant pour montrer que femmes et hommes jugent différemment les « prestations conjugales », avait mis en évidence une situation potentiellement explosive : Nadine se sentait coincée, piégée chez elle, et elle en voulait de plus en plus à son mari, tandis que celui-ci passait ses soirées au bureau, certain que Nadine lui en était reconnaissante.

Solution proposée aux femmes

Vous devez accepter un fait incontournable : le cerveau masculin est programmé pour se concentrer sur deux ou trois points essentiels, et les notes des hommes sont proportionnelles à l'importance des contributions de chacun. En faisant cette concession, vous n'éprouverez pas de ressentiment si le score est équilibré, ou légèrement en leur faveur. Vous devriez aussi inciter votre compagnon à avoir plus souvent ces petits gestes qui comptent tellement pour vous, sans oublier de le récompenser quand il s'exécute.

Les hommes ne sont pas programmés pour apporter leur soutien ou leur aide, à moins qu'on ne le leur demande expressément : d'un point de vue masculin, cela revient à insinuer que l'autre est incompétent. C'est ainsi qu'ils fonctionnent, ils attendent que vous demandiez. Si vous ne soulevez pas la question qui fâche, ils en concluront que les scores sont comparables et que la relation est harmonieuse.

> Les hommes sont tous les mêmes. Seuls leurs visages sont différents pour qu'on puisse les distinguer.
>
> Marilyn Monroe

Les hommes ont la mémoire courte. Ils oublieront les choses positives qu'ils ont faites pour vous la semaine passée, mais ils oublieront aussi les choses positives que vous avez faites pour eux. Les femmes, elles, s'en souviennent toujours. Ne considérez jamais qu'un homme comprend comment une femme note ses prestations de mari et de père. C'est un concept qui lui est totalement étranger, comme il l'était à son père et à son grand-père, et comme il le sera sans doute à son fils. Bien des gestes masculins ne sont pas mentionnés sur leurs listes, tout simplement parce qu'ils ne leur semblent pas dignes de l'être.

Solution proposée aux hommes

Non seulement votre femme tient une comptabilité, mais elle « laisse courir » votre découvert (ou ce qu'elle juge comme tel) sur de longues périodes. Elle pratique un système de compensation incompréhensible, sauf pour elle. Ainsi, elle refusera de faire l'amour tel soir parce que vous vous êtes disputé avec sa mère deux mois plus tôt. Quand une femme a l'impression que le score penche en votre faveur, il est peu probable qu'elle le mentionne. En revanche, si vous êtes en déficit, elle deviendra distante, nerveuse, et votre vie amoureuse en pâtira. Si cela se produit, ne tardez pas à lui demander ce qu'elle attend de vous. Souvenez-vous que chaque petite attention masculine peut, au regard d'une femme, valoir des points. Les moindres petits gestes tendres et gratuits, en se cumulant, remonteront votre moyenne. Lui donner des fleurs, la complimenter sur son apparence, ramasser vos affaires qui traînent, l'aider à faire la vaisselle et penser à vous raser avant de faire l'amour sont des gestes qui compteront autant, voire plus, que de rapporter un gros salaire ou de repeindre la maison. Ce qui ne veut pas dire que vous devez lever le pied au bureau. Mais si vous savez garder un contact étroit avec votre femme et que vous faites un effort sur les petites choses, vous verrez que votre qualité de vie s'améliorera de façon spectaculaire.

Et maintenant, à vous de faire le test !

Avec votre conjoint répertoriez et notez toutes vos contributions à votre relation pendant dix jours. Évaluez vos résultats et tirez-en les enseignements qui s'imposent. Les leçons de ce test tout simple vous apporteront plus de satisfactions que vous ne l'imaginez. Un écart de moins de 15 % entre vos notes indique une relation assez équilibrée, dans laquelle aucun des deux conjoints ne se sent exploité ou n'éprouve d'amertume. Un écart de 15 à 30 % révèle un niveau de mésentente susceptible de créer des tensions, et au-delà de 30 %, l'un des deux conjoints est malheureux dans son couple.

Celui ou celle qui a obtenu un score négatif s'attachera à équilibrer sa contribution en s'acquittant de tâches supplémentaires ou en ayant les gestes attendus par l'autre.

En résumé

Vous pouvez « doper » votre score au prix d'efforts assez limités : il suffit que vous compreniez comment votre conjoint note vos différentes prestations et de modifier votre comportement en conséquence. Le système de notation utilisé par le sexe opposé n'est ni meilleur ni pire qu'un autre, il est seulement différent.

Quand nous avons demandé à Nadine et Gilles de participer à cette expérience, Nadine a tout de suite compris ce que nous voulions. Gilles nous a regardés, interloqué : « Un système de notation du couple au quotidien ? Comment ça ? » Comme la plupart des hommes, il ignorait complètement que les femmes tenaient un carnet de notes. Quand un homme et une femme se disputent, la réplique féminine la plus fréquente est : « Après tout ce que j'ai fait pour toi ! Vraiment, tu exagères ! Jamais tu ne lèves le petit doigt pour m'aider ! »

Ressortez votre petit carnet chaque fois que les fondamentaux de votre relation évoluent et assurez-vous que le score reste équilibré. L'évaluation des prestations de chacun va beaucoup changer entre le moment où vous vous marierez et celui où vous vous retrouverez avec trois enfants, un chien et des crédits par-dessus la tête...

Voici, en conclusion, une lettre de lecteur qui a pris le test au sérieux, pour son plus grand profit, et qui nous explique comment sa femme ajoute ou retire des points sur son « carnet de notes » conjugal :

« Chère Barbara, cher Allan,

Le test du carnet de notes conjugal a complètement changé ma relation avec ma femme. On s'entend mieux que jamais (on est ensemble depuis trois ans) et je voudrais vous faire partager mon expérience de la notation féminine.

Merci,

Yves. »

Tâches ménagères quotidiennes

Tu sors la poubelle	+1
Tu sors la poubelle à 6 h 30 du matin alors que la benne vient de passer	-1
Chaque fois que tu salis une assiette, tu la mets dans le lave-vaisselle	+1
Tu laisses les assiettes sales dans l'évier	-1
Tu laisses traîner une assiette sale à côté du canapé	-3
Tu oublies d'abaisser la lunette des WC	-1
Tu oublies d'abaisser la lunette des WC au milieu de la nuit et j'y vais après toi (je suis enceinte)	-10

Tu laisses des gouttes sur la lunette	-5
Tu en as mis partout	-7
Tu remplaces le rouleau de papier hygiénique quand il est fini	0
Tu utilises des Kleenex quand le rouleau de papier hygiénique est fini	-1
Quand il n'y a plus de Kleenex, tu gagnes à cloche-pied les autres WC, pantalon aux genoux	-2
Tu oublies d'aérer les toilettes	-1
Tu fais le lit	+1
Tu fais le lit mais oublies d'y reposer les coussins brodés	0
Tu remets le couvre-lit sans avoir bordé les draps	-1
Tu fais systématiquement le plein d'essence pour moi	+1
Tu as laissé juste assez d'essence pour gagner la station-service la plus proche	-1
Tu t'es levé dans la nuit parce que tu avais entendu un bruit suspect mais ce n'était rien	+1
Tu t'es levé dans la nuit parce que tu avais entendu un bruit suspect et il y avait un ivrogne dans le jardin	+3
Tu lui a flanqué un grand coup de pied au derrière pour le faire décamper	+10
C'était mon père	-10

Réceptions et soirées

Tu restes à mes côtés toute la soirée	+5
Tu restes avec moi quelques instants puis tu vas discuter avec un vieux copain de classe…	-2
… nommé Charlotte	-9
Quand tu fais les présentations, tu me regardes amoureusement en me tenant la main	+4
Quand tu fais les présentations, tu me présentes comme « la plus adorable emmerdeuse que tu connaisses » en me tapotant l'épaule	-5

Cadeaux

Tu m'achètes des fleurs mais seulement quand c'est obligatoire	+5
Tu ne m'achètes pas de fleurs même quand c'est obligatoire	-5
Tu m'achètes des fleurs parce que tu m'aimes	+5
Tu m'offres un bouquet de fleurs des champs que tu as cueillies toi-même	+10
Je me fais piquer par une guêpe en le humant	-25

En voiture

Tu te trompes de route	-4
Tu te trompes de route et tu te perds	-10
Tu te perds dans un quartier inquiétant	-15
Tu échanges quelques gestes démonstratifs avec un conducteur qui se traîne	-25
Tu m'avais menti au sujet de ta ceinture noire de karaté	-60

Chapitre 5

La solution aux 7 plus grands mystères concernant les hommes

Le succès de *Pourquoi les hommes n'écoutent jamais rien et les femmes ne savent pas lire les cartes routières* nous a valu un abondant courrier (lettres et e-mails) de lectrices qui nous demandaient plus d'informations sur les différences entre les sexes. Voici les sept questions les plus souvent posées :

1. Pourquoi les hommes ne savent-ils presque rien de la vie de leurs copains ?
2. Pourquoi les hommes refusent-ils de s'engager ?
3. Pourquoi les hommes ont-ils besoin d'avoir raison sur tout ?
4. Pourquoi les hommes sont-ils si captivés par les jouets de petits garçons ?
5. Pourquoi les hommes ne peuvent-ils faire qu'une chose à la fois ?
6. Pourquoi les hommes sont-ils si accros au sport ?
7. De quoi parlent les hommes aux toilettes ?

Le problème, pour les femmes, c'est qu'elles essaient d'analyser le comportement des hommes en se fondant sur leur vécu à elles. Évidemment, de leur point de vue, le comportement masculin est déroutant. Mais les hommes ne sont pas plus illogiques que les femmes. Ils ont simplement une logique différente.

1. Pourquoi les hommes ne savent-ils presque rien de la vie de leurs copains ?

Julien, qui n'avait pas vu Guillaume depuis un an, lui a donné rendez-vous au golf où ils ont passé la journée ensemble. Quand Julien rentre à la maison, le soir, sa femme Capucine le presse de questions :

Capucine : « Tu as passé une bonne journée ? »
Julien : « Mouais, très bonne. »
Capucine : « Comment va Guillaume ? »
Julien : « Bien. »
Capucine : « Et sa femme, est-ce qu'elle a récupéré depuis sa sortie de l'hôpital ? »
Julien : « Je ne sais pas, il n'en a pas parlé. »
Capucine : « Il n'en a pas parlé ? Tu veux dire que tu ne lui as pas posé la question ? »
Julien : « Ben non. Mais s'il y avait un problème, je suis sûr qu'il m'en aurait parlé. »
Capucine : « Et leur fille, comment ça marche avec son nouveau mari ? »
Julien : « Mmh ? Il ne m'en a pas parlé... »
Capucine : « Et sa mère, elle est toujours sous chimio ? »
Julien : « Pas la moindre idée. »

Etc. Julien serait capable de dire en combien de coups ils ont accompli leur parcours, il se souvient du moment difficile qu'il a eu au passage de la sablonnière, du trou en un qu'il a failli faire et de la blague sur la bonne sœur et le poulet en caoutchouc, mais quant aux détails sur la vie familiale de Guillaume, il sèche lamentablement. En revanche, il sait tout du litige qui oppose Julien au conseil municipal à propos de son permis de construire, il se rappelle la marque et le modèle de la voiture que Guillaume compte acheter et il n'ignore rien du dernier voyage d'affaires de son ami en Malaisie. Mais il ne faut rien lui demander sur la sœur cadette de Guillaume qui vit maintenant à Bangkok, ou sur son frère à qui on vient de diagnostiquer un syndrome de Parkinson ou encore sur sa femme qui vient d'être nommée Citoyenne de l'année dans leur communauté locale. En revanche, il a fait une ample collecte de plaisanteries... dont sa femme n'a rien à faire.

> Un homme se rappellera toutes les plaisanteries que son copain lui a débitées, mais ignorera que ce dernier vient de quitter sa femme.

Quand un homme rentre du bar où il a bu un verre avec des copains après le travail, sa femme est toujours étonnée de constater à quel point sa collecte d'infos sur la vie personnelle de ceux-ci est maigre. Mais son but n'est justement pas la collecte d'informations de ce genre. Les hommes se retrouvent pour contempler le feu, comme leurs ancêtres le faisaient il y a quelques milliers d'années. Ils peuvent passer des heures à pêcher, à jouer au golf, aux cartes, ou à regarder le foot à la télé sans dire grand chose. Et quand ils parlent, c'est de faits : résultats, solutions, réponses aux questions, ou pour échanger des informations sur du concret : mécanique, logiciels, programmes... Ils discutent rarement des êtres et de leurs émotions. Les échanges masculins se concentrent sur le rationnel et ils laissent les émotions et les sentiments de côté.

Une étude de l'Université de Leeds s'est interrogée sur ce qui poussait les hommes à se retrouver dans un bar après le travail.

Voici les réponses :
9,5 % y vont pour l'alcool,
5,5 % pour rencontrer des femmes,
85 % pour décompresser.

Les hommes se détendent en troquant leurs préoccupations contre des pensées légères. C'est pourquoi quand les hommes vont prendre un verre, ils sont libres de se taire ou de parler s'ils en ont envie.

> Quand un homme se trouve avec des amis et ne parle pas, ça ne veut pas dire qu'il vient de se disputer. Il est juste en train de décompresser.

Les hommes n'attendent pas des autres hommes qu'ils parlent beaucoup. Quand l'un d'eux regarde dans le vague, un verre à la main, les autres comprennent intuitivement et lui fichent la paix. On ne le forcera jamais à parler. Personne ne demande : « Raconte-moi un peu ta journée... Qui as-tu vu et de quoi leur as-tu parlé ? » Quand ils parlent, les hommes discutent politique, boulot, sport, voitures et tout ce qui met en jeu leur capacité spatiale. Ils parlent chacun à leur tour parce que leur cerveau est organisé pour parler ou pour écouter, mais pas pour faire les deux à la fois – contrairement aux femmes.

Solution

Les hommes ont du mal à comprendre pourquoi leur femme veut connaître tous les détails de la vie du copain qu'ils viennent de voir parce que si ce dernier voulait qu'ils sachent quelque chose, il le leur dirait. Non que les hommes ne soient pas intéressés par la vie de leurs amis, mais ce qui les intéresse surtout ce sont les faits, les chiffres, les résultats. Le seul moment où un homme confie à un copain des détails intimes, c'est quand il est incapable de résoudre un problème. Là, en dernier recours, il peut se résoudre à demander conseil à un autre homme.

Si vous tenez absolument à avoir des infos sur la santé, la carrière, les relations affectives des membres de votre famille ou de vos proches, ne vous fiez jamais aux hommes pour obtenir des réponses – demandez aux femmes. Les hommes se rencontrent pour discuter résultats et solutions et pour décompresser. Ils évoquent rarement des problèmes personnels.

2. *Pourquoi les hommes refusent-ils de s'engager ?*

Engagement : *nom*, *fém.* : désir de se marier et de fonder une famille ; *masc.* : impossibilité de draguer les filles en présence de sa femme ou de sa petite amie.

Étude de cas : Simon et Martine

Françoise pensait que Simon et Martine feraient un couple idéal, aussi elle les invita tous deux à dîner. Comme elle le prévoyait, ses deux amis passèrent une excellente soirée, échangèrent leurs numéros de téléphone et se promirent de se revoir. Le lendemain, Martine appelait Françoise et la remerciait de lui avoir présenté Simon. Elle l'avait trouvé charmant et espérait bien le revoir rapidement. Le même jour, Simon appela aussi Françoise et lui tint des propos similaires sur Martine.

Quand il raccrocha, Françoise appela aussitôt Martine et lui répéta ce que Simon venait de lui dire. C'était le signal que Martine attendait. Le week-end suivant, elle téléphona à Simon pour l'inviter à passer la journée à la plage avec elle et dîner le soir au restaurant. Simon accepta avec enthousiasme. Ils passèrent une ou deux soirées ensemble au cinéma et se revirent les trois week-ends suivants. Ils s'entendaient très bien sur tous les plans. Pour Martine, le temps qu'ils avaient passé ensemble signifiait qu'ils étaient entrés dans une relation exclusive : elle ne sortait avec aucun autre garçon que Simon, même s'ils n'avaient jamais officialisé leur liaison.

La soirée de Simon

Un mois avait passé, mais Simon n'avait pas la moindre idée de ce que Martine attendait de lui parce qu'elle n'avait jamais évoqué ce sujet. C'est ainsi que fonctionne le cerveau masculin. Il ne donne pas au concept de relation le même sens que les femmes.

Simon décida d'emmener Marie à la soirée d'anniversaire de son meilleur ami. Marie, une fille vraiment sympa, était la compagne idéale pour ce genre de soirée et il ne l'avait pas vue depuis des mois. Ils passaient un bon moment ensemble à la soirée, quand Simon aperçut soudain Françoise. Il se dirigea tout de suite vers elle et lui présenta Marie. Françoise lui sembla un peu froide et Simon eut la nette impression qu'avec Marie, le courant ne passait pas. Ce qui l'étonna parce que Marie était vraiment une fille sympa que tout le monde adorait. Mais il n'y pensa plus.

La soirée de Françoise

Françoise fut choquée que Simon n'ait pas amené Martine à la soirée. Il avait préféré amener cette pétasse de Marie à la place – une grande gueule qui allumait tous les mecs. Et pour Françoise, cet événement avait une conséquence aussi obligatoire que désagréable : elle allait devoir en parler à Martine pour lui éviter de l'apprendre par des tiers. Comme elle l'avait prévu, son amie prit très mal la chose. Quand Martine entendit parler de Marie, elle tomba des nues et raccrocha en larmes. Elle avait pourtant l'impression qu'elle et Simon filaient le parfait amour...Elle décida d'appeler Simon et lui demanda de passer le soir même. Il sentit que quelque chose clochait, mais ne voyait pas du tout de quoi il pouvait bien s'agir.

L'explication

En arrivant chez Martine, Simon était tout content. Il espérait qu'elle lui avait mitonné son plat préféré et il sentait que la soirée s'annonçait bien. Quand elle ouvrit la porte, quelle ne fut pas sa surprise de voir son visage cerné, ses yeux gonflés et rougis par les larmes ! Elle attaqua bille en tête : « Comment as-tu pu me faire ça ! Et devant nos amis en plus, gémit-elle. Depuis combien de temps vois-tu cette fille ? Est-ce que tu l'aimes ? Tu couches avec elle ? Réponds ! ! » Simon, qui ne pouvait en croire ses oreilles, resta sans voix.

Il passa les trois heures suivantes à essayer de régler son problème avec Martine. Simon n'avait jamais réalisé qu'ils étaient censés former un couple, il était convaincu que Martine avait d'autres amants... C'était la première fois qu'ils discutaient de leurs sentiments et de leurs émotions et tous deux comprirent alors qu'ils n'étaient pas du tout sur la même longueur d'onde.

Martine attendait que Simon s'engage, mais le jeune homme n'était pas prêt. Il voulait conserver sa liberté. Ils décidèrent qu'ils resteraient amis mais rien de plus. C'était en tout cas la décision de Martine. Simon, lui, décréta qu'elle était en plein syndrome prémenstruel et qu'elle changerait d'avis la semaine suivante.

Les femmes sont souvent sidérées de la ferveur quasi religieuse qui s'empare des hommes dès qu'il est question de leur équipe de foot préférée, mais elles constatent que dans leur vie de couple, ils sont loin de dépenser une énergie émotionnelle approchante. Un homme retient souvent ses émotions et ses sentiments avec celle qu'il aime alors qu'il les libère lors des matches de son équipe favorite, surtout quand elle perd. Comment peut-il se dédier avec tant d'ardeur et de constance à une bande de mastards pas très brillants, qu'il ne connaît même pas personnellement, et qui se fichent pas mal de lui, et ne jamais montrer de sentiments aussi enflammés, loin s'en faut, à la femme de sa vie ? Pour les femmes, c'est une énigme.

Depuis la nuit des temps, les hommes sont polygames pour des raisons de survie. Il y a toujours eu pénurie d'hommes à cause des nombreux morts qu'entraînaient la chasse et les guerres, il était donc tout à fait logique que les survivants intègrent les veuves dans leur « harem ». Ce faisant, ils augmentaient aussi leurs chances de transmettre leur patrimoine génétique. Du point de vue de la survie de l'espèce, il est tout à fait logique pour un homme d'avoir dix ou vingt femmes, alors qu'il serait absurde pour une femme d'avoir dix ou vingt hommes puisqu'elle ne peut porter qu'un enfant par grossesse. Seuls 3 % des espèces animales (les oies et les renards, notamment) sont monogames. Chez ces espèces, les sexes se ressemblent par la couleur et la taille et il est souvent très difficile de préciser le genre des individus. Dans la plupart des autres espèces, y compris l'espèce humaine, le cerveau du mâle est programmé pour la polygamie. C'est la raison pour laquelle les hommes éviteront aussi longtemps que possible de s'engager avec une femme et cela explique aussi que tant d'hommes soient démangés par l'infidélité dans une relation monogame. Mais nous différons des autres espèces par une caractéristique importante : notre cerveau évolué a développé de grands lobes frontaux qui nous permettent de prendre des décisions réfléchies. Il ne faut donc pas accepter les arguments des hommes qui prétendent qu'ils n'ont « pas pu s'en empêcher ». En fait, ils avaient le choix. La femme, elle, est programmée pour s'engager au moins jusqu'au moment où sa progéniture est assez grande pour se débrouiller toute seule.

Pour une femme, si elle « sort» avec un homme depuis quelque temps et qu'aucun des deux n'a d'autre liaison, ils forment un couple. Mais pour la plupart des hommes, ce concept est incompréhensible. Quand Martine demande en sanglotant : « Mais à quoi pensait-il quand il a accepté de me revoir ? », la réponse est : il ne pensait à rien du tout.

Ce que pensent la plupart des hommes

C'est un sujet de plaisanteries universel pour les copains d'un futur marié : le mariage est une condamnation à perpète. La belle vie du pauvre garçon va bientôt prendre fin. « Quand tu seras marié, elle te tiendra par les c... », « Tu peux dire adieu à la moitié de ta baraque et à 90 % de ta vie sexuelle ! » ricanent-ils grassement. Et puis vient l'avertissement du célibataire de service : « Tu devras lui demander la permission avant d'éternuer maintenant qu'elle t'a passé les menottes ! » Une des blagues les plus courantes pour ses copains consiste à inscrire « Au secours ! » sur les semelles des chaussures de mariage du promis. La plupart des hommes évitent de s'engager dans une relation parce qu'ils craignent de devoir faire une croix sur leur liberté et de devenir faibles et soumis. La réaction d'un homme à ces sarcasmes consiste souvent à fuir le sujet de l'engagement dans une relation de couple ou à faire exactement l'inverse de ce qu'attend sa compagne.

Beaucoup d'hommes protestent au nom des libertés auxquelles ils devront renoncer en s'engageant, mais il serait bien difficile de leur faire préciser en quoi elles consistent. Ils parleront de la liberté de faire ce qu'ils ont envie au moment où ils en ont envie, de ne jamais devoir justifier leur décision ou leur comportement et d'avoir autant de femmes qu'ils le désirent. Pourtant ils veulent aussi de l'amour, une femme qui veille sur eux et beaucoup de rapports sexuels. En bref, ils veulent tout. Mais combien d'hommes aujourd'hui peuvent se targuer d'avoir tout eu – beaucoup en revanche pourraient se plaindre d'avoir tout perdu – en ne renonçant à rien ? Ce mode de vie idyllique a peut-être existé autrefois dans les harems d'Arabie et il existe encore dans certaines cultures primitives, mais la plupart des hommes d'aujourd'hui ont fort peu de chances de connaître une telle vie et même d'y goûter fugitivement.

La seule manière de s'assurer une vie de complète liberté consiste à vivre seul sur une île déserte où les seules règles sont celles qu'on s'impose à soi-même. S'engager dans une vie de couple, c'est un peu comme de passer le permis de conduire : si vous voulez devenir un automobiliste, il faut apprendre le code de la route et le respecter, sinon autant rester un piéton. Une relation n'est qu'une forme de négociation avec des règles : si vous voulez de l'amour, de l'amitié, du sexe et une personne qui vous dorlote, vous devez offrir quelque chose en retour. Ce que les femmes attendent en retour, c'est l'amour, le dévouement et la loyauté. Et la dernière chose qu'elles veulent, c'est priver un homme de sa chère liberté.

Solution

Simon n'avait même pas imaginé qu'il entrait dans une relation qui pouvait devenir permanente. Quand une femme soupçonne chez un homme cette phobie de l'engagement, elle doit lui dire clairement qu'elle recherche une relation de couple. Elle peut en plaisanter, lui dire, par exemple, que maintenant qu'ils sont ensemble, elle est heureuse de lui faire un bon café ou lui glisser qu'elle adore faire l'amour et se réveiller à côté de son nouveau compagnon. Elle doit apprendre à être directe et franche plutôt que d'attendre, en fausse timide, que son compagnon se décide à franchir le pas. Parce qu'alors, il y a de fortes chances pour que, s'il ressemble à Simon, il rate le coche. Non seulement parce que les hommes ne lisent pas dans les pensées des femmes mais aussi parce que, pour la plupart, ils sont assez étanches à leurs états d'âme. Rappelez-vous que nos ancêtres étaient des chasseurs et des guerriers et qu'il ne s'agissait pas pour eux de comprendre leurs proies ou leurs ennemis et encore moins de deviner leurs besoins affectifs !

Ne présumez donc jamais du type de relation qui s'engage avant d'en avoir discuté avec l'autre. Comme les hommes sont incapables de lire dans l'esprit des femmes, ces dernières doivent leur poser carrément la question : Quels sont tes sentiments pour moi ? Qu'est-ce que tu attends de cette relation ? Les hommes sont directs et ils diront s'ils envisagent une relation de couple exclusive ou non. Pour eux, cette franchise est même un signe de respect. Donc, si une femme escompte un engagement de leur part, mieux vaut leur demander explicitement plutôt que d'attendre qu'ils abattent leurs cartes.

Quoi qu'il arrive, n'en arrivez pas au point de faire deux enfants à un compagnon qui n'a jamais été capable de répondre clairement à cette question.

3. Pourquoi les hommes ont-ils besoin d'avoir raison sur tout ?

Pour comprendre cette caractéristique des hommes modernes, nous devons examiner la façon dont ils ont été éduqués. Quand ils étaient petits garçons, on attendait d'eux qu'ils soient durs avec eux-mêmes, qu'ils ne pleurent pas et qu'ils réussissent tout ce qu'ils entreprenaient. La liste de leurs modèles est assez éloquente : Tintin, Lucky Luke, Zorro, James Bond, Tarzan, Batman, Superman... des solitaires qui ne se plaignent jamais mais qui cherchent des solutions. Et qui, évidemment, échouent rarement. Ils ont souvent un assistant qui est en général un double pâlot d'eux-mêmes, très rarement une femme. Quand une assistante féminine intervient à leurs côtés, elle entraîne en général plus de problèmes qu'elle n'en règle. Batgirl, par exemple, est régulièrement sauvée par Batman. Quant à Superman, il vole souvent au secours de Lois Lane. Tarzan passe une grande partie de son temps à se balancer d'arbre en arbre pour éviter de gros ennuis à Jane. Comme fidèle compagnon, ces superhéros préfèrent en fait un cheval ou un chien parce que les animaux sont loyaux, fiables, dociles et qu'ils ne désapprouvent jamais leurs superactions. Comme la plupart des héros masculins traditionnels de la littérature et du cinéma, ceux des petits garçons ont rarement tort et ne trahissent jamais de faiblesses ou d'émotions. Il n'y a jamais eu de Madame Batman ou de Madame Zorro. Et le cow-boy solitaire a toujours fui la foule. Les dessins animés privilégient encore une image de héros masculin en énorme malabar *bodybuildé* à la voix grave et rauque (surdosage de testostérone) et l'héroïne a toujours le type poupée Barbie avec une poitrine anatomiquement impossible.

Quand un adolescent atteint l'âge adulte, on lui a inculqué que s'il n'est pas capable de faire quelque chose, de résoudre un problème, il n'est pas un homme digne de ce nom. C'est pourquoi quand une femme met en question ce qu'un homme dit ou fait, elle le place sur la défensive. Quand une femme demande par exemple : « Arrêtons-nous pour demander notre chemin », il entend : « Tu es nul. On va chercher un autre homme qui sera plus malin que toi. » Quand elle dit : « Je vais appeler un mécano pour qu'il répare la voiture », il entend : « Tu es incompétent, je vais chercher un autre homme qui saura résoudre le problème. » L'homme en question n'hésitera pas à offrir à sa femme un livre de recettes de cuisine pour son anniversaire mais, si une femme lui offre un livre d'épanouissement personnel, il sera absolument indigné. Il en conclura qu'elle essaie de lui suggérer qu'il n'est pas assez bien tel qu'il est. Et la visite chez un thérapeute conjugal équivaut à admettre que son comportement est critiquable, c'est la raison pour laquelle la plupart des hommes réagissent par la défensive ou l'agressivité à l'humiliante suggestion qu'un tel secours est peut-être nécessaire. Les hommes ont les plus grandes peines du monde à dire : « Je suis désolé » parce qu'une telle phrase revient à dire qu'ils ont tort.

Étude de cas : Jean-Louis et Sylvie

Sylvie voulait arrêter de travailler et avoir un enfant, mais pour Jean-Louis, ils n'étaient pas encore prêts financièrement. Cette divergence est devenue un sujet de disputes régulières entre eux et leur relation a commencé à en pâtir sérieusement. Un jour, Sylvie a annoncé à Jean-Louis qu'elle avait consulté un conseil financier pour qu'il trouve une solution à leurs problèmes d'argent. Jean-Louis n'en croyait pas ses oreilles : comme s'il n'était pas capable de faire des additions tout seul ! Leur mésentente s'envenima et, trois mois plus tard, les deux jeunes gens se séparaient.

Pourtant, en contactant un conseil financier, Sylvie avait eu l'impression d'aider Jean-Louis et de le soulager d'un fardeau. Elle était convaincue qu'il serait enchanté qu'elle ait pris une initiative pour assurer leurs arrières en prévision de la venue d'un enfant. Jean-Louis voyait les choses de manière assez différente. À ses yeux, elle lui suggérait qu'il avait mal jaugé leur situation financière et elle avait fait appel à un conseiller pour lui montrer son incompétence.

Tu ne me fais pas confiance ?

C'est l'expression courante des hommes aux prises avec une femme qui met en cause leur compétence. Quand vous les entendez dire : « Tu ne me fais pas confiance ? », c'est la preuve irréfutable que vous venez de porter atteinte à leur virilité. Si l'homme est perdu, qu'il a déplié la carte routière et que vous lui lancez : « Tu veux que je jette un coup d'œil ? », il est convaincu que vous le croyez incapable de la décrypter. Il va répondre : « Tu ne me fais pas confiance pour te conduire là-bas ? » Si, un soir, il décide d'aller se plaindre au voisin dont le chien n'arrête pas d'aboyer et que vous lui demandez de laisser tomber de peur d'une dispute, il vous répondra : « Tu ne me fais pas confiance pour faire les choses comme il faut ? » Si, dans une réception, vous le mettez en garde contre les manèges d'une femme qui a une réputation de mangeuse d'hommes, il répliquera : « Tu ne me fais pas confiance ? » Dans toutes ces circonstances, la réponse de la femme est toujours la même : « J'essayais seulement de t'aider ! » Vous voulez lui venir en aide, lui montrer que vous êtes concernée, mais il ne comprend qu'une chose : vous lui dites qu'il a tort et qu'il est incapable de gérer la situation.

> Quand une femme donne un conseil à un homme, il entend qu'il a tort et qu'elle ne lui fait pas confiance.

Il l'accusera de toujours essayer de le contrôler. Il en est tellement persuadé qu'elle va finir par se demander si elle n'est pas un peu trop directive.

Solution

Une femme doit éviter toutes les remarques suggérant à un homme qu'il se trompe. Il vaut beaucoup mieux qu'elle se contente d'exprimer ses sentiments. Par exemple, au lieu de rouspéter : « Tu ne sais jamais où tu vas et on est toujours en retard ! », elle optera pour une phrase du genre : « Tu te débrouilles comme un chef, chéri, mais on s'y perd avec tous ces panneaux. *Moi*, je me sentirais beaucoup mieux si on s'arrêtait pour demander notre chemin à quelqu'un du coin. » Bref ce n'est pas lui mais les panneaux qui ont tort !

Quand un homme accomplit sa mission, n'oubliez pas de le féliciter. Une fois arrivés à bon port, une petite phrase comme : « Bravo, chéri, je ne sais pas comment tu as fait pour t'y retrouver dans ce dédale de rues ! » le gratifiera. Mieux encore, achetez-lui un système de navigation par satellite, comme ça vous serez sûre qu'il ne se perdra plus jamais.

4. Pourquoi les hommes sont-ils si captivés par les jouets de petits garçons ?

Pour l'anniversaire de notre ami Étienne, nous lui avons offert une splendide agrafeuse motorisée de la taille d'un petit téléviseur. Le capot en plastique transparent de ce gadget ne laissait rien ignorer des dizaines de molettes et de cadrans qu'il contenait. On aurait dit un module de la navette spatiale. Cet engin consommait trois piles par semaine – et cela uniquement pour agrafer deux feuilles de papier, comme n'importe quelle autre agrafeuse. Et pourtant Etienne était aux anges quand il a reçu ce jouet. Il nous a confié que parfois, le matin, en se rendant à la douche, il ne pouvait s'empêcher de jeter un coup d'œil à l'agrafeuse qui trône sur son bureau et d'agrafer quatre ou cinq feuilles de papier, juste pour voir tourner (et entendre ronfler) les engrenages du moteur. Quand ses copains lui rendent visite, ils se rassemblent autour de l'agrafeuse et la font marcher chacun leur tour en s'esclaffant à qui mieux mieux. Les invitées lui accordent à peine un regard. Elles n'arrivent pas à comprendre qu'on puisse s'extasier devant un objet aussi cher et dont la fonction est si dérisoire. Mais ce comportement masculin relève du même syndrome que celui qui pousse une femme à acheter cinq fois son prix un ours en peluche aux yeux immenses et au petit nez « parce qu'elle n'a absolument pas pu résister ».

Il est aisé d'expliquer pourquoi hommes et femmes réagissent si différemment. Voici des schémas des aires cérébrales (en noir) qui sont sollicitées quand un être humain utilise ses capacités spatiales. Ces aires spatiales servent à estimer les vitesses, les angles et les distances, c'est le « cerveau du chasseur ».

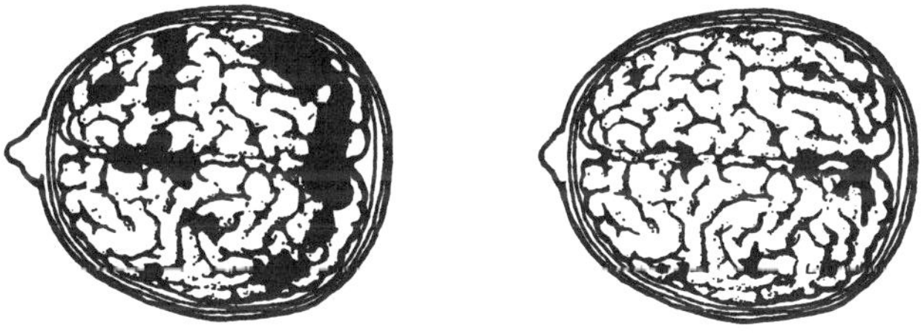

Homme **Femme**

En noir, zones utilisées pour conduire, shooter dans un ballon, sortir d'un parking en marche arrière ou réparer un moteur (Institut de Psychiatrie, Londres, 2001).

À cause de la spécialisation spatiale du cerveau masculin, les hommes et les petits garçons sont fascinés par tout ce qui comporte des boutons, des lumières qui clignotent, des parties qui bougent, un moteur, tout ce qui émet des bruits et fonctionne avec des piles. De cette catégorie relèvent jeux vidéo et logiciels, systèmes de navigation GPS, chiens robotisés qui se comportent comme de vrais toutous, rideaux à ouverture électrique, hors-bord, tableaux de bord compliqués, carabines à lunettes avec visée infrarouge, armes nucléaires, vaisseaux spatiaux et tout ce qui peut se manœuvrer à l'aide d'une télécommande. Si on fabriquait des télécommandes pour machines à laver, les hommes se mettraient sans doute à laver le linge.

Bricolage et meubles en kit

Toute l'industrie du « kit » s'adresse aux capacités spatiales de l'homme. Les hommes adorent construire des maquettes de voiliers anciens, des trains électriques, des maquettes d'avions, des Meccanos, des bibliothèques voire des cuisines, pour peu qu'on leur fournisse un mode d'emploi, même rédigé dans un jargon incompréhensible. Les petits garçons fréquentent des magasins de jouets, les hommes des magasins où ils vont pouvoir donner libre cours à leur passion de la fabrication et de la construction. Les petits garçons croient instinctivement que le jour où ils auront du poil au menton, ils seront capables de démonter puis remonter entièrement le moteur de la Ford de papa.

À la maison, ce besoin d'expression spatiale peut devenir exaspérant pour une femme parce que les hommes ont une durée de concentration de neuf minutes et qu'ils ont tendance à laisser en plan des chantiers dans toute la maison. Ils omettent de réparer les pannes qui ont pu survenir mais se fâchent dès que leur femme suggère d'appeler un artisan. Si la chasse d'eau ne fonctionne pas et que la femme suggère : « Appelons le plombier ! », l'homme se fâche et le prend comme une attaque contre ses capacités spatiales. Il peut réparer la chasse d'eau lui-même, affirme-t-il. Et en plus le plombier va leur prendre une fortune pour un travail simple comme bonjour !

> Appeler un plombier sans avoir consulté au préalable l'homme de la maison peut être pris comme une grave insulte.

Si bien que le dimanche matin l'homme qui a refusé l'intervention d'un plombier pour cette chasse d'eau coupe le robinet d'arrivée d'eau de la maison et entreprend de démonter tout le dispositif. Il découvre alors qu'un joint usé est responsable de la panne et se dirige vers la quincaillerie ouverte le dimanche dans laquelle il déambule pendant trois quarts d'heure en examinant tous les merveilleux jouets spatiaux qu'il pourrait acquérir, où il essaie une perceuse pneumatique, une ou deux ponceuses électriques et finit par découvrir un joint qui est approximativement de la même taille que celui qu'il cherche. De retour à la maison, il se rend compte qu'il est trop grand, mais pas question de remettre l'ancien parce qu'il ne le retrouve plus. Or il est maintenant 14 heures, la quincaillerie a fini par fermer et il ne peut rouvrir le robinet d'arrivée d'eau avant d'avoir réparé, si bien que plus personne ne peut prendre de douche ni utiliser les toilettes.

Beaucoup de femmes ne comprennent pas que tant d'hommes refusent mordicus d'admettre leur totale incapacité à réparer une panne. L'avouer reviendrait à reconnaître qu'ils sont nuls dans la compétence masculine n°1, la capacité spatiale et la résolution des problèmes. Si sa voiture émet un bruit étrange, l'homme soulèvera automatiquement le capot et jettera un coup d'œil même s'il n'a pas la moindre idée de ce qu'il cherche. Il ne peut s'empêcher d'espérer que la solution lui sautera aux yeux...

Une femme ne doit jamais appeler un plombier, un maçon, un conseil en placements financiers, un dépanneur informatique, ou n'importe quel type d'expert spatial sans avoir d'abord consulté l'homme de sa vie, car il se sentirait spatialement disqualifié par cette démarche. En cas d'urgence, elle doit lui dire ce qu'elle attend de lui, lui demander son opinion et lui fixer une date butoir. De cette façon, s'il appelle un plombier, il aura l'impression d'avoir résolu le problème lui-même.

> La seule différence entre les hommes et les petits garçons, c'est le prix de leurs jouets.

Les créatrices d'entreprises sont de plus en plus nombreuses, mais 99 % de leurs brevets sont encore déposés par des hommes. Il y a une leçon à retenir de ces chiffres : achetez toujours à un homme un jouet qui sollicite ses capacités spatiales. Jamais de fleurs, pas de jolie carte, ça ne veut rien dire pour lui.

5. Pourquoi les hommes ne peuvent-ils faire qu'une chose à la fois ?

Dans *Pourquoi les hommes n'écoutent jamais rien et les femmes ne savent pas lire les cartes routières*, un chapitre est consacré à cette question : les hommes ne peuvent se concentrer que sur une chose à la fois, ils sont « monotâche ». Nous avons reçu une telle quantité de courrier à ce sujet qu'il nous a paru nécessaire d'y revenir.

La plupart des femmes sont déroutées par cette caractéristique masculine. Si une femme peut lire tout en écoutant et en parlant, pourquoi en serait-il incapable ? Pourquoi faut-il toujours baisser le volume de la télé quand il va répondre au téléphone ?

Toutes les femmes du monde se plaignent que leurs maris sont incapables de les écouter quand ils lisent le journal ou regardent la télé.

Ce phénomène a une explication simple :

Le cerveau masculin est compartimenté et spécialisé. C'est un peu comme si chaque fonction occupait une petite case du cerveau, qui ne communiquerait pas avec les autres cases. Le corps calleux, la « courroie de transmission » qui connecte entre eux son hémisphère droit et son hémisphère gauche, est en moyenne de 10 % plus mince que celui de la femme, et il recèle 30 % de connexions en moins. C'est ce qui explique l'approche typiquement masculine : « une seule chose à la fois ».

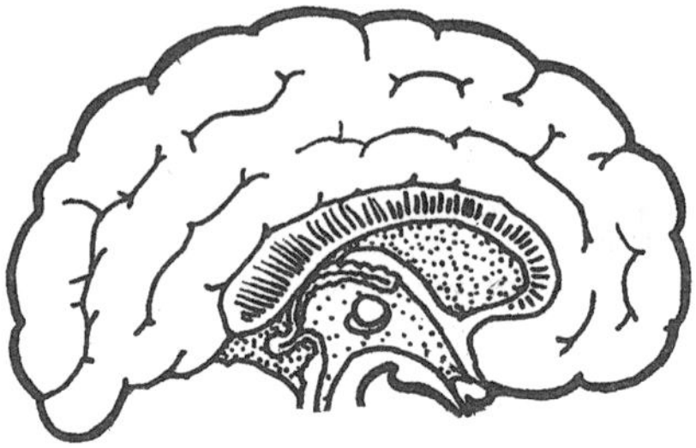

Corps calleux

Le cerveau masculin est compartimenté et ses hémisphères sont nettement moins bien connectés que ceux du cerveau féminin.

Cette démarche « monotâche » peut sembler restrictive aux femmes, mais c'est cependant grâce à elle que l'homme peut devenir un spécialiste ou un expert dans un domaine particulier. Dans le domaine technologique, 96 % des experts sont des hommes : ils excellent dans une spécialité donnée.

Assimiler la mentalité « une chose à la fois » est un des plus importants progrès qu'une femme puisse faire dans sa compréhension des hommes. C'est ce paramètre qui explique pourquoi un homme tourne le bouton de la radio quand il s'arrête pour lire une carte ou faire une marche arrière sur un parking. S'il est engagé sur un rond-point et que quelqu'un lui adresse la parole à ce moment-là, il risque fort de rater la sortie. S'il manipule un outil pointu et que quelqu'un téléphone à ce moment-là, il pourra se blesser. Si vous examinez une IRM du cerveau d'un homme en train de lire, vous découvrez qu'il est pratiquement « sourd ». Souvenez-vous aussi de ne jamais parler à un homme pendant qu'il se rase, il risque de se couper !

> Un homme court deux fois plus de risques qu'une femme de provoquer un accident s'il utilise son téléphone portable en conduisant.

Le cerveau des femmes est multitâche. La plupart des femmes peuvent faire plusieurs choses sans lien entre elles à la fois et les scannographies du cerveau féminin révèlent que ce dernier n'est jamais « débrayé », il reste actif même quand elles dorment. C'est pour cette raison que 96 % des assistantes de direction sont des femmes. Les femmes peuvent discuter au téléphone, lire une nouvelle recette et regarder la télé en même temps. Elles peuvent conduire une voiture, écouter une émission culinaire à la radio et mémoriser une recette, tout en parlant sur leur mobile en mode « mains libres ». Si un homme écoute la même recette mais que vous lui parlez au même moment, nous vous conseillons de sortir dîner au restaurant ce soir-là !

Confiez une seule tâche à la fois à un homme, vous arriverez à un meilleur résultat sans énervement, c'est la stratégie la plus efficace. En affaires, discutez un seul point à la fois et ne passez au point suivant que si tous les hommes qui vous entourent sont satisfaits de la solution adoptée.

Enfin, ne posez jamais de questions à un homme quand vous faites l'amour.

6. Pourquoi les hommes sont-ils si accros au sport ?

Pendant des milliers d'années, les hommes ont chassé en meute avec d'autres hommes pendant que les femmes s'adonnaient à la cueillette et à l'éducation des enfants. Les hommes couraient, traquaient leurs proies et utilisaient leurs capacités spatiales pour rapporter de la nourriture. Vers la fin du XVIIIe siècle, l'invention de techniques agricoles modernes a définitivement supplanté ce mode de vie séculaire. C'est d'ailleurs au XIXe siècle que les hommes ont inventé presque tous les sports modernes de balle, comme substitut à la chasse. On retrouve cette spécialisation des sexes dès l'enfance : aux petites filles les poupées avec lesquelles elles s'entraînent à pouponner et les ballons aux petits garçons pour qu'ils apprennent à « chasser ». Une fois adultes, les femmes échangent leurs poupées contre de vrais enfants mais les hommes eux continuent à taper dans un ballon. Donc, au fond, rien n'a vraiment changé depuis cent mille ans : les hommes chassent et les femmes élèvent des enfants.

Être supporter d'un club de foot permet à un homme de s'agréger à une meute. Quand il regarde ses héros sur le terrain, il s'imagine en train de taper le ballon et de marquer des buts. C'est la raison pour laquelle il est si émotif pendant un match et c'est pour ça qu'il braille si fort quand son équipe marque un but.

> Le sport permet à un homme d'appartenir à une meute.

Quand ils sont en désaccord avec une décision, les supporters insultent l'arbitre (peu importe que celui-ci ne les entende pas). « Tu appelles ça un hors-jeu ? Pauvre idiot ! Achète-toi des lunettes ! » Les hommes peuvent se souvenir des scores de matches remontant à plusieurs années. Des trémolos dans la voix, ils se remémorent les actions décisives et expliquent ce que tel ou tel joueur aurait dû faire et ce qui se serait passé ensuite. Après la Coupe du monde de football remportée par la France en 1998, il n'y avait guère d'homme dans ce pays qui ne connût les noms des principaux attaquants français, celui de leur capitaine (Deschamps), et la manière dont ils avaient marqué les buts gagnants. À ce petit jeu, jamais leur mémoire ne sera prise en défaut ! En revanche, demandez-leur les prénoms de leurs nièces, le nom de leur voisin de palier ou la date de la fête des Mères...

> Un homme peut être envahi par l'émotion quand il regarde un match à la télé, mais rarement dans une relation affective.

La conduite d'une voiture fait presque exclusivement appel aux capacités spatiales. Vitesses, angles, virages, changements de vitesse, marche arrière, dérapages contrôlés : les hommes sont à leur affaire. Ils sont d'ailleurs si obsédés par la conduite qu'ils sont capables de rester des heures devant une course de Formule 1. Et quand ils regardent un match de boxe, on dirait vraiment que ce sont eux qui prennent les coups. Les femmes, quant à elles, se passionnent rarement pour ce genre de choses.

> Ma femme m'a dit que si je continuais à être aussi obsédé par le PSG, elle me quitterait. Elle va vraiment me manquer.

Le monde est devenu déroutant pour les hommes : leurs compétences cérébrales primitives sont devenues largement superflues et les femmes les concurrencent dans tous les domaines. Ils n'ont plus de directives claires sur ce qu'on attend d'eux, ni de modèles à suivre. Le sport reste un point de repère immuable dans lequel ils peuvent s'associer à une équipe, c'est-à-dire à une meute. Quand un homme regarde un match, il retrouve ses instincts les plus archaïques, et les bouffées de joie qu'il ressent quand son équipe gagne sont irremplaçables : son travail ne lui en prodigue que rarement. Cela explique pourquoi les hommes astreints à des tâches répétitives et ennuyeuses sont les supporters les plus acharnés des clubs de foot. Ceux qui décrivent leur travail comme stimulant et épanouissant sont les moins passionnés.

Cette passion du sport explique aussi pourquoi un homme préférera acheter un nouveau jeu de clubs de golf plutôt qu'une table pour la salle à manger, qui fait cruellement défaut, et une carte d'abonnement d'un an au stade plutôt qu'un séjour au Club Med à toute la famille.

La solution

Si votre conjoint est obsédé par le sport ou par un hobby, vous avez le choix entre deux options : la première consiste à vous y intéresser. Initiez-vous à sa passion, devenez imbattable sur le sujet. Accompagnez-le à un match et vous serez surprise de constater que vous n'êtes pas la seule femme, loin de là, à apprécier l'ambiance des stades. Même si vous persistez à ne pas vous emballer pour le foot, vos connaissances impressionneront ses copains et vous vous ferez de nouveaux amis.

Seconde possibilité : profitez de son obsession du sport pour passer du temps avec vos amies ou votre famille, faire du shopping ou démarrer un nouveau passe-temps. Célébrez dignement les grands événements sportifs avec votre compagnon. Montrez-lui que ce qui est important pour lui l'est aussi pour vous. Ne rivalisez jamais avec le sport ou le passe-temps préféré de votre homme. Accompagnez-le ou mettez ce temps à profit pour vous.

7. De quoi parlent les hommes aux toilettes ?

Commençons par répondre à la question que tous les hommes se posent à propos des femmes : « Que peuvent bien se raconter les femmes lorsqu'elles vont aux toilettes ensemble ? » La réponse est simple : elles discutent de tout, et de tout le monde. Elles donnent leur avis sur l'endroit où elles passent la soirée, causent chiffons, se comparent aux autres femmes. « Tu as vu la fille à la robe écarlate ? Elle n'a pas peur du ridicule ! » Elles parlent des hommes, de ceux qui leur plaisent et des autres, des problèmes qu'elles peuvent rencontrer dans leur couple, se donnent des conseils en matière de cosmétiques, de soins de beauté, de coiffure. Si l'une d'elles semble abattue, les autres se joignent pour lui remonter le moral. Les femmes n'hésitent pas à se héler à travers les cloisons des toilettes, elles demanderont à une étrangère de leur passer le rouleau de papier hygiénique sous la cloison et elles prolongeront leur séjour jusqu'à ce qu'elles aient épuisé le sujet dont elles discutent.

> Pour les femmes, les toilettes sont l'équivalent de clubs sociaux ou de cabinets de thérapie.

Revenons maintenant à notre question initiale : de quoi les hommes parlent-ils dans les toilettes publiques. La réponse est : de rien. Absolument rien. Ils ne parlent pas. Même si votre compagnon s'y rend avec son meilleur ami, leur échange se limite au strict minimum. Et un homme n'adresse jamais la parole à un inconnu dans des toilettes publiques. Jamais, en aucun cas. Et encore moins d'un WC fermé à l'autre ! Dans ces WC, les hommes préfèrent les cloisons qui vont du sol au plafond afin de limiter toute interaction avec les voisins, alors que les femmes préfèrent les cloisons partielles qui ne les empêchent pas de parler et éventuellement de se passer des objets.

Voici une lettre de lecteur qui décrit bien l'ambiance qui peut régner dans des toilettes pour hommes :

« Je roulais sur l'autoroute du nord quand je me suis arrêté sur une aire de repos parce que j'avais besoin de me soulager. Le premier WC étant occupé, j'ai utilisé le WC voisin. À peine étais-je assis que j'ai entendu une voix, juste à côté, lancer : « Salut, comment ça va ? » Comme tous les hommes, je ne parle jamais avec un étranger dans des toilettes publiques, mais là, je ne sais pas ce qui m'a pris, j'ai répondu, un peu gêné : « Pas mal ! »

L'autre type a repris : « Et... qu'est-ce que tu fais ? »

J'ai trouvé ça un peu bizarre mais j'ai répondu quand même :

« Eh ben, la même chose que toi, je file sur le nord... »

C'est alors que j'ai entendu l'autre marmonner nerveusement : « Écoute, je préfère te rappeler plus tard, il y a un idiot dans le WC d'à côté qui répond aux questions que je te pose ! »

Les hommes ont aussi un rituel très précis quand ils choisissent un urinoir. S'il y a une rangée de cinq urinoirs libres et qu'un homme entre dans les toilettes, il choisira celui qui est le plus éloigné de la porte afin d'être le plus loin possible de ceux qui entreront après lui. Le suivant choisira l'urinoir le plus éloigné du premier venu et le suivant, celui qui se trouve à mi-distance des deux premiers. Si un quatrième homme survient, il préférera s'isoler dans un WC fermé plutôt que d'uriner à côté d'un étranger qui pourrait l'observer. Et les hommes regardent toujours droit devant eux sans mot dire et sans jamais s'adresser la parole. Jamais. Dans des toilettes publiques, la devise d'un homme est : « La mort plutôt qu'un contact visuel. »

> Pour un homme, uriner à côté d'un autre homme dans les toilettes est à peu près aussi gênant que de se trouver dans un ascenseur avec une inconnue, braguette ouverte et zigounette à l'air.

Chapitre 6

L'autre femme, sa mère

Deux femmes se présentèrent devant le roi Salomon, traînant entre elles un jeune homme qui avait accepté d'épouser la fille de chacune d'elles. Après avoir écouté leur histoire, le roi ordonna que le jeune homme fût coupé en deux, pour que toutes deux en aient leur part.

« Non ! s'écria la première femme. Ne verse pas le sang ! Qu'il prenne pour épouse la fille de l'autre femme. » Le roi, plein de sagesse, n'hésita pas. « Que l'homme épouse la fille de l'autre femme », dit-il. « Mais elle était prête à le laisser couper en deux ! » s'exclamèrent les courtisans. « Oui, dit le roi Salomon, cela montre que c'est elle la vraie belle-mère ! »

Le Dragon fait son entrée

Les belles-mères inspirent sans doute plus de blagues que toute autre catégorie de population au monde. Elles sont une cible permanente dans les shows d'humoristes, les conversations entre hommes et les feuilletons télévisés, où elles sont immanquablement dépeintes en sorcières, en viragos ou en mégères. N'oublions pas que c'est l'un des fondateurs de la

Russie moderne, Lénine, qui, à la question : « Que devrait être la peine maximale pour le crime de bigamie ? » répondit : « Deux belles-mères ».

Si les belles-mères représentent un réel problème dans de nombreuses unions et constituent la cause avouée de la mésentente dans un tiers des ruptures, le plus souvent, ce n'est pas la mère de la femme qui provoque le plus de difficultés. Notre enquête montre de manière récurrente que c'est de la mère de l'homme que provient le vrai danger. Sa belle-mère à lui a beau être la source des plaintes les plus explicites, celles-ci relèvent souvent plus de la plaisanterie que de vrais griefs.

Ma belle-mère est passée ce matin. Quand j'ai ouvert la porte, elle a demandé : « Puis-je rester quelques jours ?
– Mais bien sûr, ai-je répondu – en refermant la porte. »

Pour la plupart des hommes, une belle-mère difficile n'est pas un problème insurmontable. Surtout pour le légendaire Giovanni Vigliotti, citoyen de l'Arizona, qui se maria cent quatre fois entre 1949 et 1981, tantôt sous son propre nom, tantôt sous l'un de ses cinquante noms d'emprunt : ses cent quatre belles-mères furent beaucoup moins gênantes que les trente-quatre années de prison auxquelles il fut condamné en conséquence.

Une belle-mère peut irriter son gendre, l'asticoter, l'exaspérer, mais il est rare qu'elle lui inspire une réelle inimitié. La vie des hommes n'est pas dominée par les problèmes de belles-mères.

> – Quelle est la différence entre une belle-mère et un vautour ?
> – Le vautour attend qu'on soit mort pour nous dévorer le cœur.

Il existe un vieux proverbe polonais qui dit : « Pour toucher le cœur d'une belle-mère, contente sa fille ». Les hommes le savent bien. Généralement, une mère veut le bonheur de sa fille. Et si un homme fait le bonheur de la sienne, elle ne lui mettra pas de bâtons dans les roues.

Quand les hommes rencontrent des résistances au sein de leur belle-famille, c'est plutôt le fait du beau-père, qui refuse de laisser partir sa princesse adorée. Certes, il circule peu de blagues sur les beaux-pères – sans doute ne prêtent-ils pas le flanc à la plaisanterie.

> J'ai reçu aujourd'hui un e-mail m'informant que ma belle-mère était décédée et me demandant de choisir entre l'enterrement, la crémation ou l'embaumement. J'ai répondu : « Merci de verrouiller la chose, prévoyez les trois. »

Un homme vient de se fiancer avec une femme merveilleuse. Un soir, il organise un dîner avec sa mère pour lui présenter sa fiancée. Il arrive chez elle accompagné de trois femmes – une blonde, une brune et une rousse. Sa mère lui demande pourquoi il vient avec trois femmes et non une seule. Il explique qu'il veut vérifier si elle est capable de deviner laquelle est sa future belle-fille. Après avoir regardé attentivement les trois, elle répond : « C'est la rousse.
– Ça alors, comment as-tu deviné ? s'étonne-t-il.
– Parce que je ne peux déjà plus la supporter. »

Sa mère à lui, un fardeau pour elle

Dans la plupart des cas, les vrais drames sont provoqués par la mère de l'homme. D'après une enquête menée par l'Université de l'Utah, dans plus de la moitié des couples mariés, il existe de véritables tensions entre l'épouse et une belle-mère récalcitrante et faiseuse d'histoires.

Toutes les belles-mères ne méritent pas une réputation aussi effrayante, mais pour beaucoup de femmes, une belle-mère indiscrète, intrusive et possessive, incapable de couper le cordon ombilical avec son fils, peut représenter un calvaire. Souvent vécues comme ingérables et insolubles, les crises occasionnées par les belles-mères peuvent être génératrices de souffrances et d'angoisses et, à terme, menacer la survie du couple.

Elles ne sont pas toutes si terribles

Il va de soi que les belles-mères ne méritent pas toutes leur redoutable réputation. Si l'enquête de l'Université de l'Utah montre que 50 % des belles-mères sont perçues comme des emmerdeuses, les 50 % restant doivent être considérées au pire comme neutres, au mieux comme des membres aimants, serviables et généreux de la famille étendue. Il n'est pas rare non plus que les belles-mères soient tenues pour responsables des défaillances et de l'instabilité de leurs fils ou de leurs belles-filles.

Étude de cas : Anita et Tom

Ils n'étaient mariés que depuis six mois lorsque leur bonheur tout neuf commença à se lézarder. Anita trouvait que Tom devenait impossible à vivre. Il laissait traîner ses affaires partout, jetait ses serviettes humides par terre. Il semait la pagaille dans toute la maison. Anita craquait.

Anita : « Tom, tu es vraiment un porc ! Je ne peux plus vivre avec toi ! »

Tom : « Arrête, c'est toi le problème, tu fais tellement d'histoires que tu me rends dingue ! Chez moi, ça ne se passait pas comme ça. Ma mère n'avait jamais de reproches à me faire ! »

Anita : « Très bien ! Parlons-en, de ta mère. Après six mois de vie commune avec toi, je me rends compte qu'elle ne t'a pas élevé – elle t'a pourri ! Pour toi, c'est aux femmes de faire la lessive, la cuisine, le repassage, le ménage, tout en travaillant à plein temps ! En fait, tu n'as aucun respect pour elles. Ta mère a fait de toi un monstre, et je ne supporterai pas ça une minute de plus ! »

Tom : « Qu'est-ce que ma mère vient faire là-dedans ? Si tu t'en tenais au sujet, au lieu de t'en prendre à tout le monde sauf à toi ! »

C'est un fait que beaucoup de mères gâtent trop leurs fils et les rendent invivables pour leurs futures compagnes. Elles les maternent, leur font la cuisine, la lessive et le repassage. Elles le font par amour, sans se rendre compte qu'elles préparent leurs rejetons à de sévères difficultés, lorsqu'ils s'installeront dans une relation de couple. Résultat : les fils rechignent à faire ce que leur mère a toujours fait pour eux.

C'est un rude coup pour leur compagne, mais habituer l'homme à prendre sa part des tâches ménagères se révèle bien plus efficace que de s'en prendre à sa mère : il est maintenant adulte et responsable de ses actes.

Ce problème est parfois très complexe, car il met en cause une relation triangulaire qui peut prendre différentes formes selon que mari, femme et belle-mère montrent un bon équilibre affectif et du respect pour les autres, ou que l'un, deux ou même les trois protagonistes sont mus par la jalousie, la possessivité, la dépendance, l'immaturité, l'égoïsme ou l'instabilité.

Pas toujours évident d'être une belle-mère !

Il faut admettre que la position de la belle-mère peut être inconfortable du fait que les belles-filles ont généralement un lien étroit avec leur propre mère, avec qui elles parlent de tout. Une mère a envie d'être impliquée dans la vie de ses enfants. Or, il est normal qu'une fille se repose davantage sur sa mère que sur sa belle-mère, ce qui peut engendrer de la jalousie chez cette dernière. Une mère s'inquiète toujours pour son fils, en particulier si c'est son fils unique, et si sa vie n'est pas très active. Est-ce qu'il mange comme il faut ? Est-ce que la maison est bien tenue ? Etc. Mais comme les fils ne parlent pas beaucoup avec leur mère, elles en savent peu, se sentent petit à petit exclues de leur vie. Elles peuvent en arriver à se dire que le seul moyen d'être impliquées est de s'imposer en étant omniprésentes. Les premiers temps, une femme fait souvent des efforts pour instaurer une bonne relation avec la mère de son ami parce qu'il est stratégiquement plus malin de ne pas la mettre hors jeu. En revanche, une fois la situation stabilisée par le mariage, leur relation ressemble à celle de deux femmes se battant pour le même homme.

Mais à chaque problème sa solution. Il suffit de le vouloir. Au fils et à la belle-fille de gérer la situation avec honnêteté et maturité.

Étude de cas : Marc et Julie

Marc et Julie ont décidé de se marier. À cause d'une dispute, Julie et sa mère, Monique, ne se sont pas parlé depuis trois ans. En conséquence, Julie s'est de plus en plus reposée sur la mère de Marc, Françoise, pour choisir la robe de mariée, le menu du repas de mariage, et prendre toutes les décisions habituelles. En d'autres circonstances, Julie aurait fait ces choix avec sa mère.

Mais juste avant le mariage, avec l'aide de Marc, Julie a retrouvé sa mère et a renoué avec elle. Tout à coup, on n'avait plus besoin de Françoise, qui s'est sentie laissée de côté. Elle a eu le sentiment d'être utilisée et rejetée.

Après le mariage, on laisse souvent tomber la belle-mère, à moins qu'elle n'ait déjà instauré une relation forte avec sa belle-fille. Si celle-ci est proche de sa propre mère, elle risque de négliger le fait que la mère de son mari compte autant que la sienne dans la famille. Notre vie, de plus en plus active, nous laisse de moins en moins de temps pour le noyau familial, *a fortiori* pour la famille élargie, et pour les relations humaines en général, il ne reste que des miettes. Au bureau, on a tendance à réduire les contacts humains aux envois d'e-mails, alors que pour la génération précédente, la règle reste le coup de fil ou le contact direct. Pour notre génération, les relations avec les parents peuvent être très difficiles. D'où la nécessité que la compréhension et la recherche de solutions viennent des deux côtés si l'on veut que tous y trouvent leur compte. Les parents ont besoin qu'on leur consacre du temps, et les enfants eux-mêmes ont besoin de temps à consacrer à leur propre famille. Alors que dans le passé, tous les membres de la famille étendue vivaient sous le même toit, ils vivent aujourd'hui dans des villages, des villes, des pays différents. Préserver une vie de famille exige que chacun y mette du sien.

En Inde et dans certaines régions d'Afrique, une femme qui se marie « divorce » de ses propres parents pour vivre avec ceux de son mari, qu'elle appelle « mère » et « père ». Dans de nombreux pays, les relations avec les beaux-parents sont clairement définies et souvent explicitement codifiées. En revanche, dans la culture occidentale, c'est la relation entre l'homme et la femme qui prime sur toutes les autres – et les beaux-parents deviennent parfois les dindons de la farce.

Étude de cas : Bernadette, Richard et Véronique

Le point de vue de Bernadette

Bernadette avait une petite quarantaine quand son mari l'a quittée. « Bon débarras ! » disait-elle à ses amies. Il était porté sur la boisson et ne s'était jamais occupé sérieusement de sa famille. Il lui restait son fils, Richard, gentil jeune homme de 22 ans, qui serait toujours là pour prendre soin d'elle.

Bernadette était persuadée que Richard ne s'intéressait pas aux filles. Elle subvenait à tous ses besoins, matériels et affectifs. De quelle utilité lui aurait été une autre femme ? Ces cruches qu'il voyait à l'occasion n'étaient là que pour le sexe, c'était évident. Dans son esprit, Richard avait bien compris qu'il était maintenant de son devoir de s'occuper d'elle, tout comme elle l'avait fait pour lui depuis sa naissance.

> Adam et Ève formaient le couple le plus heureux qui soit : ils n'avaient pas de beaux-parents.

Le point de vue de Véronique

Richard plut à Véronique dès leur rencontre. Toutefois, elle s'étonna qu'il ne la présente pas à sa mère avant leurs fiançailles officielles. Bernadette n'était pas très chaleureuse, mais Véronique pensa juste qu'il lui fallait un peu de temps pour s'habituer. Elle préférait rire quand Bernadette glissait qu'ils n'étaient peut-être pas prêts pour le mariage, et qu'ils avaient encore tout le temps de changer d'avis avant la cérémonie.

Le jour du mariage, Bernadette se comporta grossièrement, répétant à tout le monde qu'à son avis, cette histoire ne durerait pas.

Véronique ne tarda pas à réaliser que sa belle-mère était un cadeau empoisonné. Les problèmes commencèrent dès leur retour de lune de miel. Bernadette s'invitait presque tous les jours, sans crier gare.

Véronique essaya de se montrer accueillante, mais se lassa vite de s'entendre dire par Bernadette comment mitonner le plat préféré de Richard, et comment tenir la maison. Sa belle-mère trouvait à redire à tout ce que faisait la jeune femme. En l'absence de Richard, Bernadette l'insultait ouvertement, en refusant de l'admettre quand Véronique en parlait à son mari, et elle l'accusait de vouloir créer des tensions entre son fils et elle. Véronique se mit à éviter sa belle-mère, mais Bernadette appelait tous les soirs pour parler des heures à son fils. Elle lui demandait quand il pouvait venir « à la maison » repeindre la façade, s'occuper du jardin, réparer les fuites, régler un problème quelconque ou l'emmener faire des courses. Ses demandes n'en finissaient pas. Richard restait totalement à sa disposition, au mépris des besoins de Véronique. Bernadette avait remplacé son mari par son fils.

– Combien faut-il de belles-mères pour changer une ampoule ?
– Une seule. Elle la tient en attendant que le monde tourne autour d'elle.

Deux ans plus tard, Véronique mit au monde un garçon, Thomas. Bernadette ne tarda pas à s'imposer dans la vie de Véronique pour s'occuper du bébé. Bernadette, qui savait toujours ce qu'il convenait de faire, prit le contrôle. Au lieu d'aider Véronique à devenir mère, elle la remettait constamment en cause. Thomas devint l'obsession de Bernadette, elle ne le quittait pas des yeux, le prenait toujours dans ses bras. Peu à peu, Véronique se sentit exclue. Bernadette lui volait son enfant, et elle craignait qu'il finisse par aimer sa grand-mère plus qu'elle. Véronique se sentait piégée et malheureuse. Bernadette continuait à venir sans prévenir, à la critiquer et à l'injurier.

La jeune femme tenta à maintes reprises d'aborder le problème avec Richard, mais ce dernier avait le sentiment que sa femme était possessive et que sa mère voulait simplement rendre service. Il se sentait également obligé de répondre aux besoins de sa mère. Aux yeux de Richard, Véronique faisait preuve de jalousie et de manque de maturité.

Celle-ci finit par renoncer à être entendue et par écumer toute seule dans son coin.

Le point de vue de Richard

Après le divorce de ses parents, Richard avait souffert de l'absence de son père, mais l'ambiance à la maison était devenue plus sereine. Sa mère lui répétait que son père était un bon à rien et que c'était lui, maintenant, l'homme de la maison. Elle le submergeait d'affection, lui préparait ses plats préférés, faisait son lit, nettoyait derrière lui et ne le laissait jamais porter le même vêtement deux fois de suite sans l'avoir lavé et repassé.

Elle n'émettait jamais aucune critique à son égard, puisqu'elle estimait que tout ce qu'il faisait était extraordinaire. Le seul problème de Richard, c'était que, chaque fois qu'il amenait une petite amie, la rencontre avec sa mère jetait un froid dans la relation. Mais quand il rencontra Véronique, il sut qu'il était amoureux. Il décida de la tenir aussi éloignée que possible de sa mère.

Après le mariage, Bernadette était toujours là pour se rendre utile. Mais Véronique semblait tellement jalouse de sa relation avec sa mère que celle-ci finit par cesser de venir. Richard voyait sa mère le week-end quand il passait lui rendre de menus services.

Certes, elle lui posait bien un petit problème. Elle lui infligeait tous les soirs des conversations téléphoniques interminables juste au moment où il commençait à décompresser. Mais il se disait que sa mère devait se sentir seule, et qu'il avait des responsabilités envers elle.

> – Quelle est la seule chose qu'une belle-mère aime chez son gendre ?
> – Sa femme.

Après la naissance de Thomas, Bernadette fut la première à proposer son aide, toujours sur le pont, à changer les couches et à prendre soin du bébé. Véronique n'ayant jamais changé une couche, les conseils de Bernadette étaient une aubaine. Mais Véronique semblait les rejeter en bloc. Elle était devenue possessive avec Thomas, se disputait avec Bernadette et se plaignait sans cesse à Richard de sa mère. Ce dernier aimait Véronique mais ne supportait plus ses crises. Doté d'un cerveau typiquement masculin, axé sur la résolution des problèmes, Richard se dit qu'après une longue journée de travail, il n'était pas censé régler les problèmes relationnels de sa femme et de sa mère. Il en vint à penser que la vie serait plus simple s'il était célibataire.

Pour vivre sereinement, belle-mère et belle-fille doivent créer un lien. À l'époque des cavernes, pour survivre, les femmes le faisaient naturellement, et elles ont toujours besoin de le faire pour survivre dans le monde moderne, si elles veulent minimiser le stress et épargner ce type de problèmes au mari ou au fils. Il est important que les femmes règlent ces tensions entre elles, sans y mêler les hommes. Ces derniers sont parfois flattés que « leurs » femmes se battent pour eux, un état de fait qui alimente leur ego. L'épouse doit faire preuve d'assez d'intelligence pour contrôler la situation et régler seule ses difficultés avec sa belle-mère. Quand ça marche, tout le monde y gagne. Une femme n'a vraiment pas besoin que sa belle-mère aille se plaindre d'elle à son mari ; elle a besoin d'une alliée, pas d'une ennemie.

Un tel drame n'a rien d'exceptionnel. Il se joue dans des familles du monde entier – les problèmes sont plus aigus dans certains pays que dans d'autres. En Russie, où la pénurie de logements oblige les jeunes couples à cohabiter avec leurs parents, la haine de la belle-mère est devenu un fait de société. En Espagne, on répertorie une maladie baptisée *Suegritis*, qui serait provoquée par les belles-mères. Il existe aussi un sifflet de carnaval connu sous le nom de *Matasuegras*, ce qui veut dire « Tueur de belles-mères ». À Delhi, la capitale indienne, une aile de la prison est réservée aux belles-mères qui se sont rendues coupables de réclamer des dots abusives à leurs belles-filles ou de rompre les mariages. Cette aile est constamment surpeuplée.

En Espagne et en Italie, une belle-mère peut être poursuivie en dommages et intérêts si elle est reconnue coupable d'avoir brisé un mariage. À Lutz, en Floride, une épouse, qui ne supportait plus que son mari prenne le parti de sa mère, lui fit prendre un somnifère avant de faire tatouer sur sa joue une caricature de sa vieille chouette de mère. Son mari l'a quittée et a demandé le divorce – puis lui a réclamé des dommages et intérêts. En Australie, un pharmacien dut expliquer à une femme que la photo de sa belle-mère n'était pas un document valide pour l'autoriser à lui vendre de l'arsenic.

Les belles-mères juives sont un sujet de plaisanteries rituel. Dans un documentaire américain, leurs effusions étaient décrites comme « aimantes à la manière de celles d'un ours ; elles entraînent la mort par écrasement. »

– Quelle est la différence entre un Rottweiler et une belle-mère ?
– Le Rottweiler finit par lâcher prise.

La mésentente belle-mère/belle-fille peut exister dès le départ, et l'hostilité être franchement déclarée. Quand Sylvester Stallone annonça son intention d'épouser Jennifer Flavin, sa petite amie alors enceinte, sa mère commenta publiquement : « Il ne devrait pas se marier avec cette fille. Jennifer est amoureuse, c'est indéniable, mais elle recherche la célébrité. Je suis sûre qu'il y a un fond de méchanceté en elle. » On aurait pu s'y attendre lorsqu'elle avait déclaré : « À mes yeux, aucune femme n'est assez bien pour Sylvester. Je serais prête à me coucher par terre et à mourir pour lui. »

Quoi qu'il en soit, quand mari, épouse et belle-mère tentent de trouver une solution acceptable et de parvenir à un compromis, c'est le plus souvent en pure perte. Si les problèmes surgissent rapidement dans une relation, c'est à la belle-fille, bon gré mal gré, de faire ce qu'il faut pour renouer le contact. Le laps de temps qui sépare la rencontre du mariage est bref et elle a tendance à focaliser toute son attention sur sa relation avec son futur époux. Pourtant, si elle ne s'investit pas dans une relation avec sa belle-mère potentielle, il y a fort à parier qu'elle en paiera le prix. Il est important qu'elle essaie de passer du temps seule avec elle, afin d'être perçue comme une personne à part entière et pas seulement l'« épouse ». En renforçant cette relation à deux, elle limitera les risques de problèmes dans toutes les situations familiales.

Plus tard, si on a laissé les tensions s'installer, il deviendra très ardu de parvenir à un accord efficace entre trois personnes qui ont chacune leurs contraintes et leurs priorités. L'un des trois protagonistes de la relation aura du mal à accepter ce qu'il ressentira comme une alliance entre les deux autres. À ce stade, donc, la question doit être réglée par les deux personnes les plus affectées – le fils et la belle-fille.

Les premières questions à se poser sont les suivantes :

- Admettent-ils tous deux l'existence d'un problème ?
- Souhaitent-ils vivre à deux une vie heureuse, longue et aimante ?
- Souhaitent-ils régler le problème ?

Si la réponse est « non » à l'une ou l'autre de ces questions, mieux vaut s'adresser à un conseiller matrimonial. Si toutes les réponses sont « oui », les époux devraient s'asseoir et mettre par écrit, point par point, les problèmes tels qu'ils les perçoivent.

Dans l'étude de cas ci-dessus, par exemple, Véronique pourrait écrire :

- Bernadette débarque sans prévenir, ce qui empêche toute vie privée et bouleverse tous nos plans.
- Bernadette appelle tous les soirs, pile au moment où nous passons un moment tranquille en famille.
- Bernadette sollicite trop Richard, qui ne peut consacrer assez de temps à sa famille.
- Bernadette est indiscrète. Elle veut tout savoir et se mêle de tout.
- Bernadette fait toujours des critiques et ne reconnaît pas mes capacités, elle est dominatrice et attend de Richard qu'il lui obéisse comme un gamin.

Quant à Richard, il pourrait écrire :

- Ma mère est seule et c'est à nous de l'entourer mais Véronique ne veut rien savoir.

- Ma mère n'a pas d'homme à la maison pour faire le bricolage et Véronique ne comprend pas que c'est à moi de l'aider.
- Ma mère essaie d'aider Véronique mais celle-ci refuse de partager Thomas et d'écouter ses conseils en matière d'éducation.
- Ma mère me culpabilise quand je ne réponds pas à ses demandes.
- Je ne comprends pas pourquoi tout le monde est toujours en colère, alors que je ne demande qu'une chose, c'est de m'entendre avec elles.

Le problème est celui de Richard et de Véronique. Pas celui de Bernadette. On l'a laissée maintenir son emprise sur Richard, et elle contrôle Véronique à travers lui, ainsi que Thomas. Richard n'a jamais coupé le cordon ombilical qui le reliait à sa mère. Il n'a pas encore vraiment quitté la maison et n'a pas mûri.

> Le meilleur moment pour couper le cordon ombilical, c'est à la naissance.

Involontairement, Véronique est, elle aussi, responsable de la situation. Elle a été l'architecte de son propre malheur. Elle n'a pas imposé de limites à Bernadette lorsque les problèmes ont commencé à surgir. Dans les faits, elle a laissé Bernadette intervenir librement dans son mariage et sa famille.

Défendre son territoire

Défendre son territoire et poser des limites signifie définir des règles de base et tracer les lignes que les autres ne sont pas censés franchir. Richard et Véronique n'ont pas posé de limites au moment du mariage. C'est un piège dans lequel tombent couramment les jeunes couples. Ils manquent d'expérience et ont souvent l'habitude de vivre eux-mêmes dans le cadre des limites tracées par les autres. Ils manquent d'assurance et ont souvent le sentiment que les autres membres de la famille sont juste désireux d'aider par leurs conseils.

Tracer des limites et affirmer ses choix sont deux leçons essentielles que les jeunes gens doivent apprendre. Une fois ces limites posées, chacun connaît sa position, et sait que s'il sort du cadre qui lui est imparti, il va au-devant des ennuis. Au sein de leur mariage, Richard et Véronique ont sûrement des limites entre eux ; pourquoi n'y en aurait-il pas pour Bernadette ?

Véronique se plaint que Bernadette passe les voir sans prévenir et sans y être invitée. Donc, Bernadette a besoin d'apprendre à respecter la vie privée du couple. Pourquoi ne pas lui suggérer d'appeler avant de passer ? Véronique et Richard doivent lui expliquer qu'ils ont besoin de temps à eux pour se détendre ou discuter de leurs projets et que des visites impromptues risquent de les déranger. Bernadette se sentira certainement blessée et rejetée, mais c'est son affaire. Ils doivent lui préciser qu'ils ne l'aiment pas moins pour autant. Bernadette finira par l'accepter et par s'adapter.

Le fait que Bernadette demande à son fils de bricoler chez elle relève de la même question. Si Richard estime que ce devoir lui incombe, il doit faire l'objet d'un arrangement préalable avec Véronique. Tous trois devraient en discuter calmement au moment propice. Une solution consisterait à en parler à un bricoleur du voisinage et à donner son numéro de téléphone à Bernadette. Richard et Véronique pourraient même proposer de payer la facture sur une année, en guise de cadeau de Noël et d'anniversaire. Véronique peut même proposer d'y participer pour aider Bernadette à se sentir partie prenante de la famille.

> Le meilleur moment pour couper le cordon ombilical, c'est à la naissance.

En ce qui concerne l'éducation de Thomas, Bernadette a, là encore, dépassé une limite qui n'avait pas été tracée. Programmer ses visites réglera en partie le problème. Véronique doit être ferme : elle doit remercier Bernadette pour son investissement mais lui signifier clairement que Richard et elle ont défini pour Thomas des principes d'éducation qu'ils tiennent à respecter.

Richard doit limiter la durée des appels de sa mère, mettons à dix minutes. Passé ce délai, Richard devrait informer sa mère qu'il a des choses à faire et lui dire au revoir.

Et surtout, il doit aider sa mère à trouver des centres d'intérêt en dehors de sa famille. Ce peut être un groupe de lecture, du bénévolat à l'hôpital, une inscription à un club de retraités, un cours, ou, pourquoi pas, une participation aux Restos du Cœur. Richard et Véronique doivent l'inciter à sortir davantage, et la soutenir psychologiquement durant cette période. Ils doivent aussi manifester un intérêt réel à l'égard de sa nouvelle vie, jusqu'à que Bernadette trouve son propre rythme.

> Si seulement on pouvait convaincre sa belle-mère de faire tous les jours 15 km à pied, au bout d'une semaine, elle serait 100 km plus loin.

Chacun des problèmes de Véronique peut être résolu en définissant des limites et en insistant pour que sa belle-mère les respecte. Ce n'est pas facile. Au début, Bernadette sera malheureuse, et risque de réagir en misant sur la culpabilité et le chantage affectif, dans le style :

« Après tout ce que j'ai fait pour toi ! »
« Mais je n'ai personne d'autre ! »
« Tu ne m'aimes plus. »
« Tu n'es qu'un égoïste – comme ton père ! »
« Je me sens tellement seule. »

Toutefois, ces stratagèmes ne marchent que si on y prête le flanc. Vous *savez* que vous avez raison de procéder ainsi, vous avez abordé tous les aspects de la question, vous avez étudié toutes les solutions possibles et vous êtes prêt à les mettre en œuvre. On ne peut vous culpabiliser que si vous acceptez cette culpabilité :

Bernadette, se sentant rejetée, risque de retirer son aide, par exemple refuser de faire du baby-sitting. Elle peut même menacer de vous déshériter. Ce sont des réactions possibles, mais si Richard et Véronique veulent mener une vie autonome, adulte et épanouie, ils doivent rester fermes. Ils n'ont pas à expliquer ni à justifier leurs décisions, simplement à les réaffirmer.

Tout au long de ce processus, ils doivent demeurer présents et attentionnés à l'égard de Bernadette. Il peut être tentant de la mettre à l'écart, en particulier si les représailles sont plus sévères qu'ils ne s'y attendaient, mais ce serait une erreur. Ils doivent continuer à la tenir au courant des événements familiaux, tout en l'encourageant à se construire une vie personnelle. S'ils imposent des limites à Bernadette avec amour et bienveillance, il ne pourra en résulter qu'une relation saine, adulte et sereine.

Et si, au bout du compte, tous ces efforts sont restés vains, il ne vous restera plus qu'à déménager !

Chapitre 7

Les femmes et leur mystérieuse relation aux mots

Si vous êtes un homme, ce chapitre est l'un des plus importants de notre ouvrage. Si certaines des informations que vous y lirez vous laissent sceptique, ce qui est probable, nous vous suggérons de vous les faire confirmer par n'importe quelle femme de votre entourage.

Pendant plus de dix ans, nous avons réuni et traité les résultats d'enquêtes sur la communication entre les hommes et les femmes, et nous avons fait appel aux sciences du comportement pour tenter d'expliquer ce qui distingue les « sexes opposés ». Et, mieux encore, nous avons élaboré des stratégies pour passer outre ces différences !

Nos enquêtes ont porté sur des hommes de toutes les nationalités et de toutes les races. Ce qui nous permet de répondre enfin aux cinq questions les plus souvent posées par les hommes sur le mode de communication des femmes, une énigme qui reste une source d'amusement et de perplexité pour la majorité d'entre eux. Voici ces questions :

1. Pourquoi les femmes parlent-elles autant ?
2. Pourquoi les femmes veulent-elles toujours parler de leurs problèmes ?
3. Pourquoi les femmes ont-elles tendance à tout exagérer ?
4. Pourquoi les femmes tournent-elles toujours autour du pot ?
5. Pourquoi les femmes veulent-elles toujours tout savoir dans les moindres détails ?

Un archéologue qui fouillait des gravats tomba sur une vieille lampe poussiéreuse. Alors qu'il la frottait pour la nettoyer, un génie en surgit. « Tu m'as délivré ! s'écria le génie. Je t'accorde un vœu, demande-moi ce que tu veux. »
L'archéologue réfléchit un moment, puis répondit : « Je voudrais qu'un pont avec une autoroute relie la France et l'Angleterre ! »
Le génie leva les yeux au ciel et grommela : « Hé ! je sors à peine de cette lampe, je suis courbatu et épuisé. Sais-tu combien de kilomètres séparent la France et l'Angleterre ? C'est techniquement impossible ! Fais un autre vœu ! »
L'homme médita quelque temps et dit : « J'aimerais comprendre comment communiquer avec les femmes. »
Le génie blêmit et demanda : « À une ou deux voies, l'autoroute ? »

1. Pourquoi les femmes parlent-elles autant ?

L'impressionnante capacité des femmes à bavarder est l'une des choses que les hommes ont le plus de mal à comprendre. Dans *Pourquoi les hommes n'écoutent jamais rien et les femmes ne savent pas lire les cartes routières*, nous abordons ce phénomène en détail et nous en donnons ici un bref résumé.

Les femmes de la préhistoire vivaient au sein de groupes constitués d'autres femmes et d'enfants cohabitant dans des grottes. La capacité d'établir des liens et des relations de proximité était essentielle à la survie de chaque femme. Les hommes préhistoriques préféraient le silence. Ils passaient leur temps assis sur une colline, à l'affût d'une cible en mouvement. Dans chaque activité que les femmes entreprenaient à plusieurs, elles bavardaient constamment dans le but d'entretenir leurs liens. Quand une bande d'hommes partait à la chasse ou à la pêche, personne ne parlait, de peur d'effrayer les proies. L'homme moderne qui va à la chasse ou à la pêche demeure assez taciturne. Quant aux femmes modernes, lorsqu'elles se retrouvent entre elles (ou vont faire du shopping), elles continuent à autant bavarder. Elles n'ont pas besoin d'une raison pour parler, ni d'un but. Elles le font pour établir un lien entre elles.

Voici les IRM d'un homme et d'une femme tenant une conversation. Les zones sombres sont les parties du cerveau sollicitées par cette activité.

Ces IRM montrent que les fonctions du langage sont très développées dans le cerveau féminin. Dans

Pourquoi les hommes n'écoutent jamais rien et les femmes ne savent pas lire les cartes routières, nous montrons comment le cerveau féminin peut, sans effort, produire de 6 000 à 8 000 mots par jour. Comparés au maximum de 2 000 à 4 000 mots prononcés chaque jour par l'homme, on comprend pourquoi la capacité de parole des femmes pose tant de problèmes au sein du couple. Imaginez un homme actif qui, ayant épuisé son stock de mots vers le milieu de l'après-midi, retrouve le soir une femme encore prête à écouler de 4 000 à 5 000 mots ! Deux femmes peuvent passer la journée ensemble et se parler encore une heure au téléphone. Ce qui fera immanquablement réagir l'homme : « Tu ne pouvais pas lui raconter tout ça quand tu étais avec elle ? »

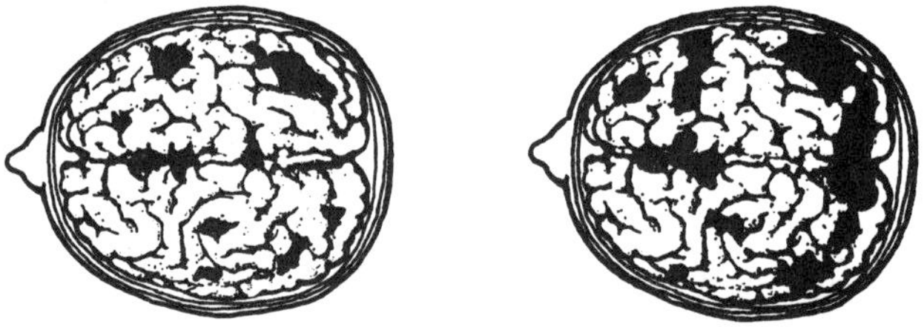

Homme **Femme**

Zones du langage dans le cerveau
(Institut de Psychiatrie, Londres, 2001).

Ces différences de développement des fonctions langagières dans le cerveau expliquent que les taux de certains troubles de la parole varient de manière significative d'un sexe à l'autre : les hommes souffrent trois ou quatre fois plus de bégaiement que les femmes, et dix fois plus de dyslexie sévère.

Le cerveau masculin est configuré pour résoudre les problèmes et apporter des solutions. Les hommes se servent de la parole pour transmettre des faits et des informations. La plupart des hommes ne parlent que quand ils ont « quelque chose à dire », c'est-à-dire quand ils doivent communiquer des faits, des données ou des solutions. Cela crée de sérieux problèmes quand les hommes communiquent avec les femmes, dont le « discours » est totalement différent. Pour elles, la parole a un rôle de récompense ou de prise de contact. Autrement dit, si elles apprécient ou aiment quelqu'un, si elles approuvent ce qu'il dit ou veulent le mettre à l'aise, elles lui parleront ; si elles ne l'aiment pas, elles ne lui parleront pas.

> Le cerveau masculin est focalisé sur la résolution des problèmes.
> Le cerveau féminin est focalisé sur les processus.

Un homme expose ses problèmes personnels à un autre s'il pense que celui-ci peut lui apporter une solution. Comme nous l'expliquions dans le chapitre 6, l'homme que l'on sollicite se sent flatté qu'on lui demande son opinion, et propose alors une solution. Quand une femme parle, en revanche, elle le fait surtout pour entrer en relation avec l'autre et n'attend pas qu'on lui fournisse des solutions.

Manque de chance, l'homme, pensant que la femme lui fait part de ses problèmes parce qu'elle ne sait comment les résoudre, lui coupe sans arrêt la parole pour émettre des suggestions. Pas étonnant qu'elle se plaigne d'être sans cesse interrompue et de ne pas pouvoir exprimer son opinion. Du point de vue d'une femme, ces propositions de solutions expriment la volonté de l'homme d'avoir raison et de lui prouver qu'elle a tort. Or, quand une femme partage ses problèmes ou ses émotions avec quelqu'un, c'est un témoignage de la confiance qu'elle lui porte.

> Quand une femme vous confie ses problèmes, ce n'est pas pour que vous la plaigniez, c'est pour montrer qu'elle a confiance en vous.

Le contraire est tout aussi valable : si elle n'aime pas quelqu'un, n'est pas d'accord avec lui ou, tout simplement, si elle veut lui faire la tête, elle se tait. Le silence est utilisé comme une forme de punition, parfaitement efficace quand elle est appliquée à une autre femme. Mais ce stratagème ne donne aucun résultat avec les hommes, qui apprécient cette paix et cette tranquillité soudain retrouvées. Et quand une femme menace : « Je ne te parlerai plus jamais ! », c'est à prendre avec le plus grand sérieux, mais certainement pas au pied de la lettre.

Si une femme veut punir un homme, la meilleure tactique consiste à le noyer sous un flot de paroles, en passant le plus souvent possible du coq à l'âne.

> Pour le punir, elle se tait.
> Pour lui, c'est un soulagement.

Solution proposée aux hommes
Il est primordial de comprendre qu'une femme parle pour parler. Son but est de se sentir mieux en racontant sa journée et en établissant un lien avec vous. Elle n'a nul besoin de solutions. Il vous suffit d'écouter et d'acquiescer. Ce que vous dites n'a pas la moindre importance, c'est votre participation qui compte.

Solution proposée aux femmes
Avec un homme, fixez un moment propice pour parler et dites-lui que vous attendez une écoute et non des solutions. Inutile de le punir en vous taisant, pour ensuite bouder, parce qu'il n'a même pas remarqué votre silence. Il apprécie seulement ce moment de tranquillité qui lui donne l'occasion de se détendre. Si vous avez un problème à régler avec lui, abordez-le de front.

2. Pourquoi les femmes veulent-elles toujours parler de leurs problèmes ?

Les femmes vivent en moyenne sept ans de plus que les hommes, essentiellement parce qu'elles gèrent mieux leur stress. Quand un homme veut oublier une journée difficile, il peut le faire soit en se perdant dans ses pensées, soit en passant à autre chose. Son cerveau monotâche lui permet de se concentrer sur les actualités télévisées, sur l'arrosage du jardin, sur une recherche sur Internet ou sur la construction d'une maquette de bateau, mais certainement pas sur ses problèmes. En se focalisant sur une seule chose à la fois, autre que son souci du moment, il parvient à l'oublier. Un homme stressé qui ne pourra pas s'adonner à une autre occupation arrêtera tout bonnement de parler et ira se réfugier dans son coin, à la recherche d'une solution. Il risque alors d'intérioriser son stress, qui pourra se manifester sous la forme de maux de ventre, d'ulcères à l'estomac ou d'affections cardio-vasculaires – avec un peu de chance, pas tout à la fois. Les femmes, elles, gèrent leur stress en parlant de leurs problèmes en long, en large et en travers, sans pour autant chercher à les résoudre. Parler de leurs problèmes est en soi le moyen de soulager leur stress. Si un homme parlait ainsi, les autres hommes en concluraient qu'il ne sait plus où il en est, et qu'il attend des solutions... qu'ils s'empresseraient aussitôt de lui proposer !

Étude de cas : Lise, Joël et la dispute de minuit

Au début de leur vie commune, Lise et Joël se disputaient souvent. Les disputes avaient tendance à se prolonger indéfiniment, bien au-delà de minuit. Lise avait grandi dans l'idée qu'un couple ne doit jamais se coucher sur une dispute. On s'embrasse et on se réconcilie d'abord. Alors elle continuait à parler du problème qui avait déclenché la dispute – jusqu'à provoquer un nouveau sujet de dispute. Joël était dépassé. Il aurait de loin préféré aller se coucher et qu'on n'en parle plus.

Lise cherchait à réduire son stress et voulait à tout prix parvenir à un compromis satisfaisant pour tous les deux. Joël avait l'impression qu'ils tournaient en rond. Il avait épuisé son stock de mots et se serait parfaitement contenté de laisser la question en l'état.

> Mon mari et moi avions décidé de ne jamais aller nous coucher sans avoir réglé un différend. Une fois, ça nous a tenus éveillés pendant six mois.

Les hommes ne comprennent pas pourquoi les femmes veulent aller au bout d'une dispute, de préférence tard dans la nuit. Or, le cerveau féminin est un ordinateur de communication privilégiant le processus. Les femmes ont besoin de passer au crible chaque aspect de leurs actes et de leurs sentiments. Les hommes auront plutôt tendance à rentrer dans leur coquille. Ils préfèrent se disputer et laisser tomber. Ils préfèrent descendre de leur rocher et penser à autre chose.

Les femmes veulent faire la paix et résoudre chacune de leurs disputes. Pour elles, parler fait du bien à tout le monde. Pour les hommes, parler est souvent le meilleur moyen d'envenimer les choses.

> Il existe deux théories sur les disputes avec les femmes. Aucune des deux ne fonctionne.

Solution proposée aux hommes

Quand une femme passe un problème au crible sans donner l'impression d'avancer, souvenez-vous qu'elle a besoin du processus de la parole pour se sentir mieux. Prêtez-lui une oreille attentive et assurez-la que vous êtes toujours là pour l'écouter, si elle en a besoin. C'est beaucoup plus simple que de chercher à régler des problèmes qui n'existent pas, et ça vous fera marquer beaucoup de points.

> Ce que les femmes voudraient que les hommes sachent, règle n° 105 : quoi qu'une femme ait pu soutenir six ou huit mois auparavant, cela est devenu parfaitement irrecevable lors de la dispute en cours.

Si vous n'êtes pas en mesure de réagir sur le moment, demandez-lui gentiment si elle peut abandonner le sujet et y revenir un autre jour, quand vous vous serez calmés. Dites : « Je suis désolé, chérie, mais je ne peux pas me concentrer sur ce problème pour l'instant. Peut-on en reparler demain/ce week-end/la semaine prochaine, quand j'aurai eu le temps d'y réfléchir ? »

Cette approche a nettement plus de chances d'aboutir que celle consistant à ne rien dire dans l'espoir qu'à court d'arguments, elle finira par capituler. Aucune chance.

3. Pourquoi les femmes ont-elles tendance à tout exagérer ?

Tout le monde exagère. La différence, c'est que les hommes exagèrent les faits tandis que les femmes exagèrent les émotions et les sentiments. Un homme peut exagérer l'importance de son travail, de son revenu ou de la taille du poisson qu'il a pêché, les performances de sa voiture ou le nombre de jolies femmes qu'il a séduites. Les femmes exagèrent la façon dont elles-mêmes et les autres ont vécu un problème personnel ou le discours d'Untel. Le cerveau féminin se focalise sur les gens et fantasme sur la vie et les relations, beaucoup plus que celui d'un homme, et l'exagération, dans ces domaines, ajoute du piment aux conversations.

> L'exagération permanente donne leur piquant aux conversations féminines.

La tendance générale des femmes à exagérer les mots et les émotions est parfaitement admise par les autres femmes lorsqu'elles parlent entre elles ; elle est partie intégrante du comportement social féminin.

Beaucoup de femmes se laissent aller à rêver au beau chevalier qui les emportera au galop sur son destrier, même si elles finissent immanquablement par craquer pour l'informaticien au visage grêlé de taches de rousseur, rencontré un samedi soir à la Taverne du Cheval Blanc, une bière à la main.

> Une étude sociologique a confirmé que le premier fantasme des femmes est d'avoir deux hommes en même temps. Dans ce fantasme, l'un des hommes fait la cuisine, et l'autre le ménage.

Voici quelques exemples classiques d'exagération féminine :

« Je t'ai demandé des *milliers de fois* de ramasser tes serviettes humides. »

« *Je suis* toujours *censée faire le ménage et m'occuper des enfants en même temps.* »

« Quand je l'ai vue avec cette robe, j'ai cru que j'allais *m'évanouir* ! »

« Tu me fais le coup *chaque fois* ! »

« Je ne t'adresserai plus *jamais* la parole ! »

Pour un homme, les exagérations d'une femme peuvent se révéler frustrantes, car le cerveau masculin s'appuie sur les faits pour comprendre, et prend les mots au pied de la lettre. Par exemple, s'il exprime un désaccord avec elle devant des amis, elle est capable, plus tard, de le lui reprocher : « Tu me rabaisses *toujours*, tu ne me laisses *jamais* exprimer mon opinion ! Tu fais *tout le temps* ça ! » Il risque alors de répondre en toute bonne foi qu'il ne le fait pas *chaque fois* et se défendra, exemples à l'appui. « Ce n'est pas vrai ! Je ne l'ai pas fait hier soir, ni depuis des mois ! » Que n'a-t-il pas fait ! La voilà aussitôt lui rappelant les circonstances, avec dates et lieux, dans lesquelles il s'est rendu coupable du même délit. Il part en se sentant blessé et indigné. Mais qu'il soit coupable ou non n'est pas la question. Tout ce qu'elle voulait, c'était qu'il manifeste son affection pour elle devant leurs amis. Elle, elle amplifiait ses émotions, et lui, il argumentait sur ce qu'il croyait être des faits.

Dans le registre de la communication, outre leur capacité à parler, les femmes font aussi appel au langage corporel. Le langage corporel révèle les émotions d'une femme. Dans la plupart des conversations féminines, il représente de 60 à 80 % de la communication. Vues par un homme, les femmes ont souvent l'air d'agiter les bras et de recourir à toutes sortes de mimiques et de gestes en parlant, y compris au téléphone. Le sens est également véhiculé par l'intonation : les femmes communiquent sur une échelle de cinq tons – dont seuls trois sont identifiables par les hommes. Au final, les mots ne représentent que de 7 à 10 % de l'impact du message. En conséquence, ils ne sont pas primordiaux : une grande part de la communication est non verbale. En outre, recourir à des mots sans aucun rapport avec la conversation ne dérange nullement une femme : pour elle, ce sont les émotions et les sentiments qui comptent, et le langage corporel et l'intonation sont les premiers vecteurs de ce type de communication.

La capacité des femmes à s'inventer des histoires

Lorsqu'une femme tourne en boucle un scénario dans sa tête, cela peut finir par prendre l'illusion d'un souvenir réel. La lettre suivante illustre bien cette confusion :

« Luc et moi avions décidé de nous retrouver pour dîner samedi soir à 18 heures à notre restaurant préféré. Ce jour-là, Luc est allé au match de foot avec ses copains, et je me suis bien amusée avec des amies que je n'avais pas vues beaucoup depuis que Luc et moi sommes ensemble. Nous avons passé la journée à faire du shopping, à grignoter et à papoter. J'ai fini par perdre la notion du temps et je suis arrivée au restaurant avec un peu de retard. Je savais que ce serait un dîner romantique, et j'étais vraiment impatiente de retrouver Luc.

Quand je suis arrivée, il m'attendait en regardant par la fenêtre, les yeux dans le vague. Je me suis excusée pour mon retard, je lui ai dit que j'avais passé une super journée avec mes copines et je lui ai montré mes achats. J'avais un cadeau pour lui – une magnifique paire de boutons de manchettes en or, à porter avec son smoking. Il a marmonné un remerciement, les a mis dans sa poche et est resté là, à ne rien dire. Il se comportait si bizarrement que j'ai cru qu'il me punissait de mon retard en se taisant ou en m'ignorant. La conversation était laborieuse et, à vrai dire, assez ennuyeuse. Il avait l'air à des milliers de kilomètres. Nous avons décidé de rentrer prendre un café à la maison.

Dans la voiture, on n'a pas dit un mot. J'étais désormais sûre qu'il avait un problème. Je me triturais les méninges pour trouver ce qui n'allait pas, et j'ai décidé d'attendre d'être à la maison pour lui poser la question. J'avais des soupçons, mais je ne voulais pas en parler tout se suite.

À la maison, Luc a filé au salon, allumé la télé et s'est mis à fixer l'écran d'un air absent. Je lisais dans son regard que tout était fini entre nous. Je commençais à croire pour de bon une chose qui m'était déjà venue à l'esprit : qu'il avait quelqu'un d'autre, pensait à elle et n'osait pas m'en parler. Et je savais qui c'était : Juliette, cette garce du bureau, toujours en minijupe. J'ai bien vu comment elle se déhanche chaque fois qu'elle le croise. Il doit me prendre pour une gourde s'il croit que je n'ai pas remarqué comment il la regarde, avec ce petit sourire ridicule ! Ils s'imaginent que je suis aveugle ! Enfin, je suis restée un quart d'heure assise avec lui au salon, et puis j'en ai eu assez. Je suis allée me coucher. Dix minutes plus tard, Luc m'a rejointe et, à ma surprise, il m'a prise dans ses bras et nous avons fait l'amour. Mais tout de suite après, il m'a tourné le dos et il s'est endormi. Je me sentais tellement mal que je suis restée éveillée pendant des heures, et que je me suis endormie en larmes. Je sentais que c'était la fin.

Je me suis promis d'affronter la situation le lendemain, et d'exiger la vérité. Qui est cette fille ? C'est du sérieux, ou juste une aventure ? Pourquoi les hommes ne peuvent-ils pas rester fidèles ? Tout ce que je sais, c'est que je ne peux pas continuer comme ça... »

Ce que Luc a pensé ce soir-là, en s'endormant : bon, l'Angleterre a perdu, mais c'était génial au pieu...

Solution proposée aux hommes

Si vous êtes un homme, tenez compte du besoin d'exagération des femmes dans une conversation de nature affective, et ne prenez pas votre compagne au pied de la lettre. Ne lui reprochez jamais de dramatiser, et évitez de la contredire devant des tiers. Contentez-vous de prendre du recul et écoutez ce qu'elle ressent, sans lui expliquer ce qu'elle devrait dire ou penser.

Solution proposée aux femmes

En revanche, si vous êtes une femme, vous devez savoir que les hommes prennent les choses littéralement. Faites l'effort de vous en tenir aux faits et de limiter vos exagérations – notamment dans le contexte professionnel, où une telle attitude peut finir par nuire aux intérêts de l'entreprise qui vous emploie.

4. Pourquoi les femmes tournent-elles toujours autour du pot ?

Les hommes trouvent souvent que les femmes ont un discours flou et tournent autour du pot. Ils ont parfois l'impression qu'ils sont censés deviner ce qu'elles veulent, ou lire dans leurs pensées. On appelle ce mode de discours le « discours indirect ».

Cette lettre de Philippe illustre comment un homme peut le ressentir :

« Ma femme a élevé le discours indirect au niveau d'un art. Hier, par exemple, alors qu'elle s'activait à la cuisine, elle a déclaré : "En réunion hier, ma chef a dit... Ne mange pas le salami.

– Quoi ? lui ai-je crié depuis le salon, elle a dit quoi à propos du salami ?

– Pas elle, toi ! m'a-t-elle rétorqué d'un ton exaspéré. Ne mange pas le salami, j'en ai besoin."

J'en suis resté comme deux ronds de flan, essayant de reconstituer notre échange dans mon cerveau embrumé, tandis qu'elle reprenait tranquillement le fil de sa pensée, me racontant l'intervention de sa chef.

Elle n'arrête pas de faire ça. Je dois tout le temps semer des petits cailloux blancs dans la jungle de son discours pour m'y retrouver : elle passe sans arrêt du coq à l'âne. Elle est capable de suivre en même temps quatre ou cinq pistes différentes avec une parfaite aisance, pendant que je me démultiplie pour tenter de la suivre. Ses amies ont l'air de très bien s'en sortir, mais mes deux fils et moi chopons des migraines. Comment une femme aussi intelligente peut-elle être si dispersée quand elle parle ?

"Tu veux aller au cinéma, ce soir ?" m'a-t-elle demandé un jour. J'étais surpris qu'elle le propose, mais j'ai décliné – j'avais des choses à faire dans le garage. Il m'a fallu près d'une heure pour me rendre compte qu'elle ne m'adressait plus la parole ! Je lui ai demandé s'il y avait un problème, et elle m'a dit que non, mais elle a continué à se taire. Quand j'ai insisté, elle s'est mise à crier, au bord des larmes : "Jamais tu ne m'emmènes au cinéma !" Et v'lan ! Je croyais pourtant que c'était moi, l'invité, pas elle !

Aujourd'hui, alors que je portais du linge au garage, je lui ai dit : "Il faut que je passe à la quincaillerie, tout à l'heure."

J'ai passé près d'une demi-heure dans le garage, où j'ai eu le temps de lancer une machine, de déplacer quelques cartons, et de nettoyer une étagère. J'ai dressé mentalement la liste des choses à faire aujourd'hui, quand je serai revenu de la quincaillerie. Quand je suis retourné à la maison, elle a levé les yeux de son travail, et elle m'a demandé :

"Pourquoi ?

– Hm ? Pourquoi quoi ?

– Qu'est-ce qu'il te faut ?

– Mais rien ! De quoi tu parles ?

– Si tu n'as besoin de rien, pourquoi tu vas chez le quincaillier ?" s'est-elle exclamée en croisant les bras dans cette attitude bien connue des hommes mariés qui dit très clairement : "C'est quoi, cette embrouille ?"

Hé ! ça faisait déjà un bon moment que j'étais passé à autre chose, moi ! Dans mon esprit, la quincaillerie, c'était un dossier classé ! Mais pour elle, c'était resté en suspens, donc elle l'a laissé en haut de la pile de ses pensées, et elle s'imaginait que c'était pareil pour moi.

Le temps qu'on éclaircisse le sujet, elle est convaincue que je ne l'écoute plus, et je suis à moitié convaincu qu'elle a raison. Bon, allez, je verrai ça tout à l'heure, quand j'aurai fini mon sandwich au salami. »

Les femmes ont souvent recours au discours indirect. Elles ont tendance à suggérer ce qu'elles veulent ou à insinuer les choses. De plus, la femme de Philippe suit plusieurs pistes à la fois, ce qui égare complètement son mari.

Le discours indirect a une fonction : tisser une relation avec les autres en évitant agression, confrontation ou conflit. Aux temps préhistoriques, il permettait aux femmes d'éviter les désaccords entre elles et stimulait le lien social en gommant les comportements dominants ou agressifs. D'où la tendance générale des femmes à préserver l'harmonie.

Lorsque les femmes utilisent le discours indirect entre elles, il est rare que cela pose des problèmes : elles décryptent le message implicite. En revanche, ce même discours peut avoir un effet catastrophique avec des hommes. Ceux-ci ont recours au discours direct et comprennent les choses littéralement. Nous l'avons vu, à cause des contraintes liées à la chasse, l'évolution a fait du cerveau masculin un outil monotâche. Les hommes sont très déconcertés par le caractère déstructuré et tous azimuts de la conversation des femmes. « Mais, enfin, de quoi parles-tu ? » finissent-ils par demander, vaguement exaspérés, « Quel est le but de cette conversation ? » et « Va à l'essentiel ! » Puis ils en viennent à leur parler comme si elles étaient un peu demeurées, quand ils ne les coupent pas tout simplement, en disant : « On en a déjà parlé des dizaines de fois », « Ça va durer encore combien de temps ? » et « Cette conversation est vraiment pénible ; ça ne mène nulle part ».

Le discours indirect dans le cadre professionnel

Les hommes ayant parfois du mal à suivre une conversation indirecte et multidirectionnelle, l'utilisation du discours indirect au travail peut soulever des problèmes. Pour prendre une décision, ils ont besoin qu'on leur présente les choses de façon claire, logique et structurée. Une femme peut voir ses idées ou ses demandes rejetées simplement du fait que son patron n'a pas compris le véritable objet de sa demande. Le cas de Marie est typique de ce phénomène.

Après six mois de négociations, Marie a finalement obtenu l'honneur de présenter à un gros client du secteur financier le nouveau plan publicitaire de sa société. L'équipe qu'elle va devoir convaincre se compose de huit hommes et de quatre femmes, le budget à décrocher est d'un montant de 200 000 euros, et elle a 30 minutes pour l'emporter. Elle sait qu'elle n'aura pas de seconde chance. Le jour J, Marie arrive, impeccablement vêtue d'un tailleur ajusté, maquillée avec soin et naturel, les cheveux attachés, et connaît sa présentation au point de pouvoir la réciter dans son sommeil.

Dès le début de son exposé, cependant, elle remarque que les hommes restent sans réaction. En déduisant que leur jugement est négatif, s'imaginant qu'ils décrochent, elle commence à démultiplier les axes de sa présentation, dans l'espoir de regagner leur intérêt ; elle revient en arrière sur les diapositives, utilise du discours indirect et s'efforce de souligner les rapports existant entre ceci et cela. Les femmes l'encouragent par des sourires, des mimiques et de brèves témoignages d'écoute, du type « Hum, hum », « C'est vrai ! », « Oui, tout à fait », et manifestent leur intérêt. Marie, stimulée par ces réactions, s'adresse de plus en plus à elles, délaissant inconsciemment les hommes. Elle transforme toute sa présentation en un véritable exercice de jonglage. À la fin, elle sort convaincue d'avoir été brillante, et impatiente de recueillir la réaction du client.

Conversation des cadres masculins lors de la pause-café, après le départ de Marie :

Directeur du marketing : « Vous avez compris quelque chose à ce qu'elle a raconté, vous ? »

Directeur général : « Non... Elle m'a complètement embrouillé. Demandez-lui d'envoyer sa proposition par écrit. »

Marie avait multiplié les axes de sa présentation et utilisé le discours indirect avec un groupe d'hommes qui n'avaient pas la moindre idée de ce qu'elle disait, ni des liens entre ses arguments. Les cadres féminins avaient apprécié la présentation et participé en posant des questions, mais aucun homme n'avait osé lever la main pour dire qu'il n'avait pas compris. Les femmes doivent savoir que si un homme ne les suit pas, il fera généralement semblant d'avoir compris plutôt que de passer pour un imbécile.

> Lorsqu'un homme ne suit pas le discours professionnel d'une femme, il fait le plus souvent semblant de comprendre.

Dans la vie privée, les femmes s'attendent souvent à ce que les hommes comprennent, décodent et suivent le discours indirect. Ce n'est pourtant pas le cas.

Quel que soit l'âge de l'homme, il est important qu'une femme s'adresse à lui en discours direct ; qu'elle lui fournisse des dates, un programme, des réponses claires et précises, et qu'elle ne lui soumette qu'un seul sujet à la fois. Marie attend encore sa réponse…

Le discours indirect à la maison

Quand une femme dit…	***Elle veut dire…***
« Il faut qu'on parle. »	*J'ai un problème.*
« On a besoin de… »	*Je veux…*
« Je regrette. »	*Tu le regretteras.*
« C'est à toi de décider. »	*Du moment que je suis d'accord.*
« Je ne suis pas fâchée. »	*Pas qu'un peu, que je suis fâchée !*
« Tu dois apprendre à communiquer. »	*Tu dois partager mon avis.*
« Est-ce que tu m'aimes ? »	*Je voudrais quelque chose de cher.*

« Tu es adorable ce soir. »	*Tu ne penses donc qu'au sexe ?*
« Tu m'aimes vraiment ? »	*J'ai fait une chose qui ne va pas te plaire...*
« Sois romantique, baisse la lumière... »	*J'ai les cuisses flasques...*

Étude de cas : Barbara et Aymeric

Barbara partait faire des courses avec des amies et voulait qu'Aymeric, son fils de 16 ans, nettoie la cuisine. « Aymeric, veux-tu nettoyer la cuisine, s'il te plaît ? » demanda-t-elle. « Heu... ouais... », grommela-t-il. À son retour, la cuisine donnait toujours l'impression d'avoir été dévastée par un cyclone. C'était même plutôt pire qu'à son départ. Elle se mit en colère. « Mais j'allais le faire avant de sortir ce soir ! » se défendit-il. Le problème, dans cet exemple, vient du fait que Barbara a eu recours au discours indirect. Elle a supposé qu'Aymeric comprendrait que la cuisine devait être propre pour son retour. Elle a demandé : « Veux-tu nettoyer la cuisine ? » Aucun adolescent n'a envie de nettoyer une cuisine ! Aymeric pas plus qu'un autre. Une demande directe, posant une limite de temps explicite, comme, par exemple : « Aymeric, s'il te plaît, nettoie la cuisine avant que je rentre à la maison, pour midi », aurait eu davantage de chances d'aboutir.

Un autre soir, elle dit encore à Aymeric : « Je voudrais que tu passes une heure sur tes devoirs avant d'aller te coucher. » Cette approche indirecte convient aux filles, mais n'a aucun impact sur les garçons. Le cerveau d'un garçon entend le souhait de sa mère, mais s'il n'a pas reçu d'*instruction*, il n'agit pas. Et si Barbara le retrouve un moment plus tard en train d'écouter la radio ou de regarder la télévision, elle va sans doute se fâcher. Un ordre direct, précisant le quoi et le quand, est le seul moyen réaliste de se faire obéir d'un garçon.

« Aymeric, je veux que tu passes une heure sur tes devoirs et je viendrai te dire bonne nuit avant que tu te couches. » Des ordres précis laissent peu de place aux malentendus et les garçons préfèrent des instructions claires. Beaucoup de femmes trouvent le discours direct trop agressif ou conflictuel. Avec une autre femme, c'est effectivement le cas. Avec un homme, en revanche, le discours direct est parfaitement admis parce qu'il rejoint précisément son propre mode de communication.

Solution proposée aux femmes

Vous êtes habituée à utiliser le discours indirect pour tisser des liens avec d'autres femmes. Mais avec les hommes, c'est le discours direct qui s'impose. Vous aurez peut-être un peu de mal au début, mais avec de l'entraînement, vous obtiendrez des résultats et vous réduirez le nombre d'accrochages avec les hommes de votre entourage.

Solution proposée aux hommes

Si votre femme vous parle et que vous peinez à suivre le fil, asseyez-vous et contentez-vous d'écouter sans proposer de solutions. Au pire, fixez une limite temporelle : « Je voudrais regarder les infos de

19 heures, chérie, mais jusque-là, je reste tout ouïe. » En vous y prenant de la sorte, elle finira généralement par s'arrêter, satisfaite et détendue, sans que vous ayez eu à faire quoi que ce soit.

L'un de nos lecteurs nous a envoyé un *Dictionnaire des expressions indirectes employées par les femmes*, recensant toutes les expressions qui reviennent dans leur bouche au cours des disputes. En voici un échantillon :

« **Très bien.** » Une femme emploie cette expression à la fin d'une dispute lorsqu'elle est persuadée qu'elle a raison et veut qu'il se taise.

« **Cinq minutes.** » Représente environ une demi-heure. C'est un peu l'équivalent des cinq minutes que dure un match de foot avant qu'un homme ne se décide à sortir la poubelle.

« **Rien.** » Signifie « quelque chose ». Une femme à qui l'on demande ce qu'elle a et qui vous répond « Rien » est souvent à deux doigts de vous étrangler. « Rien » signale régulièrement le début d'une dispute qui va durer « cinq minutes » et s'achever sur « Très bien ».

« **Vas-y !** » *(avec haussement de sourcils)*. C'est un défi, qui aura pour conséquence que la femme se fâchera à propos de « Rien » et conclura la dispute par « Très bien ».

« **Vas-y !** » *(sans haussement de sourcils)*. Signifie : « Je laisse tomber » ou : « Fais ce que tu veux, je m'en fiche. » Généralement suivi, quelques minutes plus tard, d'un « Vas-y ! » (avec haussement de sourcils), puis d'un « Rien » et d'un « Très bien ». Elle vous adressera à nouveau la parole dans environ « Cinq minutes » quand elle sera calmée.

Gros soupir. Signifie qu'elle vous prend pour un idiot et se demande pourquoi elle perd son temps à discuter avec vous à propos de « Rien ».

« **Ah... ?** » Au début d'une phrase, « Ah... ? » veut généralement dire que vous êtes pris en flagrant délit de mensonge. Par exemple : « Ah... ? J'ai parlé avec ton frère de ce que tu faisais hier soir » ou : « Ah... ? Et je suis censée croire ça, moi ? » Elle vous dira ensuite qu'elle va « Très bien » en balançant tous vos vêtements par la fenêtre, mais n'essayez pas de vous en sortir en vous enferrant dans le mensonge, ou vous aurez droit à un « Vas-y ! » (avec haussement de sourcils).

« **Ça ne fait rien.** » Indique qu'elle va prendre le temps de réfléchir avant de vous faire payer pour ce que vous avez fait. « Ça ne fait rien » est souvent accompagné de « Très bien » et employé de pair avec « Vas-y ! » (avec haussement de sourcils). À un moment ou à un autre, dans le futur proche, vous allez passer un sale quart d'heure.

« **Mais je t'en prie...** » Il s'agit d'une invitation à parler. Une femme vous donne une chance de fournir une quelconque excuse ou raison pour justifier ce que vous avez fait. Si vous ne dites pas la vérité, vous obtiendrez un « Ça ne fait rien » au final.

« **Vraiment ?** » Elle ne remet pas en cause la justesse de ce que vous dites, elle vous dit qu'elle n'en croit pas un traître mot. Vous proposez de vous expliquer et elle vous rétribue d'un « Mais je t'en prie... ». Plus vous fournissez d'excuses, plus forts et sarcastiques seront les « Vraiment ? », assaisonnés de « Ah... ? », de haussements de sourcils et d'un « gros soupir » final.

« **Merci bien.** » Une femme dit cela quand vous avez vraiment dépassé les bornes. Indique que vous l'avez outrageusement blessée et précède un « gros soupir ». Ne demandez pas ce qui ne va pas après le « gros soupir », elle répondrait « Rien ». La prochaine fois qu'elle vous laissera l'approcher sera « Un jour... », ce qui risque bien de vouloir dire « Jamais ».

5. Pourquoi les femmes veulent-elles toujours tout savoir dans les moindres détails ?

Un soir, Benoît est en train de lire le journal quand le téléphone sonne. Il décroche, écoute environ dix minutes en émettant quelques grognements, dit : « Ouais, d'accord. À plus... », raccroche et reprend sa lecture.

« C'était qui ? demande Nathalie, sa femme.

– Robert, mon vieux copain de classe, répond Benoît.

– Robert ? Tu ne l'as pas vu depuis le lycée ! Comment va-t-il ?

– Très bien.

– Alors... Qu'est-ce qu'il t'a raconté ? poursuit-elle.

– Pas grand-chose... Il va bien... Ça roule, répond Benoît du ton las qu'adoptent les hommes quand ils veulent qu'on les laisse lire leur journal tranquilles.

– C'est tout ce qu'il a à dire, au bout de dix ans ? "Ça roule ?" » insiste-t-elle, effarée.

Et elle entreprend de le cuisiner tel un juge d'instruction, le faisant revenir sans fin sur la conversation jusqu'à ce qu'elle en connaisse les moindres détails. Du point de vue de Benoît, la conversation était terminée, mais Nathalie voulait tout savoir.

Pour Benoît, l'histoire était simple : Robert avait quitté l'école à 15 ans et trouvé un travail de vigile pour aider sa mère. Celle-ci était tombée en dépression en découvrant que son mari, devenu transsexuel, était sur le point de la quitter pour vivre avec son frère. Elle avait fini par se suicider, et Robert avait sombré dans la drogue pour oublier. Il avait ensuite travaillé comme avaleur de sabres au Cirque de Moscou.

Après avoir perdu ses testicules dans un accident au cours d'un numéro, il s'était engagé dans la Légion étrangère, avant de devenir missionnaire en Afghanistan. Là-bas, il avait été arrêté pour prosélytisme, puis libéré à la condition de devenir l'esclave des talibans. Il s'était échappé une nuit en s'arrimant au sommet d'un camion-citerne, et il était de retour au pays avec sa nouvelle épouse, une ex-prostituée lesbienne qui avait pris le voile, et voulait l'emmener en Afrique pour créer une léproserie – ce qu'il comptait faire, maintenant qu'il avait été libéré de prison après l'annulation de son accusation pour meurtre. Avec les sept enfants brésiliens qu'il avait adoptés, il était devenu végétarien et Témoin de Jéhovah, et il se sentait en pleine forme… Et voilà, rien de spécial, quoi, il allait très bien.

Pour Benoît, c'était tout simple. Le principal était que Robert aille bien – il ne voyait pas l'intérêt de redébobiner toute l'histoire. Mais Nathalie, elle, n'a pu s'empêcher de le harceler jusqu'à tout connaître de l'histoire, dans ses moindres détails...

Cette conversation met en lumière une différence essentielle entre les cerveaux masculin et féminin. Pour les hommes, les détails n'ont aucune importance, ils se bornent donc à transmettre l'essentiel. Or, une femme pense que si un homme lui parle peu, c'est qu'il ne l'aime pas. Car, pour elle, les mots servent à créer un lien. À l'inverse, un homme pense qu'une femme parle trop et qu'elle essaie de le mettre à la question.

Les femmes sont programmées pour traquer les détails

Dans sa position de protectrice de la famille, une femme devait autrefois s'assurer qu'elle était entourée d'un cercle d'amis en mesure de prendre soin d'elle si les hommes ne revenaient pas de la chasse ou du combat. Le groupe représentait en quelque sorte sa police d'assurance. Sa survie dépendait donc de sa capacité à établir des liens avec ses autres membres, ce qui impliquait de connaître tous les détails de la condition de chaque individu et de sa famille, et de s'intéresser activement à eux.

Quand un couple discute après une réception, la femme sait ce que font tous ceux avec lesquels elle a parlé, membres de son groupe social ou de sa famille. Elle connaît leurs rêves, leurs objectifs, leur état de santé et celui de leurs proches. Elle sait où ses amis ont projeté de passer leurs vacances et quels sont les résultats scolaires de leurs enfants. Les hommes, eux, savent quels nouveaux « jouets » leurs amis se sont offerts, ils ont inspecté en détail la nouvelle voiture de sport de Bruno, discuté des bons coins pour la pêche, des tactiques efficaces contre le terrorisme, et commenté la dernière victoire de l'Angleterre contre l'Allemagne... Ah, et j'allais oublier : la dernière blague sur le gars qui a fait naufrage en compagnie d'Elle MacPherson. Mais ils ne sauront pas grand-chose sur la vie privée des autres invités – ce sont les femmes qui leur raconteront tout en rentrant à la maison.

Ce n'est pas que les femmes soient indiscrètes... Quoique... C'est que la survie à long terme fait partie du « disque dur » de leur cerveau, et les pousse à vouloir connaître chaque personne de leur groupe, à savoir ce qu'elle fait et en quoi elle peut leur être utile.

Solution proposée aux hommes

Si vous êtes un homme, vous devez comprendre que la curiosité d'une femme pour les détails personnels est inscrite dans son cerveau et a pour but d'entretenir les relations sociales. Alors en parlant avec une femme, essayez de lui donner davantage de détails que vous ne le feriez spontanément. Mettez vos baskets, emmenez-la faire une longue promenade et laissez-la parler. Cela aura l'avantage de vous maintenir en bonne condition physique. N'oubliez pas qu'on ne vous demande ni de vous concentrer, ni d'apporter des réponses. Vous n'avez pas le moindre effort à fournir.

Solution proposée aux femmes

Si vous êtes une femme, soyez consciente que l'accumulation de détails fait disjoncter les hommes ou les ennuie à mourir. Dans les réunions de travail, allez droit au but, soyez claire et concise. Ailleurs, prévenez un homme quand vous souhaitez lui parler, fixez un moment et un laps de temps, et précisez-lui qu'il n'aura pas à proposer de solutions, juste à écouter. Enfin, abstenez-vous de lui demander : « Tu m'écoutes ? » ou : « Qu'est-ce que je viens de dire ? »

Chapitre 8

Test de sex-appeal féminin, comment attirez-vous les hommes ?

Faites le test !

Quand votre regard croise celui d'un homme dans une pièce bourrée de monde, quelle va être sa réaction à votre présence ? Voilà la question que les femmes se posent depuis qu'Adam a aperçu Ève pour la première fois. C'est pour répondre à l'attente de la grande majorité de femmes qui veulent pouvoir mesurer leur degré de séduction que nous avons créé ce test. Il s'intéresse uniquement à votre apparence physique et à votre présentation. C'est un guide de l'impression que l'homme qui vous verra va ressentir quand il vous verra pour la première fois. Il s'appuie sur les réactions du cerveau masculin à un ensemble de signaux : formes, proportions, couleurs, tailles, et langage corporel. Nous parlerons plus loin de l'impact des traits de caractère sur la séduction. Ce test reproduit l'évaluation d'un homme à qui on montrerait une photo de vous. L'ordre des questions vous paraîtra peut-être illogique, nous avons voulu vous épargner la tentation de tricher !

1. **Lequel de ces adjectifs décrit le mieux votre corps :**
   a. Mince/longiligne.
   b. Athlétique/tonique.
   c. Lourd/en forme de poire.

2. **Lors d'un premier rendez-vous, comment vous habillez-vous pour tenter de séduire un homme ?**
   a. Pantalon ou jupe longue, mais tenue élégante.
   b. Décontractée, pas trop habillée, avec des chaussures confortables.
   c. Tenue élégante, avec une jupe courte et des talons hauts pour montrer mes jambes.

3. **Si on inspecte votre penderie, quel genre de chaussures va-t-on trouver (en majorité) ?**
   a. Hauts talons ou talons aiguilles.
   b. Chaussures tendance avec talons mi-hauts.
   c. Chaussures à talons plats ou ballerines, mais chic.

4. **Si vous pouviez acheter un nouveau vêtement sans regarder à la dépense, lequel choisiriez-vous parmi les suivants :**
   a. Une longue robe ample qui cache toutes les zones à problèmes.
   b. Une minirobe moulante qui mette en valeur mes atouts.
   c. Un élégant tailleur-pantalon sur mesure.

5. **Mesurez votre tour de taille, votre tour de hanches et calculez le rapport taille-hanches. Divisez votre tour de taille par votre tour de hanches. Par exemple si vous faites 101 cm de tour de hanches et 76 cm de tour de taille, votre rapport est de 75 %. Votre rapport est :**
   a. Supérieur à 80 %.
   b. Compris entre 65 et 80 %.
   c. Inférieur à 65 %.

6. **Quand vous bavardez avec un homme séduisant et que vous sentez vos genoux se dérober, quelle tactique adoptez-vous ?**
   a. J'essaie de le faire s'asseoir pour qu'il ne détaille pas mon corps.
   b. Je m'approche assez près en écartant légèrement les jambes.
   c. Je joue avec mes cheveux, je passe ma langue sur mes lèvres, je me déhanche et je me caresse le corps pour attirer son attention.

7. **Si vous demandiez à un étranger de décrire votre postérieur, que dirait-il ?**
   a. Large et gros.
   b. Plat, mince, athlétique.
   c. Arrondi en forme de pêche.

8. **Si vous passez la main sur votre ventre, que sentez-vous ?**
   a. Une surface ferme et musclée.
   b. C'est lisse et plat.
   c. Un ventre bombé avec des bourrelets.

9. **Quand vous vous habillez pour sortir avec vos copines, que choisissez-vous ?**
   a. *Je mets des vêtements amples pour cacher ce qu'il y a en dessous.*
   b. *Je porte un soutien-gorge à balconnets, je montre mon décolleté.*
   c. *Je choisis une tenue ajustée qui souligne mes formes.*

10. **Décrivez votre maquillage :**
   a. *Une synthèse des dernières tendances.*
   b. *Je préfère un look naturel.*
   c. *Mon visage est une palette sur laquelle j'étale toujours beaucoup de couleurs quel que soit le moment de la journée pour être au meilleur de moi-même.*

11. **Si Picasso devait faire votre portrait, de quoi auriez-vous l'air :**
   a. *Mince, anguleuse, musclée.*
   b. *Toute en courbes.*
   c. *Ronde.*

12. **Si on vous demandait de poser pour le magazine *Vogue*, quelle pose prendriez-vous ?**
   a. *Je relèverais mes cheveux au-dessus de ma tête et je regarderais par-dessus mon épaule.*
   b. *Je cambrerais le dos, je me déhancherais, je poserais les mains sur les hanches et je ferais la moue.*
   c. *Je me pencherais en avant en faisant saillir les fesses et j'enverrais un baiser à l'objectif.*

13. Comment décririez-vous votre cou ?
a. Long, mince ou fuselé.
b. D'une longueur et d'un diamètre moyens.
c. Court, épais et fort.

14. Si on leur demandait de décrire votre visage, vos amis diraient :
a. Élégant, avec de grands traits.
b. Visage de bébé, grands yeux.
c. Ordinaire mais chaleureux.

15. Vous allez dîner avec un homme en tête-à-tête et voulez paraître sexy. Quel rouge à lèvres choisissez-vous ?
a. Neutre/naturel.
b. Rouge vif.
c. La dernière couleur à la mode.

16. Vous vous habillez pour la soirée des Oscars. Vous pouvez porter la paire de boucles d'oreilles que vous voulez. Vous choisissez :
a. Des diamants ou des perles toutes simples.
b. Des pendants de taille moyenne sertis d'une jolie pierre.
c. Des boucles à pendeloques avec beaucoup de diamants.

17. Comment un homme décrirait-il vos yeux ?
a. Grands, enfantins.
b. En amande.
c. Petits.

18. Regardez votre nez dans un miroir. Comment un caricaturiste le rendrait-il ?
a. Grand.
b. Petit.
c. Moyen.

19. Mes cheveux sont
a. Longs.
b. Mi-longs.
c. Courts.

20. Comment décririez-vous votre apparence ?
a. Décontractée.
b. Sexy.
c. Élégante.

Votre score

Question 1	Question 2	Question 3
A = 5 pts	A = 5 pts	A = 5 pts
B = 7 pts	B = 3 pts	B = 3 pts
C = 3 pts	C = 7 pts	C = 1 pt

Question 4	Question 5	Question 6
A = 1 pt	A = 5 pts	A = 1 pt
B =5 pts	B = 9 pts	B = 3 pts
C = 3 pts	C = 7 pts	C = 5 pts

Question 7	Question 8	Question 9
A = 3 pts	A = 5 pts	A = 1 pt
B = 5 pts	B = 3 pts	B = 5 pts
C = 7 pts	C = 1 pt	C = 3 pts

Question 10
A = 3 pts
B = 5 pts
C = 1 pt

Question 11
A = 5 pts
B = 7 pts
C = 3 pts

Question 12
A = 3 pts
B = 5 pts
C = 1 pt

Question 13
A = 5 pts
B = 3 pts
C = 1 pt

Question 14
A = 7 pts
B = 9 pts
C = 5 pts

Question 15
A = 3 pts
B = 5 pts
C = 1 pt

Question 16
A = 1 pt
B = 3 pts
C = 5 pts

Question 17
A = 9 pts
B = 7 pts
C = 5 pts

Question 18
A = 5 pts
B = 9 pts
C = 7 pts

Question 19
A = 5 pts
B = 3 pts
C = 1 pt

Question 20
A = 1 pt
B = 5 pts
C = 3 pts

Additionnez les points que vous avez obtenus.

100 points ou plus : la bombe sexuelle
Dès que les hommes posent les yeux sur vous, ils sont pris au piège, vous n'avez plus qu'à remonter la nasse. Les ouvriers s'arrêtent de travailler et vous sifflent quand vous passez, vous savez exciter les hommes qui vous plaisent et vous n'êtes jamais à court de prétendants. Les hommes adorent vous regarder et cherchent l'occasion de vous aborder. Vous savez vous vendre et vous connaissez sur le bout des doigts les signaux corporels qui les font

réagir au quart de tour. Le prochain chapitre de ce livre vous montrera pourquoi vos efforts sont payés de retour et vous permettra peut-être d'améliorer encore votre score.

Après le mariage

Avant le mariage

De 66 à 99 points : madame Élégance

La majorité des femmes appartiennent à cette catégorie. Vous savez faire en sorte que les hommes tombent sous le charme au premier regard. Les ouvriers vous remarquent à l'heure de la pause déjeuner. Si vous vous situez entre 78 et 99 points, vous n'avez que quelques détails à corriger pour devenir une vraie vamp. Entre 66 et 78, donnez-vous un peu de mal pour améliorer votre apparence, vous aurez des résultats encore plus spectaculaires. Le chapitre suivant vous expliquera quoi faire pour être sûre de les ensorceler au premier coup d'œil.

Moins de 65 points : la bonne copine
Vous êtes leur meilleure copine. Les ouvriers vous racontent des blagues cochonnes. Vous croyez sans doute que la personnalité est beaucoup plus importante que l'apparence et vous avez raison jusqu'à un certain point. Mais le problème, c'est qu'avant de découvrir votre esprit et votre charme, il faut bien donner à l'homme qui vous plaît envie de mieux vous connaître. Vous pouvez sûrement mettre en valeur vos atouts sans transiger sur vos principes. Vous inscrire dans un club de gym pour améliorer votre silhouette, par exemple, vous rendra plus attirante, mais vous vous sentirez aussi plus en forme, en meilleure santé et la pratique d'un sport dopera votre optimisme – le facteur homme interviendra en prime. Vous pouvez aussi camoufler vos imperfections physiques en vous habillant astucieusement. Vous vous dites que les hommes qui se laissent hypnotiser par l'apparence physique ne vous intéressent pas ? Le problème de cette approche, c'est que même les représentants les plus sensibles, les plus intelligents de la gent masculine sont à la merci de leur biologie, au moins au début. Ils ne peuvent s'empêcher d'être attirés par les signaux féminins les plus

flagrants. Pourquoi ne pas faire avec – si déplaisant que ce soit – et essayer de vous rendre plus attirante ?

Le chapitre suivant vous montrera comment renforcer votre pouvoir d'attraction et vous expliquera pourquoi tant d'hommes flashent sur des femmes au QI succinct et vous jettent à peine un regard.

Chapitre 9

Le sex-appeal au féminin, ce qui émoustille les hommes

Étude de cas : l'histoire de Noémie et Benjamin

Noémie et Benjamin sortaient ensemble depuis un an quand ils décidèrent de se marier. Ils étaient très heureux, persuadés d'avoir trouvé le partenaire idéal. Benjamin était très sensible aux efforts d'élégance de Noémie et son apparence lui rappelait toujours qu'il avait fait le bon choix. Elle lui disait qu'elle adorait s'habiller pour lui et qu'elle aimait son regard ébloui quand elle entrait dans la pièce. Mais quatre ans après leur mariage, Noémie changea. Elle se désintéressa peu à peu de son apparence physique, ne s'habillant même plus quand elle sortait. Elle était une femme mariée à présent et n'avait plus besoin d'impressionner qui que ce soit : les soins de beauté étaient une perte de temps, d'énergie et d'argent, se disait-elle.

À la maison, après le travail, elle revêtait le même peignoir en éponge rose et des savates éculées, ne se maquillait pas, ne se coiffait plus. Dans un premier temps, Benjamin se dit qu'elle avait peut-être un passage à vide au travail et qu'elle recommencerait bientôt à faire des efforts. Mais il s'agaçait du fait qu'elle s'habille et se maquille pour aller au bureau et qu'elle se néglige complètement à la maison. La situation se dégrada encore : même pour sortir avec des amis, Noémie ne faisait plus aucun effort. Elle avait complètement cessé de se maquiller, ne se rasait plus les jambes, et les tenues qu'elle portait la faisaient, aux yeux de Benjamin, ressembler à sa mère. Ce dernier se mit à fulminer en silence. Ce genre de comportement lui signifiait que lui et ses amis n'étaient pas assez importants pour que Noémie consente le moindre effort.

Les hommes étant des visuels, Benjamin finit par être rebuté par l'apparence de Noémie et son désir sexuel déclina rapidement. Leur mariage jusque-là si réussi connut ses premières lézardes : Benjamin se mit à regarder les autres femmes. Au bureau, ses collègues femmes étaient toujours tirées à quatre épingles, impeccablement coiffées et maquillées. De plus, elles flirtaient avec lui, ce qui le flattait et accentuait le contraste avec Noémie, quand il rentrait à la maison le soir.

Il décida de prendre le taureau par les cornes et confia son désarroi à sa femme. Noémie, vexée, se mit en colère : elle ne comprenait pas pourquoi il était incapable de l'aimer telle qu'elle était. De toute évidence, se disait-elle, il était beaucoup plus futile qu'elle l'avait cru jusque-là. Benjamin ne parvint pas à s'expliquer clairement et se sentit coupable d'avoir blessé sa femme.

Six mois plus tard, Benjamin quitta Noémie et emménagea avec Corinne, une de ses collègues. Noémie fréquente maintenant un groupe de féministes pour qui tous les hommes sont des salauds.

Qu'on l'accepte ou non, notre apparence physique a une incidence sur notre aptitude à séduire et à retenir un partenaire. Selon les statistiques, les personnes que nous rencontrons se forgent 90 % de leur opinion sur nous dans les quatre minutes qui suivent la rencontre et c'est en moins de dix secondes que nous leur apparaissons ou non comme physiquement désirables.

Dans ce chapitre, nous examinons les ingrédients qui font que les hommes et les femmes paraissent désirables et s'attirent mutuellement. Ce qui ne veut pas dire que, parce que vous ne ressemblez ni à Cameron Diaz ni à Brad Pitt, vous n'obtiendrez jamais de bons résultats avec le sexe opposé. Mais en comprenant le fonctionnement du processus de séduction et en employant quelques stratégies simples pour l'utiliser à votre avantage, vous renforcerez sans effort votre pouvoir d'attraction. Les signaux archaïques que nous allons maintenant évoquer opèrent à un niveau inconscient et nous y répondons automatiquement. La psychologie évolutionniste nous apprend que nous sommes en effet tributaires de réactions et de schèmes hérités de nos ancêtres et façonnés par leur mode de vie. Les thèses de la psychologie évolutionniste sur l'attraction sexuelle pourront vous paraître directes et même quelque peu brutales, elles n'en sont pas moins très éclairantes.

Et pour commencer, qu'est-ce qui pèse le plus lourd dans la genèse du rapport amoureux : la beauté et la séduction physique, ou la personnalité et l'intelligence ? Dans ce chapitre, nous examinons les deux options. Pour plus d'efficacité et d'objectivité, nous laissons de côté la théorie de l'amour romantique, le politiquement correct et les raffinements personnels.

À quoi sert la beauté ?

Si les fleurs sont belles, c'est pour une raison simple : leurs coloris leur permettent de se détacher sur le fond vert qui les entoure et d'attirer animaux et insectes. À ces derniers, elles communiquent des informations sur l'emplacement d'une source de nourriture et son état de fraîcheur.

Les êtres humains aussi sont attirés par les fleurs, qu'ils trouvent « belles ». Cette réaction traduit néanmoins avant tout une évaluation, nécessaire à la survie de l'espèce, sur la plante et la fleur : les hommes de la préhistoire devaient savoir si le fruit était vert, mûr, acide, vénéneux ou dangereux. Et la démarche est exactement la même en ce qui concerne la beauté humaine.

Toute personne émet certains signaux, à la fois tangibles et imperceptibles, qui peuvent la rendre désirable à un partenaire éventuel. Ce sont des messages codés qui nous disent si la personne que nous avons en face de nous est adaptée à nos besoins. Pour un homme, l'attraction opère à un niveau biologique : la femme doit posséder les attributs qui lui permettront de transmettre ses gènes à la génération suivante. Pour une femme, l'homme attirant est celui qui, au niveau biologique, peut garantir nourriture et sécurité pendant qu'elle élèvera ses enfants, ce qui explique pourquoi les femmes sont souvent attirées par des hommes plus âgés qu'elles.

> Les femmes aiment les hommes plus âgés parce qu'ils ont plus d'expérience et leur garantissent nourriture et sécurité.

Pour les deux sexes, les réactions à ces signaux primitifs sont inscrits dans les circuits cérébraux. La beauté et l'attirance sexuelle se confondent, car nos ancêtres trouvaient beau ce qui était sexuellement attirant. L'évolution a conditionné le cerveau humain à assimiler physique séduisant et santé, et le but biologique de la beauté n'est rien d'autre que l'union en vue de la reproduction.

Dire à une personne qu'elle est belle ou séduisante, c'est lui envoyer un message biologique clair : vous avez envie de faire l'amour avec elle.

Ce que nous montre la science

Des études récentes montrent que nous attribuons automatiquement des qualités positives telles que l'honnêteté, l'intelligence, la gentillesse, le talent à ceux dont l'apparence nous plaît et que nous portons ce type de jugement sans même en avoir conscience. En analysant les résultats des élections fédérales canadiennes de 1976, des chercheurs de l'université de Toronto ont découvert que les candidats au physique séduisant obtenaient deux fois et demie plus de voix que les candidats peu attrayants. Or, 73 % des votants niaient vigoureusement que l'apparence d'un candidat puisse influencer leur vote, seul un électeur sur huit admettant que tel ait pu être le cas. Ce qui signifie que le vote des électeurs se joue à un niveau inconscient.

> Les gens séduisants obtiennent de meilleurs postes, sont mieux payés, inspirent plus confiance et bénéficient de plus d'indulgence que les autres : regardez Bill Clinton.

Il est peut-être politiquement correct de nier l'impact de l'attraction physique sur les choix que nous faisons et pourtant, que cela nous plaise ou non, les faits sont là. Notre cerveau est programmé pour réagir positivement à la « beauté » de nos semblables. La bonne nouvelle, c'est que nous contrôlons un grand nombre des facteurs qui concourent à forger cette séduction et que nous pouvons donc l'améliorer. Chacun de nous a les moyens de se rendre (plus) séduisant.

Le corps féminin : ce qui émoustille les hommes

Pour plaire aux hommes, une Européenne du XIXe siècle devait arborer un teint pâle rehaussé d'un peu de rouge sur les joues, et une allure délicate et fragile. Le look actuel privilégie jeunesse et santé et les concours de beauté ont d'ailleurs été inventés uniquement pour faire coïncider sex-appeal et santé du corps.

> Après avoir montré des photos de belles femmes à des hommes, des neurologues du General Hospital (Massachusetts) ont constaté que ces images stimulaient les mêmes zones cérébrales que la cocaïne ou l'argent.

Dans ce chapitre et le suivant, nous vous présentons les résultats de 23 importantes études et expériences qui révèlent ce qui émoustille les hommes dans le corps féminin et les femmes dans le corps masculin. Nous nous sommes appuyés sur ces résultats pour attribuer à chaque partie du corps une « note de séduction » et nous vous expliquons pourquoi.

Presque toutes les études conduites ces dernières décennies confirment ce que les poètes et les peintres ont montré depuis toujours, à savoir que l'apparence et le corps de la femme, et ce qu'elle sait en faire, jouent un plus grand rôle que son intelligence ou sa fortune dans l'attirance qu'elle suscite chez les hommes. L'homme du XXIe siècle est conquis par les même caractéristiques que ses arrière-grands-pères, mais, comme vous le verrez, la séduction immédiate et les critères d'une union à long terme sont deux choses bien différentes.

> *On recherche une épouse pour sa vertu, une concubine pour sa beauté.*
>
> Proverbe chinois

Les raisons de l'attirance physique d'une femme pour un homme sont complètement différentes, comme nous le verrons par la suite. Il est important de comprendre que le corps d'une femme est toujours et partout un système de signaux sexuels conçu pour attirer l'attention des hommes.

> *Les hommes privilégient le look sur la cervelle parce que, pour la plupart d'entre eux, ils voient mieux qu'ils ne pensent.*
>
> Germaine Greer

N'oubliez pas que, dans un premier temps, nous nous intéressons seulement aux caractéristiques physiques et à la géographie du corps comme si nous procédions à l'évaluation d'un partenaire potentiel sur une photo. Les traits que nous énumérons sont ceux qui vont vous attirer chez l'autre, avant même que vous vous en rendiez compte. À la fin de ce chapitre, nous parlerons aussi des facteurs non physiques qui influent sur le choix de notre partenaire amoureux. Nous analyserons d'abord les signaux corporels, à l'exception des expressions du visage qui feront l'objet d'un traitement à part. C'est à ce moment-là que nous nous interrogerons sur les critères n° 2, n° 7, n° 8 et n° 9.

Ce qui excite le plus les hommes, dans l'ordre

1. Une allure sportive
2. Une bouche sensuelle
3. Une forte poitrine
4. De longues jambes
5. Des hanches pleines et une taille fine
6. Des fesses rondes
7. De beaux yeux
8. Des cheveux longs
9. Un petit nez
10. Un ventre plat
11. Un dos cambré
12. Un long cou

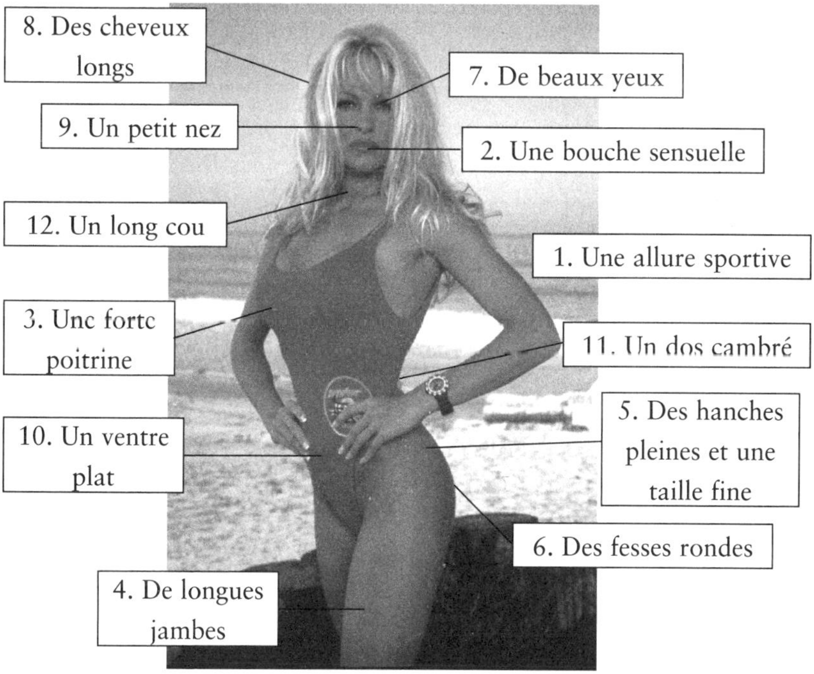

Atout n° 1 : une allure sportive

C'est le critère qui surclasse tous les autres. Un corps musclé, en forme, est un signe de santé et présage une grossesse sans histoires. Une mère forte et saine sera mieux à même de défendre sa progéniture, le cas échéant. La plupart des hommes préfèrent une femme un peu enveloppée à une femme trop mince parce que cette graisse supplémentaire augure d'une bonne capacité à allaiter. Peu de femmes savent que Marilyn Monroe faisait un 46 de tour de taille (avec un tour de cuisse à l'avenant). Une fillette sous-alimentée ne deviendra jamais un sex-symbol digne de ce nom.

Atout n° 2 : une bouche sensuelle

Les êtres humains sont les seuls primates dont les lèvres soient « retournées » à l'extérieur de la bouche. Chez les autres, elles sont cachées à l'intérieur. Les zoologues supposent que les lèvres d'une femme fonctionnent comme un miroir de sa vulve, parce que les lèvres sont de la même taille et qu'en état d'excitation sexuelle la vulve et la bouche se gonflent de sang. C'est la théorie de l' « écho génital », l'émission d'un signal puissant aux observateurs mâles. Cette apparition des lèvres résulterait de l'adoption de la station debout. Le fard à lèvres a, quant à lui, été inventé dans les premiers instituts de beauté il y a 6 000 ans : cet onguent qui permettait aux Égyptiennes d'obtenir un écho génital permanent n'était disponible que dans une seule couleur, le rouge. Les hommes aiment que leurs femmes portent du rouge à lèvres et du fard à paupières, deux signaux artificiels qui indiquent qu'elles sont intéressées, voire excitées par leurs compagnons. Le rouge à lèvres écarlate reste l'un des plus puissants signaux sexuels qu'une femme puisse utiliser et c'est le meilleur coloris pour une femme qui veut s'affirmer comme sex-symbol.

Un état d'excitation ou des remarques sur sa sexualité peuvent faire piquer un fard à une femme : les capillaires de ses joues se gonflent de sang et elle rougit. Le fond de teint a pour fonction de lisser la peau, de lui donner une apparence unie qui suggère la jeunesse, la bonne santé et les bons gènes.

Pendant des milliers d'années, la longueur des lobes d'oreille d'une femme était un indice de sa sensualité – une association toujours présente dans certaines régions d'Afrique et à Bornéo dans les tribus Kelabit et Kenyah. Les femmes d'aujourd'hui produisent le même effet en portant de longues boucles d'oreilles à pendeloques. Nous avons testé les réactions masculines à une image sur ordinateur. Les résultats sont éloquents : plus les pendants d'oreilles sont volumineux plus les hommes attribuent une forte sensualité à celle qui les portent.

Autant de très bonnes raisons de ne jamais porter de cosmétiques ou de boucles d'oreilles, jugeront peut-être les féministes. Mais il est important pour une femme de comprendre l'effet de ces signaux sur les hommes afin de les exploiter dans ses relations sentimentales. En revanche, une femme qui souhaite être prise au sérieux dans une réunion d'affaires doit impérativement alléger son maquillage. Une surcharge de fard à paupières et de rouge à lèvres risque en effet d'aguicher les clients masculins, ce qui n'est pas l'effet souhaité, et peut déclencher des réactions de jalousie chez les clientes.

Atout n° 3 : une forte poitrine

La poitrine d'une femme au summum de ses capacités sexuelles et reproductrices (entre 16 et 25 ans) est un attrait majeur pour les hommes. C'est leur cible préférée dans l'encart central des magazines de charme comme chez les danseuses de boîtes de nuit ou encore sur les publicités qui exploitent le sex-appeal féminin.

Le sein de la femme se compose pour l'essentiel de tissus adipeux. Ces tissus qui lui donnent sa forme arrondie ne jouent aucun rôle dans l'allaitement. Les femmes sans enfants ont des mamelons roses qui foncent au moment de la maternité pour prendre une teinte marron foncé. Les mamelles des primates grossissent au moment de la gestation pour retrouver ensuite une taille très réduite, contrairement à la poitrine de la femme dont la taille varie beaucoup moins. Ainsi, les guenons n'ont pas de poitrine du tout. La fonction essentielle de la poitrine est d'envoyer un signal sexuel. Quand les humains marchaient à quatre pattes, c'étaient les fesses des femmes, rondes et charnues, qui jouaient le rôle de signal sexuel n° 1 pour attirer les hommes qui les montaient par-derrière. Depuis que notre espèce s'est redressée pour marcher sur deux jambes, les seins ont augmenté de volume pour attirer les hommes qui approchent de face.

Les minijupes et les soutiens-gorge pigeonnants renforcent ce signal en dessinant un creux qui rappelle la raie des fesses. Certaines femmes sont horrifiées quand on leur apprend la signification du creux entre les seins, alors que d'autres exploitent cette particularité au maximum.

Le zoologue Desmond Morris a découvert qu'une femme sur deux cents a plus de deux seins, vestige d'une époque où les êtres humains, comme nombre d'autres primates, devaient allaiter des portées. On aperçoit d'ailleurs un troisième sein sur la Vénus de Milo, au-dessus de son sein droit, près de l'aisselle.

> – Savez-vous pourquoi les hommes ont du mal à vous regarder dans les yeux ?
> – Parce que vos seins n'ont pas d'yeux.

Le mamelon est entouré d'une zone rose brunâtre appelée l'aréole. Celle-ci recèle de petites glandes qui émettent une odeur excitante durant l'accouplement. Cette odeur expliquerait pourquoi les hommes aiment tant enfouir leur tête entre les seins des femmes.

Toutes les études montrent que les hommes adorent les seins de toutes formes et de toutes tailles. Peu importe qu'ils aient la taille d'un citron ou ressemblent davantage à des pastèques, la plupart des hommes sont très attirés par eux et raffolent du creux qui les sépare.

Atout n° 4 : de longues jambes

La vision d'une femme aux jambes interminables fait toujours forte impression sur un homme. Pourquoi une belle paire de jambes constitue-t-elle un signal sexuel ?
Tout simplement parce qu'elle attire l'attention sur l'endroit où les jambes se rejoignent. D'ailleurs, vous n'entendrez jamais un homme dire d'une femme qu'elle a des bras superbes... Les bébés naissent avec des jambes relativement courtes par rapport à leur torse et les proportions ne varient guère durant l'enfance. Quand une petite fille atteint la puberté, période de bouleversement hormonal, ses jambes s'allongent rapidement et ses proportions deviennent celles d'une femme. L'allongement de ses jambes est un fort signal sexuel annonçant aux hommes qu'elle a atteint sa maturité sexuelle et qu'elle est capable de porter des enfants. C'est pourquoi les longues jambes ont toujours été associées à une sexualité ardente.

Les finalistes de Miss France ou Miss Monde, comme les poupées Barbie, sont dotées de jambes plus longues que la moyenne. Les fabricants de bas et collants dopent leurs ventes en conseillant aux détaillants de présenter leurs modèles sur des mannequins aux jambes étirées. Les mères d'adolescentes se plaignent souvent que leur fille porte des jupes trop courtes, une impression souvent liée à la taille des jambes de la donzelle. Vers l'âge de 20 ans, au moment où la croissance s'achève, les jambes semblent de 10 % plus courtes qu'à la puberté.

La plupart des femmes comprennent inconsciemment le potentiel séducteur de très longues jambes et apprennent rapidement, dès leur adolescence, à s'en servir. Elles n'hésitent pas à porter des talons aiguilles et des minijupes, même en hiver, pour les mettre en valeur. Pour séduire les hommes, elles acceptent l'inconfort des hauts talons (lesquels peuvent entraîner de sérieux problèmes de dos) et l'éventualité d'une pneumonie. Les hommes raffolent des hauts talons parce qu'en allongeant les jambes de la femme ils la rapprochent de l'adolescente très féconde qu'elle était. De plus, les talons accentuent les autres signaux sexuels : ils cambrent le dos, font saillir les fesses, projettent son pelvis en avant et font paraître ses pieds plus petits. C'est pourquoi les accessoires les plus vendus dans les sex-shops restent les escarpins à très hauts talons aiguilles.

La plupart des hommes préfèrent les femmes aux cuisses rondes à celles qui sont dotées de cuisses fines et musclées, parce que ce profil plus charnu souligne la différence entre les jambes masculines et féminines, et qu'il annonce de meilleures capacités d'allaitement. L'homme aime qu'une femme ait une silhouette athlétique, mais des jambes de footballeur le feront fuir !

Les études ont montré que la longueur de la robe d'une femme et la hauteur de ses talons varient en fonction de son cycle menstruel : inconsciemment, elle choisit des robes plus provocantes et de plus hauts talons au moment de l'ovulation… Peut-être est-ce une bonne leçon pour les parents : bouclez vos filles à double tour entre le quatorzième et le dix-huitième jour du cycle !

Atout n° 5 : des hanches rondes et une taille fine

Pendant des siècles, les femmes se sont infligé le port de corsets et toutes sortes d'instruments de torture destinés à leur donner une forme de sablier. Ce qui finissait, pour les plus masochistes, par leur déformer la cage thoracique, comprimait leur abdomen, les empêchait de respirer, et occasionnait des fausses couches. Pour se rendre irrésistibles, certaines allaient jusqu'à se faire arracher des côtes ! Au XIXe siècle, les femmes portaient des jupons à armature métallique pour mettre en valeur hanches et fesses. C'était pour elle une façon de signifier leur capacité à mettre au monde des enfants. Le corset, en réduisant la taille, arrondissait les hanches et garantissait un ventre plat – ce qui apprenait aux hommes que la femme qu'ils convoitaient n'était pas enceinte : elle était donc disponible. Au XIXe siècle, on estimait que l'âge de la femme devait correspondre à son tour de taille (nombre d'années = nombre de pouces), soit, à 20 ans : 51 cm.

Une femme en excellente santé et au summum de ses capacités procréatrices a un ratio hanches/taille de 70 %, c'est-à-dire que son tour de taille mesure 70 % de son tour de hanches. C'est à ce rapport que les hommes réagissent le plus spectaculairement : leur attention décroît quand le ratio se rapproche de 80 % ou chute de manière trop sensible. Bref, plus on s'éloigne de la norme des 70 % dans un sens comme dans l'autre, moins ils marquent d'intérêt. Les femmes dont le rapport dépasse 100 % suscitent peu d'intérêt parce que ce type de rapport implique un surcroît de tissus adipeux autour des ovaires et de l'utérus qui compromet la fertilité. Mère Nature proscrit l'excès de graisse autour des organes vitaux, c'est la raison pour laquelle il n'y en a pas autour du cœur, du cerveau ou des testicules. Les femmes qui ont subi une hystérectomie prennent du ventre, comme les hommes, parce qu'elles ont perdu leurs organes reproducteurs.

> La scène se passe dans un petit hôpital de province. Une jolie femme qui doit subir une intervention est amenée sur un chariot dans le cabinet de l'anesthésiste. Quand l'infirmière quitte la pièce, la patiente est étendue sous un drap qui dissimule mal ses formes splendides. Un jeune homme en blouse blanche s'approche, écarte le drap et se met à examiner ses formes au galbe parfait. Il appelle un collègue en blouse blanche. Même manège : l'autre s'approche, soulève le drap, scrute attentivement ce corps sublime. Quand une troisième blouse blanche s'approche, la patiente proteste. « Je suis rassurée que vous preniez plusieurs avis, mais enfin pouvez-vous me dire quand l'intervention va avoir lieu ? » Le premier homme secoue la tête. « Aucune idée, fait-il, mais on aura fini de repeindre la pièce ce soir. »

Le Pr Devendra Singh, professeur de psychologie évolutionniste à l'Université du Texas, a étudié les atouts physiques des concurrentes du concours Miss America, et les pages centrales du magazine *Playboy* sur une période de cinquante ans. Il a découvert que le poids du sex-symbol idéal avait baissé d'environ 7 kilos durant ces quelques décennies mais que le rapport taille/hanches (environ 70 %) n'avait pas changé. Le Pr Singh confirme que le rapport qui recèle le plus grand sex-appeal pour les hommes est compris entre 67 et 80 %.

Les corsets serrés et les coussinets sur les hanches sont toujours utilisés par les femmes de certains pays, mais le simple fait de se tenir debout en se déhanchant suffit largement à mettre en valeur un rapport taille/hanches de 70 % et à attirer l'attention des hommes.

Le professeur Singh a conduit un test qui mesure la séduction des femmes selon leur poids. Il a donc montré à des groupes d'hommes des photos de femmes maigres, de femmes d'un poids moyen et de femmes fortes. Les femmes de corpulence normale et dont le rapport taille/hanches est d'environ 70 % sont celles qui plaisent le plus. Dans les groupes extrêmes, ce sont les femmes au tour de taille le plus fin qui remportent le plus grand succès. Cela explique sans doute la popularité de la silhouette en forme de « sablier » et la raison pour laquelle Coca-Cola l'a utilisée sur les bouteilles destinées aux soldats pendant la Seconde Guerre mondiale. Auguste Renoir, le grand peintre du XIXe siècle, est resté célèbre pour sa passion des femmes bien en chair (obèses, selon les critères actuels). En examinant ces modèles, on remarque cependant que chez la plupart d'entre elles le ratio taille/hanches de 70 % est respecté.

> Les femmes de Renoir sont séduisantes : leurs formes pleines laissent présager d'excellentes capacités d'allaitement, et leur rapport taille/hanches est idéal.

Atout n° 6 : des fesses bien rondes

Pour les hommes, ce sont les fesses rondes en forme de pêches qui sont les plus séduisantes. Les postérieurs féminins, un peu comme les bosses du chameau, jouaient jadis le rôle de réserves naturelles : la graisse qui y était stockée permettait d'augmenter les chances de survie de la femme et de sa progéniture en période de disette. Les sculptures et les peintures de l'âge de pierre abondent en images de femmes dotées de postérieurs proéminents, dits « stéatopyges », qu'on peut encore observer aujourd'hui dans certaines tribus africaines. Ces postérieurs rebondis étaient tellement appréciés autrefois que les Grecs avaient érigé un temple en l'honneur de la déesse Aphrodite Callipyge, « la déesse aux belles fesses ». Aujourd'hui, elle serait plutôt connue comme « la déesse aux grosses fesses »...

Au XIXe siècle, les règles de bienséance voulaient que le corps de la femme soit recouvert de tissus des pieds à la tête. Les jeunes femmes qui voulaient attirer l'attention des hommes pouvaient néanmoins mettre en valeur leur postérieur en utilisant le bustier. Dans la seconde moitié du XXe siècle, quand la mode a banni les moindres bourrelets de graisse – révélateurs d'alimentation déséquilibrée et de laisser-aller –, les jeunes femmes ont eu recours aux culottes amaigrissantes et à la liposuccion pour réduire le volume de leur postérieur. Les jeans de stylistes qui mettent en valeur les fesses et les font paraître fermes et rondes ont aussi beaucoup de succès. Les chaussures à hauts talons qui forcent à cambrer, font saillir les fesses et donnent une démarche chaloupée, exercent un attrait magnétique sur les hommes. La légende veut d'ailleurs que Marilyn Monroe ait fait réduire son talon gauche de deux centimètres pour accentuer son déhanchement.

Atout n° 7 : de beaux yeux

Dans presque tous les pays, de grands yeux sont un atout essentiel de séduction pour une femme. Une des principales fonctions du maquillage est d'ailleurs de les agrandir et de recréer une expression enfantine. Des yeux apparemment plus larges que la partie inférieure du visage inspirent aux hommes des sentiments protecteurs. Quand une femme trouve un homme séduisant, ses pupilles se dilatent. Le mascara, l'ombre à paupières et l'eye-liner ont tous pour rôle, en soulignant le regard, de donner l'impression que la femme est captivée. Les lentilles de contact donnent l'illusion d'un regard brillant et de pupilles dilatées, ce qui explique pourquoi les tests photo montrent qu'un homme trouve « étrangement attirante » une femme qui en porte. En général, les hommes montrent une légère préférence pour les femmes aux yeux clairs, les yeux bleus figurant, pour les Blancs, en haut de la liste.

L'usage des cosmétiques s'est démocratisé après la Première Guerre mondiale, avec l'arrivée d'un nombre croissant de femmes sur le marché du travail. Aujourd'hui, l'industrie des cosmétiques et des produits de toilette féminins pèse plus de 50 milliards de dollars. Le but de ces produits est de renforcer les signaux sexuels faciaux. On voit, de temps à autre, des femmes célèbres non maquillées en couverture des magazines féminins pour rassurer les femmes sur leur beauté au naturel. Malheureusement, nous avons tellement perdu l'habitude de voir des visages non maquillés que beaucoup de femmes sont convaincues qu'elles sont affreuses quand elles ne se maquillent pas. Elles se servent du maquillage comme d'un masque derrière lequel elles se cachent plutôt que comme d'un accessoire destiné à rendre leur visage encore plus attrayant et mystérieux. Les hommes sont plus attirés par les femmes qui optent pour un maquillage léger que par celles qui se tartinent le visage de cosmétiques.

Atout n° 8 : des cheveux longs

Si un être humain ne se coupe jamais les cheveux, sa chevelure atteindra 1,10 m (en moyenne) au terme de sa vie. La durée de vie d'un cheveu est de six ans, nous perdons 80 à 100 cheveux par jour et, à la différence des autres animaux, nous ne muons pas. La chevelure d'une blonde compte environ 140 000 cheveux, celle d'une brune 110 000, et les rousses sont les moins bien loties avec seulement 90 000 cheveux. Les blondes tiennent d'ailleurs la corde sur d'autres critères : elles sécrètent plus d'œstrogènes que les brunes, et sont donc estimées plus fertiles par les hommes, ce qui explique en partie leur succès. Mais la vraie raison de leur séduction réside dans le rapport jeunesse/blondeur : les cheveux foncent avec l'âge.

Pendant des millénaires, une longue chevelure était un signe de féminité. C'est l'apôtre Paul, il y a deux mille ans, qui a décidé de réserver les cheveux longs aux femmes en déclarant dans son *Épître aux Corinthiens* (11-14) : « C'est une honte pour l'homme mais une gloire pour la femme de porter de longs cheveux. »

Aujourd'hui, à une époque largement marquée par l'égalité entre les sexes, cette différence prévaut encore presque partout. Les modes ont beau faire, les cheveux longs restent un attribut féminin et les cheveux courts un attribut masculin.

Nous avons demandé à un échantillon de 5 214 hommes britanniques quel type de chevelure les excite sexuellement. Les résultats ne sont pas surprenants : 74 % d'entre eux trouvent les cheveux longs plus séduisants, 12 % ont voté pour des femmes aux cheveux courts et les autres n'avaient pas de préférence. Autrefois, une longue chevelure brillante était le signe d'un corps bien nourri et en bonne santé. Elle renseignait sur l'histoire de la santé de sa propriétaire et sur ses capacités reproductrices, voire sur sa sensualité. Les leçons à tirer de ces faits est claire : une femme doit porter de longs cheveux quand elle veut séduire les hommes et les couper ou les attacher en chignon lors d'une réunion de travail. Dans le monde des affaires ou de la politique, une apparence trop sensuelle peut constituer un handicap pour une femme en position de pouvoir, ou dans une industrie dominée par les hommes. Pamela Anderson et Anna Kournikova, sans doute deux des femmes les plus célèbres de la planète, ne seront sans doute jamais élues présidentes !

Atout n° 9 : un petit nez

Le petit nez qui rappelle un visage de bébé éveille des sentiments protecteurs chez l'homme. Les dessinateurs ont su exploiter ces préférences masculines en créant des personnages aux grands yeux et aux petits nez pour gagner le cœur de leur public.

Vous ne verrez jamais un mannequin doté d'un grand nez. Les chirurgiens plastiques réduisent les nez pour qu'ils forment un angle de 35-40 degrés avec le visage, ce qui leur donne une apparence enfantine. Les acteurs masculins, eux aussi, ont recours à la chirurgie pour rétrécir leur nez, comme l'exige l'image androgyne de l'homme du XXIe siècle.

Atout n° 10 : un ventre plat

Les ventres féminins sont plus arrondis que ceux des hommes et un ventre plat et lisse émet un signal clair : je ne suis pas enceinte et je suis donc disponible. C'est pour cette raison que les clubs de gym et les cours de yoga sont toujours bourrés de femmes qui travaillent leurs abdos pour se forger un ventre d'acier.

La danse du ventre a connu ces derniers temps un regain de faveur, comme simple exercice gymnique – bien que la plupart des femmes n'aient aucune idée de son origine. Elle était autrefois réservée aux femmes du harem qui dansaient pour leur maître, ou plus exactement sur leur maître, puisque la danseuse s'asseyait à califourchon sur ce dernier et l'amenait à l'orgasme par une série de tortillements et de contractions musculaires. Les danses pelviennes hawaïennes et tahitiennes, aujourd'hui connues sous l'appellation très comme il faut de « danses folkloriques traditionnelles », ont des origines similaires.

Atout n° 11 : un dos cambré

Les courbes et les sinuosités expriment la féminité et la fertilité tandis que les formes géométriques et anguleuses renvoient à la virilité. Les hommes du monde entier raffolent des femmes aux courbes prononcées. Les épaules d'une femme sont plus étroites que celles d'un homme, mais ses hanches sont plus larges et ses reins plus cambrés. Cette cambrure fait saillir les fesses et projette la poitrine en avant. Demandez à n'importe quelle femme d'adopter une position sexy, et son premier geste sera de cambrer le dos et de se déhancher en posant un (ou les deux) bras sur sa hanche pour attirer l'attention. Vous êtes sceptique ? Essayez tout de suite !

Atout n° 12 : un long cou

Néfertiti et Olive, la fiancée de Popeye, possédaient toutes les deux un long cou qui faisait l'admiration de tous. Aujourd'hui encore, les mannequins femmes ont un cou plus long que la moyenne.

Les cous masculins sont plus courts, plus épais et plus forts que ceux des femmes, parce qu'ils ne devaient pas être brisés durant la chasse ou la guerre. Ce qui fait du cou plus long, plus fin et fuselé de la femme un puissant signal de différence sexuelle. Les hommes l'embrassent volontiers, ils aiment le voir orné de bijoux. Les caricaturistes exagèrent sa longueur pour souligner la féminité. C'est aussi la partie du corps que les amants caressent le plus.

Dans plusieurs tribus du Sud et de l'Est africain, les Ndebele, les Zoulous, les Xhosa et les Massaïs, les femmes portent des colliers constitués d'anneaux d'argent superposés qui étirent le cou. Les jeunes femmes en ajoutent à mesure qu'elles approchent de l'âge adulte. Ces colliers confèrent à celles qui les portent une beauté insurpassable aux yeux de leurs prétendants. Les lourds anneaux courbent la tête et déforment la clavicule au point que le cou peut être plié en un angle de 45 degrés. Si l'on ôtait son collicr à l'une de ces femmes, son cou étiré ne serait pas capable de supporter le poids de la tête et il se briserait.

Comment le visage attire l'attention

L'attirance magnétique que nous ressentons pour les beaux visages humains semble inscrite dans notre psychologie et ne dépend guère de nos origines culturelles. Le visage de femme que les hommes préfèrent est petit avec un menton court, des mâchoires délicates, des pommettes saillantes, des lèvres pleines et des yeux plutôt grands par rapport à la longueur du visage. Ce que les hommes apprécient par-dessus tout, c'est un grand sourire et un air vulnérable. Les peuples du monde entier préfèrent généralement les visages qui inspirent le plus de confiance dans les capacités reproductrices de leurs détenteurs. Pour qu'une femme soit classée dans la catégorie « jolie », le critère déterminant est simple : elle doit avoir une physionomie enfantine.

> Les femmes les plus attirantes ont des traits de bébé.

Ce type de signal déclenche une réaction paternelle automatique chez l'homme et lui donne envie de toucher, d'embrasser et de protéger. Chez les femmes, c'est la réaction maternelle qui leur fait acheter sur un coup de tête des peluches qui évoquent des visages de nourrissons.

Les recherches ont montré que le visage que les hommes trouvent le plus attirant est celui d'une préadolescente (entre 12 et 14 ans) parce qu'il allie la vulnérabilité de la jeunesse avec l'apparition de la maturité sexuelle liée à la puberté. Cette attirance des hommes envers les femmes jeunes est l'une des causes majeures de l'angoisse de vieillir chez les femmes. La banalisation des interventions de chirurgie esthétique censée rendre leur jeunesse aux femmes est un signe qui ne trompe pas. Les chirurgiens utilisent d'ailleurs parfois des proportions de visage de bébé pour remodeler le visage de leurs clientes.

Séduction et pornographie

La lecture de magazines porno est une activité presque entièrement réservée aux hommes : 99 % des sites Internet sont destinés à un public masculin et la plupart des images d'hommes nus s'adressent au public gay. Les femmes doivent comprendre que sur Internet les hommes recherchent les formes et les courbes qui plaisent au cerveau masculin. Quand un homme regarde l'image pornographique d'une femme, il ne se demande jamais si elle sait cuisiner, jouer du piano ou quelles sont ses opinions politiques. Uniquement attiré par ses courbes, ses formes et la possibilité qu'elle puisse porter ses gènes, il ne se pose pas une seconde la question de savoir si sa personnalité pourrait lui convenir. Nos ancêtres aimaient aussi contempler des images érotiques de femmes, en l'occurrence des peintures. Quand aux artistes qui sculptaient, dessinaient ou peignaient ces femmes nues, c'étaient presque toujours des hommes.

Beaucoup de femmes soupçonnent que les tirades lyriques des hommes sur la valeur artistique des peintures de femmes nues masquent un voyeurisme pur et simple. Rappelez-vous Lara Croft : il ne s'agit que de formes et de courbes dessinées par une main d'homme mais elle a fait baver des centaines de milliers d'hommes. Pour l'homme, la femme se résume à une question de formes.

> Les hommes adorent l'art de la Renaissance – et ça n'a rien à voir avec toutes ces statues de femmes nues, promis, juré.

Les mangas

En exploitant habilement toutes les informations ci-dessus sur les signaux sexuels féminins, on peut gagner des fortunes, témoin les mangas pornographiques japonais. Il s'agit de BD ou d'albums photo contenant des images pornographiques « hard ». On peut y admirer des femmes qui cumulent tous les signaux sexuels précités : un visage aux proportions enfantines, un long cou, un rapport taille/hanches de 70 %, une poitrine pubescente et un ventre plat. Les yeux sont toujours dilatés et sont deux, voire trois fois plus grands que la bouche, le nez est minuscule, la partie inférieure du visage est réduite et les cheveux sont longs, souvent attachés en queue de cheval par un ruban. Quant aux jambes, elles sont le plus souvent étirées dans des proportions complètement utopiques.

On estime à trente millions le lectorat masculin de ces BD qui montrent des corps de femmes adultes aux visages de fillettes prépubères.

Vêtements féminins et séduction

Quand on évoque l'impact de l'apparence féminine, il est important de comprendre l'histoire derrière la toilette. Pendant des siècles, les femmes s'habillaient pour attirer l'attention d'un éventuel prétendant en soulignant leurs attributs féminins.

Cette règle ne s'est démentie qu'à partir des années 60, avec l'émergence du mouvement féministe. Avant, les femmes s'habillaient pour les mêmes éternelles raisons : séduire les hommes et supplanter leurs rivales. Le féminisme expliqua aux femmes qu'elles n'avaient plus à s'habiller pour plaire. Désormais, leur beauté intérieure comptait plus que leur apparence. Cette idée remporta les suffrages de millions de femmes du monde entier. Elles reléguèrent l'obligation de séduire au passé, l'heure de la libération avait sonné.

Les modes *punk* et *grunge* apparurent comme des réactions au style vestimentaire qui plaisait aux hommes. En adoptant ces styles, les femmes montraient au monde qu'elles avaient conquis leur égalité dans ce domaine comme dans les autres. Ce code vestimentaire anti-séduction poussa la démesure jusqu'à plébisciter, au début des années 90, des corps de mannequins androgynes et anorexiques aux lèvres fardées de noir et aux yeux artificiellement cernés qui leur donnaient l'air malade ou drogué. Une telle apparence plaisait fort peu aux hommes. Les hétérosexuels regardent rarement les défilés mais 70 % du public de Miss Univers est masculin. Ce qu'ils attendent d'un tel spectacle ? Les signaux sexuels qui stimulent leurs réactions cérébrales les plus archaïques.

> Les seuls défilés de mode que prisent vraiment les hommes sont les présentations de maillots de bain.

Le code vestimentaire des femmes modernes est en général binaire : tenue de travail et tenue de loisir. Grâce à leurs tenues professionnelles, les femmes peuvent lutter à armes (presque) égales avec les hommes dans la jungle du travail, et surclasser les femmes qui ne « travaillent » pas en étalant succès, pouvoir, statut social – et la séduction qui s'y rattache.

La clé d'une tenue professionnelle efficace est simple. Posez-vous une question : comment celui que vous voulez influencer souhaite-t-il vous voir habillée ? Selon lui, à quoi doivent ressembler votre maquillage, vos bijoux, votre coiffure et votre tenue pour que vous soyez perçue comme crédible et fiable dans les affaires ? Si vous travaillez dans une industrie où vous devez vendre votre expertise technique ou managériale à des hommes, la plupart des signaux dont nous avons discuté seront inappropriés. Si, au contraire, votre travail consiste à vendre une image féminine dans des secteurs comme la coiffure, les cosmétiques ou le prêt-à-porter, la plupart des signaux dont nous avons discuté seront du meilleur effet.

La chirurgie esthétique

Un nombre croissant de gens ont aujourd'hui recours à la chirurgie esthétique. Aux États-Unis, plus d'un million de patients confient chaque année leur visage et leur corps au scalpel du chirurgien. Ces nombreux candidats au remodelage décident de passer à l'acte pour une raison principale : améliorer leur image et redonner un coup de fouet à leur confiance en eux. Or, ils estiment que le meilleur moyen d'y parvenir est de renforcer leur émission de signaux sexuels, ceux-là mêmes dont nous avons parlé plus haut. Les stars sont naturellement parmi les patients les plus demandeurs d'amélioration d'image. Michael Douglas s'est fait retendre les paupières, Pamela Anderson s'est fait remodeler les seins, quant à Michael Jackson et Cher, ils se sont tout fait refaire... Et tous deux, par conséquent ont intérêt à ne plus s'exposer au soleil ni aux radiateurs trop chauds ! Il se peut que la femme la plus sexy du monde se cache sous une burqua quelque part en Arabie Saoudite, mais on ne le saura jamais parce que si l'on en juge par les photos de célébrités dont on nous submerge chaque jour, être sexy suppose de cumuler des tenues mode, les conseils d'un nutritionniste, le savoir-faire d'une maquilleuse, celui d'un prof de gym ou de danse, d'un photographe astucieux et d'un chirurgien aux doigts de fée.

Contrairement à ce qu'on pourrait croire, le « remodelage » plastique n'a pas été inventé au XXe siècle. Des siècles avant la liposuccion et les implants mammaires, il existait des rembourrages destinés à donner un galbe plus avantageux à un mollet d'homme maigrichon, des corsets en fer au tour de taille de 40 cm pour les dames qui avaient tendance à l'embonpoint et des jupons à armature métallique qui arrondissaient les hanches et le postérieur. Même le roi Henri VIII arborait une braguette avantageuse pour mettre en valeur ses attributs virils modestes et déformés par la syphilis. C'était la cour du roi de France qui avait lancé cette mode, mais Henri VIII ajouta sa touche personnelle en faisant incruster sa braguette de pierres précieuses et d'emblèmes.

Au cours d'une semaine comme les autres, chacun de nous est exposé à quelques centaines d'êtres humains physiquement « parfaits » : dans les magazines, les journaux, les panneaux d'affichage et à la télévision. La plupart de ces images sont le résultat de la technologie – aérographe, maquillage, retouche sur ordinateur, et éclairages spéciaux –, et l'image embellit presque toujours la personne qu'elle représente.

Si vous êtes affligé de boutons d'acné, d'une marque de naissance, d'une imperfection qui vous agace, peut-être avez-vous songé à la chirurgie plastique. La plupart des patients qui ont eu recours à ce type d'intervention se disent satisfaits du résultat.

> Rien de tel que de feuilleter un magazine féminin pour se sentir moche.

Au Japon, l'opération de chirurgie plastique la plus courante consiste à agrandir les yeux pour « occidentaliser » le regard. En effet, les Japonais ont trois paupières au lieu de deux pour les Blancs. L'intervention consiste donc à enlever cette troisième paupière pour agrandir l'œil.

Nos lecteurs et lectrices doivent cependant comprendre qu'aucune intervention de ce genre ne fera d'eux de meilleures personnes, qu'elle ne leur garantira pas un surcroît d'amour et ne supprimera pas leurs problèmes comme par magie. Ceux qui ne vous jugent que sur votre apparence ont en général une mauvaise image d'eux-mêmes : efforcez-vous de ne pas les imiter !

L'autre face de la séduction

Dans *Pourquoi les hommes n'écoutent jamais rien et les femmes ne savent pas lire les cartes routières*, nous présentions les résultats d'un sondage sur ce que les hommes et les femmes recherchent chez leur partenaire. Les voici.

Ce que les hommes recherchent

A. Pour un soir :

1. *Un physique séduisant*
2. *Un corps « bien roulé »*
3. *Une belle poitrine*
4. *Une paire de fesses rondes*

B. Pour la vie :
1. *Une forte personnalité*
2. *Un physique séduisant*
3. *De l'intelligence*
4. *De l'humour*

La première liste confirme ce que nous savons déjà : les hommes sont des visuels et ils aiment contempler des femmes séduisantes. La plupart des femmes s'accommodent très bien de cette manie comme l'attestent toutes les études scientifiques – pas très politiquement correctes. La plupart des féministes détestent l'idée qu'une femme soit jugée sur son apparence physique et elles stigmatisent la superficialité et le cynisme masculins. Mais cela ne change rien au fait que les hommes ont une réactivité essentiellement visuelle aux femmes lors d'une première approche. Les réponses de la liste A sont évidemment visuelles et si, monsieur, vous avez l'intention de passer une nuit agréable avec une partenaire de rencontre, elles vous suffiront certainement. Il en va tout autrement de la liste B, celle des partenaires à long terme, où le physique séduisant est la seule caractéristique visuelle que les hommes recherchent.

> 50 % de votre sex-appeal, c'est ce que vous avez. Les 50 % restants, c'est ce que les autres pensent que vous avez.
>
> Zsa Zsa Gabor

Cette étude montre deux choses. *Primo*, les hommes, lors de leur première rencontre avec une femme, se concentrent sur des images visuelles, ce qui signifie qu'ils réagissent à une impression d'ensemble et pas à une perfection plastique. C'est pourquoi la manière dont une femme s'habille, dont elle se maquille, sa présentation sont plus importantes que ses quelques kilos en trop, sa poitrine trop petite ou son menton un peu trop saillant. *Secundo*, s'agissant d'une compagne au long cours, un homme privilégiera plutôt la personnalité d'ensemble, l'intelligence et le sens de l'humour que les attraits physiques, même si « physique séduisant » figure toujours en bonne place sur sa liste. La bonne nouvelle, c'est que votre apparence dépend, pour une grande part, de vous, et que vous pouvez améliorer votre potentiel de séduction.

> Pour un homme, une femme qui a le sens de l'humour ne raconte pas d'histoires drôles, elle rit des siennes.

Vu l'importance des signaux visuels pour l'homme, ce dernier mesure inconsciemment le respect et l'affection d'une femme pour lui aux soins qu'elle porte à son apparence. Il se dit qu'une femme qui passe du temps à se pomponner espère le séduire. Au nombre des motifs masculins de divorce, une doléance revient sans cesse : « Après notre mariage, mon épouse a complètement cessé de faire attention à elle » La plupart des hommes sont déçus de voir que leur femme ne s'habille que pour leurs collègues de travail. Pour les femmes, cette manière de penser est difficile à comprendre car leur amour ne variera pas même si l'homme de leur vie prend du ventre.

Solution

Votre apparence physique modifie la façon dont les autres vous perçoivent et vous traitent. Elle affecte aussi votre image de vous-même et votre comportement. Votre grand-mère vous a peut-être dit un jour que l'habit ne faisait pas le moine. C'est faux : nous jugeons les autres sur leur apparence. La plupart des ingrédients de votre apparence sont plus ou moins sous votre contrôle. Vous pouvez faire des progrès à tous les niveaux : dans votre façon de marcher, de vous asseoir, de parler, de vous habiller, de vous maquiller, etc. Les librairies regorgent de livres sur ces questions. Les grandes marques de cosmétiques proposent des conseillères en maquillage, les bons coiffeurs des visagistes, sans parler des conseillères en image qui vous aideront à améliorer votre look…

Votre poids est aussi de votre ressort : n'hésitez pas à consulter un nutritionniste qui vous donnera de bonnes habitudes alimentaires et inscrivez-vous à un cours de gym pour remodeler votre corps. Si c'est absolument nécessaire, faites-vous refaire le nez et offrez-vous une nouvelle paire de seins pour votre anniversaire. Au XXIe siècle, il n'y a plus aucune raison de désespérer de son look !

– Tu m'aimeras encore quand je serai vieille et grisonnante ? demanda-t-elle.
– Non seulement je t'aimerai, répondit-il, mais je t'écrirai.

Nous ne suggérons pas aux femmes de sombrer dans l'obsession de leur apparence physique, mais il est important qu'elles fassent des efforts pour améliorer leur apparence et tirer le maximum de leur potentiel.

Il n'existe pas de femmes laides, seulement des femmes paresseuses.

Helena Rubinstein

Plus important encore, vous augmenterez votre pouvoir de séduction en acquérant de nouvelles compétences et en approfondissant votre expérience de la vic. Tout lc mondc cst attiré par celui ou celle qui est capable de discuter d'une grande variété de sujets.

Regardez le Top 50 des tubes de n'importe quel pays : vous constaterez que les plus populaires, ceux qui font les plus grosses ventes, ne sont pas, en général, signés par les plus grands musiciens. Ce sont les produits de techniciens compétents qui ont cherché à coller à la demande du public, ont écrit paroles et musique en reprenant des recettes éprouvées et ont su dénicher les labels qui pouvaient leur assurer la meilleure promotion. Pendant ce temps, les meilleurs musiciens du monde continuent à composer chez eux en attendant le jour où le monde les découvrira. La recette de la séduction est la même que celle de la célébrité.

Les hommes s'extasient sur les poitrines opulentes et les femmes sur les biceps d'athlètes, mais les études montrent que le choix d'un ou d'une partenaire à long terme a plus à voir avec l'esprit qu'avec la matière. L'ingrédient clé reste le rayonnement intérieur qui vient de la confiance sexuelle, émotionnelle et professionnelle. En d'autres termes, rendez-vous intéressant et personne ne remarquera vos petits défauts.

En résumé

L'apparence physique d'une femme peut attirer ou repousser un homme, à n'importe quel moment de leur relation, c'est un fait – qui exaspère beaucoup de femmes. Elles estiment injuste qu'un homme ridé à cheveux gris soit considéré comme distingué et sage, alors qu'elles sont simplement jugées vieilles. Mais c'est un fait de la vie. Exactement comme dans certains pays où il règne un climat sibérien alors que d'autres bénéficient d'un temps uniformément doux et tiède. On n'y peux rien, il est donc inutile de geindre et autant l'accepter tout de suite parce qu'aucune révolte n'y changera rien. Une fois qu'on a admis la réalité telle qu'elle est, on peut atténuer les conséquences d'un climat polaire : sous-vêtements chauds, manteaux, gants, bottes fourrées sont là pour ça. Une fois qu'on en a pris son parti, on refuse de rester enfermé et on peut même faire de très vivifiantes promenades dans la neige par moins 20 degrés. Question d'équipement. Eh bien, pour le comportement masculin, mesdames, c'est exactement pareil : ne vous révoltez pas, acceptez la réalité telle qu'elle est, sachez en tirer le meilleur parti !

Chapitre 10

Pourquoi les femmes veulent toujours plus de chaussures

Cendrillon était bien placée pour savoir qu'une paire de chaussures doit être sublime. Quand elle a glissé ses délicats orteils dans des pantoufles de verre dessinées par un styliste français, sa vie amoureuse s'est épanouie, son statut social s'est amélioré et ses perspectives financières ont grimpé en flèche. Toutes les autres femmes se sont mises à l'envier et elle ne se sentait pas grosse du tout...

Un peu d'histoire

Les chaussures représentaient une part essentielle de la mode et de la beauté féminine bien avant que le Prince Charmant ait enfilé la pantoufle de verre au pied de Cendrillon. En fait, la liaison amoureuse des femmes avec les chaussures remonte au moins à 700 av. J.-C., à Athènes, et à 1500 av. J.-C. en Égypte. Tandis que les gladiateurs se mesuraient pour le titre de meilleur guerrier, et que les philosophes antiques s'interrogeaient sur l'Univers, les Grecques, les pieds fermement plantés sur le sol, cherchaient la chaussure la plus adaptée à leur vie quotidienne. Ainsi naquit la sandale – qui est toujours un modèle courant – d'abord apparue dans les rues d'Athènes quand les Athéniennes, fatiguées de marcher toujours pieds nus, ont orné leurs pieds de ces souliers simples et pratiques. Bientôt l'humble sandale est devenue plus sophistiquée et élégante : non seulement on la trouvait dans une large palette de couleurs, mais aussi avec toutes sortes d'ornements et, déjà, des formes extravagantes. Les garde-robes athéniennes antiques ont commencé à déborder de chaussures de femmes et il n'était pas rare pour les plus riches d'entre elles de posséder jusqu'à 20 paires de souliers. On appelait les femmes qui portaient les sandales les plus chères les « nanties ». Les prostituées antiques sont restées célèbres pour avoir donné au soulier son statut de symbole sexuel. Elles ont découvert que porter des sandales à hauts talons faisait onduler leurs hanches et paraître leurs jambes plus longues, attirant de ce fait l'attention des hommes.

Des siècles plus tard, ce modèle allait revenir avec un talon aiguille et le même effet stimulant sur le cerveau masculin. Les dieux grecs, Zeus, Hermès et Apollon sont maintenant confinés aux pages de la mythologie. Mais la grande déesse de la Sandale que vénéraient les Grecques de l'Antiquité continue à beaucoup influencer la vie des femmes modernes aux quatre coins de la planète.

Aujourd'hui, les temples et les tombeaux consacrés à la religion de la chaussure – les magasins dédiés aux souliers en tout genre – abondent dans les rues de nos villes ou dans les centres commerciaux.

En Chine, on entourait de bandelettes de tissu les pieds des fillettes pour stopper leur croissance. On estimait que plus le pied d'une femme était petit, plus celle-ci était attirante, parce qu'un petit pied limitait la mobilité d'une femme et était donc perçu comme un signal de soumission. Cette pratique a débuté au Xe siècle et a continué plus de mille ans, entraînant des souffrances muettes atroces et produisant des générations de Chinoises estropiées.

Au Moyen-Âge, les gourous de la mode s'imposaient aussi des souffrances dans leur quête de la chaussure parfaite. Beaucoup de gens croient que les chaussures à plate-forme ont été inventées dans les années 1970 avec le triomphe du disco, mais ces mêmes chaussures, connues sous le nom de chopines, remportaient déjà les suffrages des femmes du XVIIe siècle, atteignant d'ailleurs souvent des proportions et des tailles dangereuses. Ces chaussures aussi extravagantes que contraignantes rendaient la démarche maladroite et instable, sans compter qu'elles comprimaient péniblement le pied.

Et pourtant bien des femmes ne craignaient pas de s'étaler de toute leur hauteur si la mode et leur statut social le leur imposaient. Les femmes modernes endurent encore l'inconfort de talons de douze centimètres qui les grandissent et leur donnent confiance parce que, en dépit de ce que nous martèle le credo du politiquement correct, la taille est inconsciemment associée à la puissance et au statut social.

Le bon modèle

À l'origine, les chaussures ont été conçues pour protéger le pied de tout ce qui pourrait le heurter et le blesser mais la plupart des femmes désirent toujours (et choisissent généralement) des modèles qui ne répondent pas nécessairement à ce critère basique. Le style des chaussures va du ridicule au séduisant, et du confortable au carrément dangereux. Les modèles et les collections des créateurs reflètent les valeurs, les comportements et l'esprit de chaque génération de femmes.

L'objet-chaussure s'adresse aux cinq sens : le toucher, le goût, l'odorat, la vue et l'ouie. Les femmes caressent le cuir brut velouté des ballerines, respirent l'arôme de nouvelles bottes de cuir, écoutent le claquement sexy des talons sur le trottoir, salivent à la perspective d'une nouvelle paire d'escarpins et se projettent avec jubilation à leur séance de gym chaussées des dernières baskets. Même le chocolat ou le sexe ne leur procurent, en général, pas autant de plaisir.

> « Ils sont entrés dans mes penderies espérant y trouver des squelettes mais, Dieu merci, tout ce qu'ils ont trouvé, c'était des chaussures, de belles chaussures. »
>
> Imelda Marcos

Les enquêtes ont montré que les femmes du monde entier sont obsédées par les chaussures. Les femmes inuites (eskimos) possèdent en moyenne quatre fois plus de raquettes que leurs homologues masculins. Aux Philippines, les études ont indiqué que les femmes possédaient douze fois plus de paires de chaussures que les hommes.

Leurs meilleurs compagnons

Pour une femme, les souliers en disent long sur ce qu'elle est, ce qu'elle fait, d'où elle vient et, surtout, où elle va.

La femelle babouin, quand elle est sexuellement excitée, marche sur la pointe des orteils pour signifier qu'elle est prête à s'accoupler. De même, les femmes augmentent la taille de leurs talons en proportion de leur désir d'accouplement. C'est un acte inconscient que la plupart des femmes refusent de reconnaître, invoquant simplement les dictats de la mode. Une femme qui ne se sent pas sexy portera des chaussures plates, alors que les études prouvent qu'une femme qui ovule porte de préférence des hauts talons et une jupe courte, avec une démarche suggestive. C'est pour cette raison que les hommes considèrent les hauts talons féminins comme attirants, ne faisant que reproduire un comportement hérité de leurs lointains ancêtres. Les enquêtes l'ont montré, quand une femme porte de hauts talons, l'augmentation moyenne de la saillie de ses fesses est de 25 %. Plus le talon est haut, plus le mollet est galbé, ce qui ajoute au sex-appeal global de la femme en question.

En Angleterre au XVIIe siècle, les femmes qui utilisaient de hauts talons pour séduire des hommes et s'en faire épouser étaient dénoncées comme sorcières et brûlées vives. Dans les années 1950, les hauts talons étaient l'accessoire obligé de la parfaite maîtresse de maison qui se rendait ainsi sexuellement désirable quand son mari rentrait du travail.

> « Plusieurs de mes collègues physiciens n'ont aucun problème à saisir la mécanique quantique mais n'arrivent pas à comprendre comment les femmes peuvent porter de hauts talons. »
>
> Laura Grant

Dans les années 1980, les femmes ont commencé à exiger une alternative à la mode des talons hauts. Après tout, il était en principe difficile de grimper dans l'échelle sociale chaussées de talons de dix centimètres et exhibant une cambrure suggestive. La femme de pouvoir en chaussures de sport qui « se défonce » pour parvenir au sommet est l'icône des années 1980.

Il est généralement admis aujourd'hui que, dans une situation professionnelle d'égalité avec l'homme, une femme doit porter des chaussures qui la grandissent ; en d'autres termes, qu'elle doit s'assurer une parité de taille avec ses homologues masculins naturellement plus grands. Les hauts talons rehaussent la puissance, le statut et l'autorité de celle qui les porte et la placent en situation de force.

En revanche, des talons trop fins et grêles amoindrissent le statut social de la femme, parce qu'ils lui donnent une allure fragile et vulnérable, raison pour laquelle les PDG-femmes leur préfèrent généralement des talons plutôt larges et épais. En fin de compte, la principale fonction des hauts talons est littéralement de placer la femme sur un piédestal.

Des bottes étudiées pour la marche

Les bottes sont les chaussures les plus étroitement associées à la guerre et par conséquent constituent un signal de force. Comme les hauts talons, les bottes sont des chaussures d'auto-affirmation et même d'avertissement sans frais : « Ne me marche pas sur les pieds ! »

Un employé paresseux risque de se faire « botter le derrière », à moins qu'il ne se décide, pour mettre un peu de « foin dans ses bottes », de « cirer », voire de « lécher » celles de son patron. Quant aux ordinateurs qui tombent en panne, c'est en les « bootant » qu'on les relance...

Dans les années 1960, les chanteuses à la mode piétinaient allégrement de leurs bottes noires les plates-bandes masculines et les paroles des chansons traduisaient l'évolution sociale de l'époque. Les femmes quittaient la cuisine et jouaient des coudes et des talons pour se propulser vers le haut en surfant sur la vague de l'émancipation et de la liberté d'expression. Les ourlets remontaient de plus en plus tandis que les cuissardes s'imposaient dans des matières luisantes, texturées, avec incrustations de strass et motifs psychédéliques.

Dans le sillage de la botte si populaire sont arrivées la tennis, la basket et la chaussure de « training ». Depuis que les femmes se sont mises à lacer leurs chaussures de sport, l'humble basket a quitté la piste pour parader sur les podiums. Les « baby-boomers », femmes nées entre 1949 et 1961, ont tout fait pour aborder la vieillesse en pleine forme contribuant beaucoup à la forte augmentation mondiale des ventes de chaussures de sport. C'est au début des années 1980 que les tenues et chaussures de sport ont bénéficié d'un vigoureux coup de pouce de Hollywood, quand Jane Fonda a lancé la mode (et les tenues assorties) du fitness. Les tenues classiques et les chaussures de sport ternes et ennuyeuses des années soixante ont alors rapidement cédé la place aux tenues attractives et colorées aussi à l'aise en salle de gym que dans la rue.

Le grand atout des chaussures de sport féminines c'est qu'elles sont réellement conçues pour s'adapter à la forme du pied féminin, alors que tant de souliers « habillés » semblent conçus pour des pieds de forme triangulaire. Un point à souligner : tant de femmes fréquentent maintenant les clubs de gym que leurs mollets musclés ne peuvent plus entrer dans des bottes longues et serrées !

Les chercheurs n'ont pas encore trouvé le gène de la passion féminine du soulier, le démon qui les entraîne dans cette quête jamais assouvie. La solution de l'énigme, c'est qu'il n'y a pas meilleur euphorisant que les chaussures contre tous les ennuis de la vie quotidienne. La plupart des femmes pourraient également conter l'histoire de leur vie et de leurs amours à travers leurs chaussures. Les souliers que les femmes portent à chaque âge sont très révélateurs de ce qui leur arrive d'important. La vie d'une femme peut être définie par les chaussures qu'elle a adoptées à chaque étape : celles du premier rendez-vous amoureux, celles qu'on porte le jour du bac, les chaussures de rupture, de mariage, de vacances ou de travail, sans oublier celles qu'on emporte à la maternité.

Les souliers éclairent mieux la vie d'une femme que n'importe quel accessoire. Ils expriment l'amour, la volonté, le désir. Toutes les femmes vous le diront, de beaux souliers ont le pouvoir d'embellir la journée, de booster leur carrière et, bien sûr, de séduire les hommes. Quand une femme a un coup de foudre pour une nouvelle paire de chaussures, c'est vraiment le début d'un rapport durable. Les chaussures resteront avec une femme pour le meilleur et le pire, qu'elle grossisse ou maigrisse jusqu'à ce que la semelle parte en pièces !

> « Donnez à une fille de bonnes chaussures et elle peut conquérir le monde. »
>
> Bette Midler

Les chaussures fournissent un indice très sûr de l'humeur et du caractère. Qu'une femme se sente d'humeur sexy, joueuse, énergique, sérieuse, ou détendue, elle portera les chaussures assorties, raison pour laquelle il lui semble nécessaire d'en posséder une large collection. Autant de styles différents, autant de personnalités qui attendent qu'on les « chausse ». Pour le petit supplément de sex-appeal, de confort ou de charme dont elles ont besoin, les femmes n'ont qu'à enfiler la bonne paire. Le modèle approprié a le pouvoir de changer la vie : une fois enfilée la bonne pantoufle, Cendrillon a trouvé son prince, et Dorothy, dans *Le Magicien d'Oz*, retrouve le chemin de sa maison en claquant trois fois les talons de ses souliers de rubis.

L'envie de chaussures

À la différence de beaucoup d'autres envies, l'envie de chaussures est très répandue.

S'il est vrai que les sœurs de Cendrillon illustrent l'aspect le plus laid de ce trait féminin, toutes les sœurs ont partagé leurs envies de chaussures. Deux femmes flasheront ensemble sur une paire de chaussures, n'hésitant pas à les détailler et à les commenter. Cet échange est sain et normal pour la psyché féminine.

Et maintenant, la vraie raison d'une telle passion

Le shopping se révèle souvent une expérience négative ou décevante pour les femmes parce que la plupart des vêtements qu'elles essaient ne leur vont pas,

les enlaidissent, sont trop chers ou leur rappellent qu'elles sont dans le rouge à la banque. Les chaussures échappent à cette fatalité parce que pour entrer dans une paire de chaussures, nul besoin de suivre un régime, il suffit de connaître sa pointure. C'est pourquoi un achat de chaussures est toujours une expérience positive pour une femme. Et elles ne vous font jamais un gros derrière...
Les belles chaussures distraient des points faibles de la silhouette d'une femme. À la différence des vêtements, elles ne renâclent pas à se fermer, pour peu qu'on ait manqué les six derniers cours de gym, qu'on ait abusé des douceurs au moment des fêtes ou simplement pris un peu de ventre. Les chaussures ne soulignent jamais qu'on n'est pas assez mince et, d'ailleurs, dans des chaussures à hauts talons, le poids d'une femme se répartit sur une plus grande hauteur !

Les chaussures peuvent se classer selon la couleur ou le modèle mais les femmes ne sont jamais contraintes de diviser leurs tiroirs à chaussures en « gros », « maigres » ou « normaux ». Sauf grossesse, la pointure ne change plus même quand on abuse du chocolat ou de la glace à la vanille.

Les pieds ne trahissent jamais une femme parce qu'ils ne varient pratiquement pas en poids. Et quand les femmes se sentent un peu serrées à la taille, les chaussures sont la panacée ! Il n'y a aucune culpabilité liée à leur essayage, et les femmes ne sont jamais embarrassées par une variation subite de leur pointure.

Conseil aux hommes

Les femmes sont obsédées par les chaussures comme les hommes le sont par le sport ou les voitures, alors ne combattez ni ne critiquez jamais cette envie typiquement féminine. Au contraire, sachez en tirer parti ! Si vous voulez marquer un point décisif avec une femme, emmenez-la faire du lèche-vitrine et notez discrètement les modèles et les couleurs qu'elle aime sans oublier sa pointure, puis revenez en secret au magasin, achetez-les, et offrez-les lui pour son anniversaire !

Et si vous lui faites ce cadeau en présence de ses amies, non seulement vous deviendrez le héros de ces dames, mais votre vie amoureuse s'améliorera spectaculairement.

Pour partir du meilleur pied avec une femme, offrez-lui des chaussures de créateur et vous vous achèterez à bon compte une aura de Prince Charmant !

Chapitre 11

Test de sex-appeal au masculin, êtes-vous plutôt limace ou étalon ?

Comment vous situez-vous sur l'échelle de Richter de la séduction ? Les femmes vous trouvent-elles attirant ou repoussant ? Faites ce test tout de suite pour connaître votre cote auprès des femmes. Dans le chapitre suivant, nous énumérons toutes les qualités (physiques mais pas seulement) que les femmes recherchent chez les hommes. Additionnez les points que vous gagnez chaque fois que vous rencontrez une femme, vous pourrez enfin évaluer votre degré de séduction. Une fois que vous aurez terminé, demandez à quelques amies de le remplir pour vous, puis comparez les résultats.

Faites le test

1. Vous participez à l'émission de télé *Les mariés de la deux* et l'animateur vous demande de définir votre silhouette. Comment vous décririez-vous ?

a. Silhouette en V.

b. Rectangulaire.

c. Rond.

2. **Je crois qu'un homme :**
   a. *Doit être 100 % monogame.*
   b. *Doit s'engager mais en s'autorisant des aventures occasionnelles.*
   c. *Ne doit pas s'engager. L'amour libre, c'est l'avenir.*

3. **Si vous demandez à une femme de décrire votre postérieur, elle le définira ainsi :**
   a. *Gros, large.*
   b. *Petit et étroit.*
   c. *Mince ou plat.*

4. **Quelle quantité de cheveux vous reste-t-il ?**
   a. *J'en ai perdu la moitié (mon front se dégarnit).*
   b. *J'en ai peu perdu.*
   c. *Je suis chauve ou je me rase le crâne.*

5. **Vous demandez à plusieurs femmes de décrire votre bouche. Quelle sera leur réponse ?**
   a. *Souriante.*
   b. *Neutre ou triste.*
   c. *Gentille, douce.*

6. **Avez-vous le sens de l'humour ?**
   a. *Je suis un cas désespéré.*
   b. *Je suis le boute-en-train de toutes les soirées.*
   c. *Je pourrais faire des progrès.*

7. Comment une femme décrirait-elle votre regard ?
a. Distant, froid.
b. Drôle, espiègle.
c. Gentil, doux.

8. Regardez-vous dans le miroir. Votre menton et votre nez sont :
a. Moyens, proportionnés à mon visage.
b. Nez fort, mâchoire saillante.
c. Petits.

9. Vos cuisses sont :
a. Musclées, athlétiques.
b. Longues et fines.
c. Rondes.

10. Votre revenu est :
a. Inférieur à la moyenne, mais je préfère travailler à temps partiel.
b. Moyen pour mon âge et mon expérience.
c. Nettement au-dessus de la moyenne.

11. Mcsurcz votrc tour dc taillc ct diviscz-lc par votrc tour de hanche puis multipliez par 100. Par exemple si votre tour de taille est de 92 cm, et votre tour de hanches de 107 cm, le ratio est de 86 %. Votre ratio est de :
a. 100 % ou plus.
b. Compris entre 85 et 95 %.
c. Inférieur à 85 %.

12. Si une femme passe sa main sur votre ventre que sentira-t-elle ?

a. La bedaine et les bourrelets du Bibendum Michelin.

b. Des carrés de chocolat.

c. Une surface plane.

13. La taille, est-ce important ? Je crois que pour les femmes, la taille du pénis :

a. N'est pas importante.

b. A une certaine importance.

c. Est très importante.

14. Vous êtes invité à une soirée et vous savez qu'il y aura beaucoup de femmes que vous aimeriez impressionner. Comment vous habillez-vous ?

a. Costume sur mesure et chaussures noires.

b. Survêtement et chaussures de jogging.

c. Jeans et chemise, chaussures de ville.

15. Si une femme est nerveuse, triste ou anxieuse :

a. Je ne le remarquerai sans doute pas.

b. Je m'en rendrai compte immédiatement.

c. Si j'échange quelques phrases avec elle, je m'en apercevrai.

16. Mon visage au quotidien :

a. Je suis barbu.

b. Je me rase tous les matins.

c. Je me rase un jour sur quatre.

17. Vos centres d'intérêt dans la vie :

a. J'ai un excellent niveau de culture générale.
b. Je suis curieux, je m'intéresse à beaucoup de choses.
c. Dans ma partie, je suis imbattable.

Votre score

Question 1
A = 7 pts
B = 5 pts
C = 3 pts

Question 2
A = 9 pts
B = 1 pt
C = 0 pts

Question 3
A = 3 pts
B = 7 pts
C = 5 pts

Question 4
A = 3 pts
B = 5 pts
C = 4 pts

Question 5
A = 3 pts
B = 1 pt
C = 5 pts

Question 6
A = 1 pt
B = 9 pts
C = 4 pts

Question 7
A =1 pt
B = 4 pts
C = 5 pts

Question 8
A = 3 pts
B = 5 pts
C = 1 pt

Question 9
A = 5 pts
B = 3 pts
C = 1 pt

Question 10
A = 3 pts
B = 5 pts
C = 9 pts

Question 11
A = 3 pts
B = 7 pts
C = 5 pts

Question 12
A = 1 pt
B = 5 pts
C = 4 pts

Question 13
A = 5 pts
B = 3 pts
C = 1 pt

Question 14
A = 5 pts
B = 1 pts
C = 3 pts

Question 15
A = 1 pt
B = 9 pts
C = 7 pts

Questions 16	**Question 17**
A = 3 pts	A = 9 pts
B = 4 pts	B = 7 pts
C = 5 pts	C = 3 pts

Additionnez les points que vous avez obtenus.

90 points et plus : le tombeur
Vous savez y faire avec les filles ! Vous leur envoyez les bons signaux et vous savez mettre en valeur vos atouts. Mais attention à ne pas trop peaufiner votre apparence, elles pourraient juger que vous manquez de naturel ou que vous êtes trop narcissique, ce qui pour la plupart d'entre elles n'est pas sexy. Elles ne veulent pas d'un homme trop égocentrique – et se réservent l'usage intensif du miroir.

De 47 à 99 points : une honnête moyenne
La plupart des hommes appartiennent à cette catégorie. Vous savez utiliser vos atouts pour séduire les femmes. Si vous vous situez dans la moyenne basse (entre 47 et 68 points) vous avez quelques efforts à faire. Reprenez les questions où vous avez obtenu un score faible et reportez-vous au chapitre suivant, nous vous y expliquons comment vous améliorer.

Moins de 46 points : l'ours mal léché
Vous vous contentez de liaisons épisodiques et pensez sans doute qu'un type qui préfère les femmes à la bière est gay. Pour vous, les copains comptent plus que les femmes. Si vous voulez leur plaire, il va falloir vous retrousser les manches ! Les femmes aiment

les hommes dotés d'une forte personnalité, ceux qui savent les faire rire, qui sont sensibles à leurs besoins, qui ont de l'ambition et savent manœuvrer dans la vie... Heureusement toutes ces qualités s'acquièrent. La vie ne serait-elle pas plus agréable si toutes les femmes que vous connaissez se mettaient à vous regarder d'un autre œil ?

Chapitre 12

Le sex appeal au masculin, ce qui inspire les femmes

Première chose remarquable dans ce chapitre consacré à ce qui attire sexuellement les femmes : il est moitié moins épais que celui consacré à ce qui attire sexuellement les hommes. L'explication, on l'a dit, tient au fait que le corps de la femme a évolué quasiment comme un dispositif d'alerte sexuelle conçu pour envoyer à l'homme le message suivant : « Je serai pour tes gènes une porteuse saine et efficace. » Le sex-appeal féminin est complexe et sophistiqué, tandis que le sex-appeal masculin est beaucoup plus direct et élémentaire.

Depuis la nuit des temps, la femme a essentiellement été attirée par des hommes forts et en bonne santé, capables de la nourrir et de la protéger, elle et ses enfants. De nos jours, cela n'a guère changé. À ceci près que la femme du XXIe siècle a une exigence supplémentaire : elle veut un homme qui réponde aussi à ses attentes affectives. Son cerveau a donc évolué vers deux quêtes antinomiques : elle veut de la rudesse *et* de la douceur. La rudesse, parce que le partenaire choisi devra témoigner d'avantages capables d'assurer à sa future progéniture le meilleur héritage génétique possible, lui offrant ainsi de plus grandes chances de survie. Voilà pourquoi les femmes courent après les durs, façon John Wayne, Russell Crowe ou Bruce Willis. Leur signe de reconnaissance ? Une parfaite symétrie corporelle : leur côté gauche est le reflet exact de leur côté droit.

Les hommes, eux, voient les femmes d'une façon tout à fait différente : c'est la symétrie du visage qu'ils recherchent, plutôt que celle du corps.

Il n'en reste pas moins que, pour l'un et l'autre sexe, la symétrie est synonyme de jeunesse et de santé. Il en va de même des fleurs symétriques, plus riches en nectar, donc plus attirantes pour les abeilles, et des animaux symétriques qui ont une durée de vie plus longue que les autres.

> Pour une femme, la symétrie du corps de l'homme est plus importante que celle de son visage. Les boxeurs attirent souvent de très belles femmes.

On retrouve le même fonctionnement chez nombre d'animaux et d'insectes. Chez les mouches scorpions, par exemple, la femelle n'accepte de s'accoupler qu'avec des mâles aux ailes symétriques, car ils sont plus résistants. Cette résistance qu'ils ont dans leurs gènes peut, en partie, se transmettre à la progéniture. Par conséquent, chez les mouches scorpions, la symétrie est un certificat de santé, une excellente raison pour les femelles de choisir pour partenaires les mâles qui en sont dotés. En revanche, chez les humains, l'attirance de la femme pour les « hommes symétriques » ou rudes peut fléchir à certains moments du cycle.

Une étude effectuée en Écosse a montré que le type de visage masculin que la femme trouve attirant diffère selon les moments de son cycle. C'est quand ses possibilités de conception sont à leur apogée (soit à peu près au milieu du cycle) qu'une femme choisira plus volontiers un « homme symétrique », aux traits rudes, pour une relation à court terme. Autrement dit, une fois par mois, un cinq à sept avec Russell Crowe n'est pas exclu.

En revanche, pour les partenaires au long cours, les femmes vont plutôt choisir des hommes prêts à investir dans la relation et désireux d'élever des enfants, qu'ils soient symétriques ou non. Mais si l'on s'en tient au strict attrait physique (notre sujet ici), la symétrie joue, dans les choix féminins, un rôle significatif. En Grande-Bretagne, des tests ADN ont révélé que 10 % des enfants nés dans le mariage ne sont pas du mari : l'épouse l'a, semble-t-il, choisi pour son aptitude à entretenir une famille mais, pour la qualité des gènes, elle est allée chercher ailleurs...

La preuve scientifique

Une enquête américaine a prouvé que les hommes séduisants ont un salaire de 12 à 14 % supérieur à celui de leurs collègues moins gâtés par la nature (Hammermesh & Biddle). Chose inquiétante, la Justice même se montre plus clémente envers les individus séduisants : leurs peines sont plus courtes et leurs amendes plus légères (Castelloe, Wuensch & Moore, 1991, et Downs & Lyons, 1990).

En Pennsylvanie, on a mené une étude sur la séduction exercée par soixante-quatorze accusés avant le début de leur procès aux assises : les plus attirants ont non seulement écopé de peines plus légères, mais avaient aussi deux fois plus de chances que les autres d'éviter la prison. Ce qui explique pourquoi les meilleurs escrocs sont quasiment toujours beaux gosses.

Une étude portant sur les dommages et intérêts accordés lors d'un procès pour négligence volontaire a révélé que, lorsque l'accusé était plus beau que sa victime, la victime percevait une indemnisation moyenne de 5 623 dollars, alors que dans le cas contraire, l'indemnisation s'élevait à 10 051 dollars (Kulka & Kessler, 1978). Si, dans une salle d'audience, tout le monde avait les yeux bandés et se trouvait dans l'incapacité de voir les accusés, les verdicts seraient sensiblement différents…

Tout cela peut sembler démoralisant mais, le côté positif de l'affaire, c'est au moins que tout le monde peut décider d'améliorer son apparence et d'accroître sciemment son pouvoir de séduction sur les autres. En ce qui concerne les hommes, ce sont certains aspects de leur corps qui déclenchent visuellement les réactions sexuelles féminines. Les voici, par ordre de priorité.

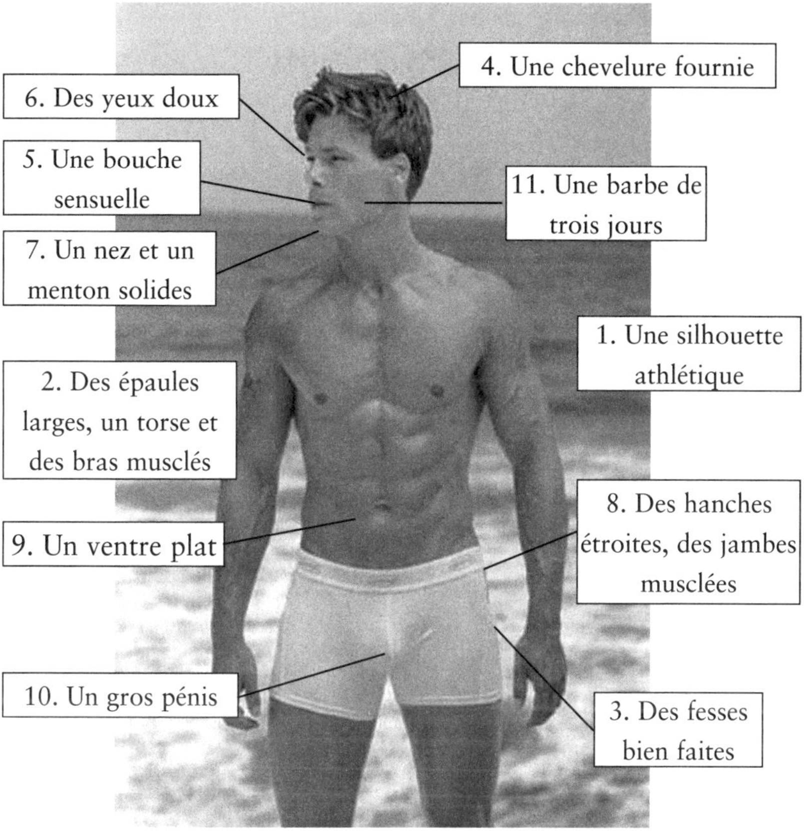

Parties du corps de l'homme qui inspirent les femmes, par ordre de priorité (compte tenu d'avantageuses exagérations informatiques).

Ce qui excite le plus les femmes

1. Une silhouette athlétique
2. Des épaules larges, un torse et des bras musclés
3. Des fesses bien faites
4. Une chevelure fournie
5. Une bouche sensuelle

6. Des yeux doux
7. Un nez et un menton solides
8. Des hanches étroites, des jambes musclées
9. Un ventre plat
10. Un gros pénis
11. Une barbe de trois jours

Atout n° 1 : une silhouette athlétique

Premier critère de séduction pour une femme : un homme à l'allure athlétique, avec un corps en forme de V. Un corps puissant, athlétique, est signe de bonne santé : cet homme-là est capable d'attraper de quoi manger et de chasser les ennemis. Même à notre époque d'égalité des sexes supposée, où des biceps gonflés et une large poitrine trouvent peu d'usage dans la pratique, ils restent des signaux qui stimulent le cerveau de la femme dans son évaluation du bon partenaire. La forme du V l'attire également puisqu'elle est l'opposé de la sienne, le V étant inversé chez la femme. Là où la femme est tout en courbes et en douceur, le corps de l'homme est anguleux et ferme : c'est justement cette différence qui peut se révéler attirante.

Atout n° 2 : des épaules larges, un torse et des bras musclés

La partie supérieure du corps de l'homme chasseur est large et va en se rétrécissant vers les hanches qui, elles, sont étroites. À l'inverse, le corps de la femme est plus étroit aux épaules et s'évase vers les hanches.

Les hommes ont développé ces spécificités physiques qui leur permettaient de traîner des armes pesantes sur de longues distances et de rapporter leurs proies.

Les épaules larges sont une caractéristique masculine souvent copiée par les femmes désireuses de s'affirmer : elles mettent les poings sur les hanches afin de paraître plus larges d'épaules et d'occuper davantage d'espace. Dans leur milieu professionnel, les femmes portant des épaulettes sont considérées comme ayant de l'assurance – même phénomène pour le grade que les épaulettes militaires donnent aux hommes. Le torse masculin a évolué de manière à loger de gros poumons qui favorisent une meilleure distribution de l'oxygène pendant la course et la chasse. Plus le torse de l'homme était imposant, plus il inspirait le respect. Lorsqu'ils réussissent, les hommes modernes continuent de « bomber le torse » et, pour un adolescent, un torse bien bâti est toujours synonyme de virilité.

Si les hommes ont les avant-bras plus longs que les femmes, c'est afin de mieux viser, de mieux lancer et donc de mieux assurer le ravitaillement. Quant aux aisselles poilues, elles ont toujours été signe de virilité. Le poil retient l'odeur des glandes sudoripares, porteuses d'une phéromone au parfum musqué qui stimule sexuellement le cerveau féminin. Même chose pour les poils de la poitrine et de l'entrejambe.

Si les femmes sont attirées par un torse bien dessiné, en revanche, elles n'apprécient pas le « monsieur muscle » culturiste qui manifeste beaucoup plus d'intérêt pour sa beauté à lui que pour la leur. Un physique en forme, en bonne santé, les branche ; le genre Schwarzenegger les débranche...

La poitrine masculine porte elle aussi le dispositif d'alimentation féminin, mamelons et glandes mammaires. Car, structurellement, le modèle humain de base est féminin : mamelons et glandes mammaires demeurent, même quand le bébé est appelé à devenir un garçon. Les mamelons masculins sont loin d'être un élément décisif de la séduction, mais ils ont un rôle dans le jeu sexuel. Il existe des milliers de témoignages d'hommes ayant eu des montées de lait dans des situations de dénuement extrême, comme la famine dans les camps pendant la Seconde Guerre mondiale. Parce qu'ils portent toujours cet équipement féminin, les hommes peuvent avoir un cancer du sein dans la proportion d'un cas sur cinquante. Et ils en meurent beaucoup plus rapidement que les femmes. On en entend peu parler parce que ceux qui sont atteints, souvent très gênés d'être frappés par une maladie si traditionnellement féminine, préfèrent ne pas l'évoquer.

Atout n° 3 : des fesses bien faites

Les singes mâles n'ont pas un fessier saillant en forme d'hémisphère – c'est l'apanage des hommes. Quand nous avons appris à marcher sur nos deux jambes, nos muscles fessiers se sont développés de façon spectaculaire pour nous permettre de tenir debout. Le derrière a toujours été le... fondement de multiples plaisanteries. C'est la partie du corps qui provoque à la fois amusement et dédain. 23 % des pannes de photocopieur sont dues au fait que les gens se sont assis dessus pour copier leurs fesses ! Pourquoi tant de femmes sont-elles intéressées par le derrière de l'homme, mourant d'envie de le gratifier d'une petite tape au passage ? Pourquoi aiment-elles admirer des photos d'hommes aux arrière-trains esthétiques ? Les petites fesses bien faites sont très prisées par les femmes partout dans le monde ; pourtant, rares sont celles qui comprennent le pourquoi de cet irrésistible attrait...

Voici la clef du mystère : il faut un fessier bien tendu et musclé pour effectuer la forte poussée nécessaire à l'acte sexuel. Un homme équipé d'un postérieur gras ou flasque a du mal à produire ce mouvement et tendance à jeter tout le poids de son corps dans l'action. Pour la femme, ce n'est pas l'idéal – le poids de l'homme risque de l'empêcher de respirer. De petites fesses bien fermes augurent d'une meilleure efficacité.

> Pour une femme, la symétrie du corps de l'homme est plus importante que celle de son visage. Les boxeurs attirent souvent de très belles femmes.

Chez les sadomasos, fesser un derrière nu figure depuis longtemps au nombre des *musts*. Pour beaucoup d'hommes et de femmes, il s'agit là d'un excitant sexuel. La rougeur progressive des fesses évoque l'excitation sexuelle féminine, et la stimulation des terminaisons nerveuses, nombreuses dans les fesses, se transmet aux organes génitaux. En d'autres termes, quand une femme pince les fesses d'un homme, elle l'encourage à avoir une érection, un point, c'est tout.

Atout n° 4 : une chevelure fournie

Dans l'Histoire, la chevelure a toujours été considérée comme un symbole de puissance masculine. Au Moyen Âge, on lui attribuait des pouvoirs magiques, et l'on coupait des mèches pour les serrer dans un médaillon ou les utiliser dans des cérémonies religieuses. Dans le cas des moines, supprimer la chevelure en se rasant le crâne était un signe d'humilité devant Dieu. En perdant ses cheveux, Samson perd aussi toute sa force. Une tête chevelue a toujours représenté la force et la puissance masculines. C'est en cela que réside son attrait.

Pour 50 % des femmes environ, un homme doit avoir tous ses cheveux, c'est une priorité. Pour les 50 % restants, ce n'est pas une priorité, et pour beaucoup d'entre elles les crânes chauves et rasés sont même attirants.

Héréditaire, la calvitie masculine est due à une surproduction d'hormones mâles. Ces hormones envahissent l'organisme et inhibent certaines papilles dermiques, ordinairement en haut du crâne. À cause d'un taux d'hormones plus élevé, les chauves sont plus agressifs et chauds lapins que leurs frères chevelus ; ainsi la calvitie devient-elle un signe de super virilité. D'autant qu'elle souligne encore la différence masculin/féminin, un stimulant pour beaucoup de femmes.

> Pour certaines, c'est juste un crâne chauve.
> Pour d'autres, le panneau solaire qui alimente une bête de sexe…

Dans le cadre d'une expérience, nous avons dessiné sur ordinateur des images de têtes masculines affichant des degrés variés de calvitie. Nous avons demandé aux personnes interrogées de nous livrer leurs premières impressions sur chaque tête dans un contexte professionnel. Et nous avons découvert que, plus l'homme est chauve, plus on lui prête pouvoir et réussite, et moins on lui opposerait de résistance s'il imposait son autorité. Les hommes ayant tous leurs cheveux, en revanche, sont vus comme étant moins puissants et moins bien payés. Un crâne chauve constitue donc un puissant étalage de testostérone. Beaucoup d'hommes s'inquiètent de leur calvitie, déjà établie ou imminente, et sont chagrinés de ne rien pouvoir faire, ou presque, pour l'empêcher – la seule méthode imparable pour échapper à la calvitie étant la castration avant la puberté, nous ne la conseillons pas. Pourtant, ces hommes devraient comprendre que ce qu'ils auront perdu en cheveux, ils l'auront gagné en pouvoir et en érotisme.

Au cours de nos recherches pour *Rude and Politically Incorrect Jokes* (« Plaisanteries grossières et politiquement incorrectes »), qui fut un best-seller, nous nous sommes rendus compte que les blagues sur les chauves sont une spécialité masculine : vous en entendrez rarement dans la bouche d'une femme. En partie par compassion, pour ne pas ajouter à la gêne de l'homme sur le sujet, mais aussi parce qu'un crâne chauve est un symbole viril. De ce fait, beaucoup de femmes n'y voient pas une faiblesse à tourner en dérision, loin de là. Non, ce crâne va les exciter, et le sommet crânien dégarni recevra souvent un baiser ou une caresse.

Atouts n° 5 et n° 6 : une bouche sensuelle et des yeux doux

Décrits par un homme, les yeux ou les lèvres d'une femme sont humides, sexy, délicieux, engageants, pulpeux, érotiques... Décrits par une femme, les yeux ou les lèvres d'un homme, lorsqu'ils sont doux et sensuels, deviennent chaleureux, sensibles, affectueux, protecteurs et tendres. Cependant, ces mots ne sont pas employés dans leur sens littéral, pour décrire des traits physiques. Les femmes les utilisent pour décrire la façon dont elles perçoivent l'*attitude* d'un homme. Preuve supplémentaire de la différence entre les sexes : les hommes voient le trait physique en tant que tel, tandis que les femmes regardent au-delà pour chercher l'émotion.

Pour ce qui est des yeux, on y voit plus de blanc chez la femme que chez l'homme. En effet, le cerveau féminin est organisé comme un instrument de communication à courte portée, et le blanc de l'œil aide à la communication en face-à-face, puisqu'il permet de contrôler la direction du regard de l'autre et d'obtenir des indices sur son comportement. Chez la plupart des autres animaux, on voit peu ou pas du tout le blanc de l'œil : de fait, plus que les yeux, ce sont les signaux corporels émis par les autres animaux qu'ils observent, et de plus loin. C'est pourquoi les femmes préfèrent souvent les hommes aux yeux sombres, les yeux clairs étant en apparence plus infantiles.

Atout n° 7 : un nez et un menton solides

Solides, le nez, le menton et le front masculins ont évolué de manière à assurer à leur propriétaire une protection contre les coups au visage dans les combats ou à la chasse. Ils sont restés des symboles forts de la virilité. Les hommes dont le taux de testostérone est élevé ont des mâchoires plus fortes, plus saillantes que les autres, et avancer la mâchoire en avant est interprété comme un geste de défi. Quant à la barbiche, elle accentue la perception de la taille du menton : ainsi, l'homme semble capable d'« encaisser ». Mais, hélas, on peut aussi voir des origines sataniques dans le bouc, et l'homme qui le porte peut avoir du mal à se faire accepter et à obtenir la confiance dans le travail. Associé à la peur, un menton « fuyant » n'est pas très populaire auprès des femmes.

Depuis l'Antiquité, la taille du nez masculin a été assimilée à celle du pénis, mais, au risque de décevoir Pinocchio, aucune enquête n'a jamais confirmé cette légende. La seule chose que le nez ait en commun avec le pénis, c'est son avancée par rapport au reste du corps. Par ailleurs, on a découvert qu'en cas d'excitation sexuelle, le nez d'un homme se gonfle de sang et que sa température gagne jusqu'à six degrés supplémentaires, tout comme celle de son pénis.

Atout n° 8 : des hanches étroites, des jambes musclées

De tous les primates, l'homme a les jambes les plus longues. Puissantes, anguleuses, elles lui permettent, avec ses hanches étroites, de parcourir rapidement de longues distances afin de pourchasser et de capturer ses proies. Leurs hanches larges font que beaucoup de femmes ont du mal à courir, leurs jambes et leurs pieds partant souvent de côté afin d'équilibrer le poids du corps. Neuropsychologue éminente, le Dr Devendra Singh a découvert que, pour les femmes, le ratio idéal entre les hanches et la taille chez un homme est de 90 % – identique à celui que les lesbiennes « féminines » préfèrent chez leurs homologues « masculines ». Mais les jambes des hommes ne sont attirantes pour les femmes que dans la mesure où elles symbolisent la puissance et l'endurance masculines.

Atout n° 9 : un ventre plat

Dans l'Antiquité, où la nourriture était rare, un gros ventre était la marque d'un statut social élevé : son propriétaire avait les moyens de s'offrir tous les mets qu'il désirait. Dans nos sociétés modernes, où la nourriture abonde, un ventre protubérant passe pour une marque d'excès et d'absence de considération pour sa santé. Des muscles abdominaux bien dessinés n'ont jamais été un canon de la beauté masculine. C'est une invention des clubs de remise en forme et des fabricants d'équipements de gymnastique, qui s'acharnent à nous convaincre qu'on ne peut pas survivre sans des abdos bien développés. Hercule et Musclor sont à peu près les seuls héros à en avoir – Superman et Batman, s'ils ont le ventre plat, n'ont jamais arboré un look de planche à laver. En fait, beaucoup de héros du passé avaient plutôt l'air de sortir d'une pub pour hamburgers.

Atout n° 10 : un gros pénis

De tous les primates, c'est le mâle humain qui a le plus gros pénis. Pendant des milliers d'années, on a associé la taille du pénis d'un homme à sa puissance et à ses prouesses d'amant, mais l'affaire tient plus à l'esprit qu'à l'organe lui-même… En dépit des bijoux de famille numériquement surdimensionnés que l'on trouve sur Internet, le record officiel du pénis le plus long est de 35,5 cm – et il n'existe aucun lien entre la taille du corps de ce monsieur, celle de son nez ou de ses pieds, et la taille de son pénis. L'homme a une érection moyenne de 14 cm. Or, chez la plupart des femmes, le passage vaginal mesure 9 cm, avec une sensibilité maximale des cinq premiers centimètres qui culmine autour du point G. La vérité, c'est que l'homme ayant une érection de 7,5 cm peut rendre des services incomparablement plus précis que l'homme doté d'un appendice de 18 cm : le plus court atteint pile les bons endroits. Les femmes qui ont l'air excitées par un long pénis réagissent plus à leur perception virile de l'organe qu'à ses performances supposées. Celles qui vivent une relation heureuse ne pensent quasiment jamais à la taille du pénis mais, dans l'amertume d'une rupture, elles pourront évoquer par manière de vengeance les maigres mensurations de leur ex-partenaire...

> Persuadé d'en avoir une trop petite, un jeune homme est terrorisé à l'idée de devoir faire l'amour à sa petite amie. Mais il ne peut plus différer indéfiniment et un jour, il ramène la jeune fille chez lui. Timidement, il commence à ôter ses vêtements, puis baisse la lumière. Ensuite, il déshabille doucement son amie, se met à la caresser, puis lui met nerveusement son érection dans la main, en priant pour qu'elle ne remarque pas sa taille.
> « Non, merci, répond-elle. Je ne fume pas. »

Les femmes ne sont pas programmées pour être excitées à la vue des organes génitaux masculins – tout le contraire de ce qui arrive aux hommes. Les magazines pornographiques montrent des femmes aux jambes largement écartées, debout ou couchées, vues de face et de derrière, tandis que toutes les tentatives de commercialisation d'images pornographiques représentant des hommes ont échoué. Elles n'attirent que le public gay.

En voyant une femme nue, un homme a une émotion.
En voyant un homme nu, une femme pouffe de rire.

Si la taille du pénis arrive en dixième position dans les atouts dont l'homme dispose pour séduire la femme, c'est à cause de l'association historique qui est faite entre cette taille et le pouvoir : plus l'organe est imposant, plus l'homme est supposé imposer le respect à ses pairs.

En Nouvelle-Guinée, il existe une tribu où les hommes insèrent leur pénis dans un fourreau d'un mètre de long, qu'ils s'accrochent au cou avant de défiler ainsi parés. L'invention occidentale la plus proche serait les maillots de bain dits « moule-boules »...

Atout n° 11 : une barbe de trois jours

Les mâles humains sont les seuls primates dont les poils peuvent être plus longs sur le visage que sur le reste du corps. Grands singes et chimpanzés ont un pelage de même longueur sur tout le corps. On ne verra jamais un singe avec une barbe, et Cheetah la guenon n'a jamais porté de moustaches. Ce sont les hormones mâles qui provoquent la pousse des poils sur le visage. Plus le taux de testostérone est élevé, plus ils poussent vite. En conséquence, une barbe de trois jours est un symbole fort de virilité, exploité surtout par des hommes qui, sinon, risqueraient de paraître trop enfantins aux yeux des femmes. La plupart d'entre elles conviendront, par exemple, que Tom Cruise est beaucoup plus sexy avec du poil au menton que rasé de près. Le stress et la maladie inhibent la testostérone, c'est la raison pour laquelle un homme malade ou tendu n'a pas besoin de se raser très souvent. Tandis que celui qui, dès midi, arbore une barbe de fin de journée, donne l'impression d'être impatient de passer à l'acte…

Ce que les femmes souhaitent sur le long terme

Voici les résultats d'enquêtes qui montrent ce que les femmes recherchent chez un homme.

Ce que les femmes recherchent chez un homme :

1. Personnalité
2. Humour
3. Sensibilité
4. Intelligence
5. Physique avantageux

Les hommes ont deux listes : la liste de la première impression, et celle des qualités requises pour une partenaire au long cours.

Les femmes, elles, n'ont qu'une seule liste. Elles veulent qu'un homme soit affectueux, intelligent, drôle, loyal et compréhensif – rien à voir avec les évaluations visuelles masculines. Le physique agréable sera un plus, mais il n'arrive qu'en dernier dans les priorités féminines. Contrairement à l'homme, la femme ne mesure pas au physique et à la présentation les sentiments qu'on lui porte : elle mesure l'amour de l'homme à la façon dont il la traite. Si un homme s'habille comme un sac ou commence à avoir un peu de ventre, la femme peut ne pas apprécier, mais ce sera rarement un problème majeur.

Cette différence fondamentale entre hommes et femmes est source de beaucoup de frustrations et de malentendus de part et d'autre. La femme doit comprendre que son apparence physique est importante pour l'homme et susceptible d'affecter sérieusement la relation. L'homme doit comprendre que la femme mesure la profondeur de la relation à la façon dont il se comporte avec elle.

> La femme veut un homme doux, affectueux, compréhensif et capable de communiquer, mais aussi un homme fort, rude et viril, mais elle ne l'aura jamais : il a déjà un petit ami.

Sondages et enquêtes font sans cesse apparaître à quel point l'attrait physique d'une femme est important pour un homme, surtout lors de la première rencontre, où l'homme met moins de dix secondes à évaluer la cote de séduction de la femme. En revanche, pour choisir une partenaire permanente et à long terme, l'homme va utiliser une autre échelle de valeurs. Les femmes aiment que leurs partenaires soient séduisants, mais le physique et la tenue d'un homme ne sont essentiels ni pour sa vie professionnelle, ni pour sa position sociale – ils sont juste un plus. Sinon, comment expliquer le succès de Gérard Depardieu ? Dans le choix de leur partenaire, les femmes commencent et finissent avec la même liste de valeurs. Si un homme sait être drôle, sensible, capable de discuter de sujets variés, s'il cherche constamment à améliorer sa vie et si, par surcroît, il est hétérosexuel, jamais il ne sera à court de prétendantes...

Solution

Pour devenir un homme séduisant, travaillez d'abord et avant tout vos talents dans le domaine de la communication et des rapports humains. Il existe partout des formations universitaires ou professionnelles qui vous apprendront à communiquer, à vous faire des amis, à être influent, à développer votre sens de l'humour... Vous l'avez vu, les femmes aiment les hommes qui les font rire. Achetez des livres qui vous expliqueront comment pensent les femmes et ce qu'elles éprouvent. Nous vous recommandons le nôtre, *Pourquoi les hommes n'écoutent jamais rien et les femmes ne savent pas lire les cartes routières* et celui de Barbara De Angelis : *What Women Want Men to Know* (« Ce que les femmes veulent que les hommes sachent »). Ensuite, abandonnez votre petit confort et postulez à un meilleur emploi. Les femmes sont attirées par les hommes qui avancent et font tout pour améliorer leur situation. Même une femme subvenant à ses besoins, indépendante financièrement, sera attirée par un homme qu'elle pourra assimiler à un bon protecteur, capable de pourvoir aux besoins du foyer. Même si ce ne sont pas ses revenus qui l'intéressent, son cerveau reste programmé pour être impressionné par un homme ambitieux. Nul besoin d'être Donald Trump, il suffit d'avoir des projets, des objectifs, et de s'y tenir. Suivez un cours à la fac pour améliorer votre culture générale. Cela vous permettra de soutenir une conversation sur des sujets variés. Pendant des milliers d'années, les hommes ont nourri les femmes : apprenez à cuisiner – la partie primitive du cerveau féminin en sera stimulée. Danser a toujours été une manifestation féminine des préliminaires : prenez donc des leçons dès que possible. Les hommes qui savent faire la cuisine et danser (pas forcément en même temps) sont ceux qui ont le plus de succès.

Enfin, inscrivez-vous dans un club de remise en forme. Changez de coupe de cheveux au moins tous les trois ans : la coupe de cheveux d'un homme, sa moustache ou sa barbe, sont presque toujours restées figées à l'année qui fut la meilleure de sa vie – souvent autour de ses vingt ans.

> Il est facile de savoir quelle a été la meilleure année dans la vie d'un homme : c'est celle où il a gardé la même coupe de cheveux.

Vous n'avez plus de raisons de ne pas faire ou avoir ce que vous désirez dans la vie – juste des excuses. Alors arrêtez de vous plaindre : agissez !

Chapitre 13

« Comment tu me trouves ? » Pourquoi les hommes mentent

Le nouvel homme de votre vie jure ses grands dieux qu'avec son ex, c'est fini et bien fini, mais voilà : il a une photo d'elle dans le tiroir de son bureau. Votre instinct de femme vous dit que quelque chose cloche mais vous n'arrivez pas à comprendre quoi.

Votre petite amie ne vous a pas retrouvé hier soir comme prévu parce qu'elle, ou son chien, ou sa mère, ne se sentait pas bien. Seul problème : elle n'est jamais malade, sa mère est morte et elle n'a pas de chien. D'où votre noir soupçon : vous ment-elle ?

> **Mensonge** : *nom*, assertion contraire à la vérité destinée à induire l'autre en erreur.

Qui ment ?

Tout le monde ment. Et notamment lors d'une première rencontre où l'on veut se présenter sous son meilleur jour. La plupart de nos mensonges sont des pieux mensonges. Ils ont pour fonction de nous permettre de coexister pacifiquement, de limiter les conflits, parce que tout le monde préfère une légère distorsion de la vérité à la version pure et dure. Si vous êtes affligé d'un nez immense, vous n'avez pas envie qu'on vous le dise. Vous préférez entendre qu'il est parfait, que personne ne le remarque ou qu'il est bien proportionné à votre visage.

Si vous aviez dit la vérité – rien que la vérité, toute la vérité – à tous ceux que vous avez croisés depuis, mettons une semaine, où seriez-vous aujourd'hui ? À l'hôpital ? En prison ? Si vous aviez formulé les mots exacts qui vous passaient par la tête au moment où vous les pensiez, comment auraient-ils réagi ? Une chose est sûre : vous n'auriez plus d'amis et vous seriez sans doute au chômage.

> Dites toujours la vérité… et fuyez !
>
> Proverbe

Imaginez un instant une conversation 100 % sincère :

– Salut Marie ! Tu as une mine atroce. À ta place, avec une poitrine énorme et flasque comme la tienne, je porterais un soutien-gorge…

– Bonjour, Fred. Pourquoi ne consultes-tu pas un dermato pour ces affreux boutons qui te défigurent ? Tu es encore attifé comme l'as de pique. Et ces poils de nez, tu ne crois pas que tu devrais les couper ?

– Magnifique, ta nouvelle voiture, Michèle. Je donne deux mois à tes gosses insupportables pour la transformer en épave roulante. En tant que mère, tu n'as vraiment pas inventé la poudre.

Et voici ce que nous disons, à la place :

– Salut Marie, tu as une mine superbe.

– Salut Fred, toujours le chéri de ces dames ?

– Tu es une mère, comme on n'en fait plus, Michèle.

Quand avez-vous menti pour la dernière fois ? En fait, il ne s'agissait peut-être pas d'un mensonge, mais peut-être seulement d'une omission : vous avez laissé une personne tirer une conclusion erronée de quelque chose que vous avez dit ou omis de dire, ou légèrement arrangé pour ne pas la blesser. Ce n'était peut-être qu'un petit mensonge innocent : vous lui avez dit que vous aimiez sa coupe de cheveux, la déco de son appartement ou son nouveau compagnon, alors que ce n'était pas vrai, ou que vous ne vouliez pas être celui qui annonce les mauvaises nouvelles. Peut-être, pour augmenter vos chances, vous est-il arrivé d'« enjoliver » quelques éléments en déposant une demande de prêt ou en postulant à un emploi...

Quand vous avez vendu votre voiture, vous avez peut-être oublié de mentionner la fuite d'huile dans le moteur « en parfait état ». Et dans l'annonce que vous avez insérée dans le journal pour vendre votre maison, avez-vous parlé des dizaines de long-courriers qui la survolent chaque jour ? Peut-être vous teignez-vous les cheveux pour paraître cinq ans de moins que votre âge, ou bien ramenez-vous sur votre crâne nu les quelques touffes qui poussent derrière vos oreilles en espérant que les autres seront dupes ? Avez-vous déjà porté des hauts talons pour allonger vos jambes, des épaulettes pour vous donner une carrure plus imposante, de faux ongles, du rouge à lèvres ? Peut-être même vous est-il arrivé de mentir effrontément sur votre poids ou votre âge. Nous nous mentons sans arrêt les uns les autres. Les parents mentent à leurs enfants sur *la* sexualité et les adolescents mentent à leurs parents sur *leur* sexualité. Appelez ça comme vous voudrez, ce sont bel et bien des mensonges.

> Seuls les ennemis se disent la vérité. Les amis et les amants se mentent constamment, pris dans les rets du devoir.
>
> Stephen King

Nous mentons pour deux raisons : parce que nous espérons en retirer un profit ou pour éviter une souffrance. Quand ils mentent, la plupart des gens éprouvent heureusement de la culpabilité, des remords, un malaise et beaucoup ne parviennent pas à masquer ces sentiments. C'est alors qu'il devient possible pour leur interlocuteur de déceler un éventuel mensonge. Avec un peu de pratique, il est aisé de reconnaître les signaux du mensonge et d'apprendre à les décoder.

L'histoire de Christine et Denis

Denis avait invité Christine à dîner chez lui. Elle s'était mise en frais pour lui plaire : elle était allée chez le coiffeur, s'était maquillée avec soin, avait enfilé une robe sexy légèrement décolletée, chaussé ses plus jolis escarpins, sans oublier les pendants d'oreilles en lapis-lazuli assortis à ses yeux ni les quelques gouttes d'eau de toilette dont toutes ses amies lui demandaient la marque. Quand elle arriva, elle fut saisie. Denis avait vraiment bien fait les choses : lumières tamisées, musique douce, et feu de cheminée. À son entrée, il l'accueillit avec un magnifique bouquet de fleurs et la conduisit doucement vers la table éclairée aux chandelles où il remplit sa flûte de champagne. Elle remarqua qu'il portait l'après-rasage dont elle lui avait parlé. Tous ses sens, la vue, l'audition, l'odorat, le goût et le toucher étaient grisés. Ils parlèrent un moment de son travail et de sa journée. Denis écouta attentivement, sans se départir d'un charmant sourire, les yeux dans les yeux, l'encourageant du regard. Christine était complètement subjuguée par cet homme si attentionné et sensible, si différent de ceux qu'elle avait connus. Et elle se dit qu'il pensait exactement la même chose à son sujet...

En termes galants, on appelle ce scénario un « dîner aux chandelles ». En réalité, toutefois, il s'agit d'une succession de mensonges réciproques motivés par la recherche d'un profit personnel. La prestation de Denis est destinée à éblouir Christine. Le champagne, les lumières tamisées et la musique douce ne font pas partie de son style de vie habituel et son sujet de conversation habituel est le sport. Toute cette mise en scène élaborée masque une intention transparente : Denis veut faire l'amour avec Christine. Ça fait des jours qu'il pense à cette soirée et à la folle nuit d'amour qui doit suivre. Il a assez d'expérience pour savoir que cette ambiance impressionnera Christine et qu'il a de bonnes chances d'arriver à ses fins de cette façon.

Christine, de son côté, ment tout autant que Denis. Elle s'est parée et habillée uniquement pour stimuler les centres sexuels du cerveau de Denis et faire grimper son niveau de testostérone. Elle arbore intentionnellement la plupart des signaux sexuels dont nous avons parlé dans le chapitre 9 afin qu'il succombe à ses charmes. Tout ce qu'ils disent et font ce soir-là est commandé par l'intérêt personnel. En bref, toute cette soirée est basée sur le mensonge et la tromperie. Pourtant, si on les confrontait à cette évidence, ils nieraient tous deux énergiquement.

Les différents types de mensonges

Il existe quatre principaux types de mensonges : le mensonge pieux, le mensonge bienfaisant, le mensonge malveillant et le mensonge intéressé. Comme nous l'avons précisé plus haut, le mensonge pieux est inséparable du rapport social, il nous empêche de blesser ou d'insulter les autres en leur assénant la brutale et douloureuse vérité. Le mensonge bienfaisant est motivé par la volonté d'aider autrui. Par exemple, un agriculteur allemand qui cache des Juifs chez lui alors que les nazis sont au pouvoir et qui nie quand la police l'interroge peut être considéré comme un héros. Le sauveteur qui arrache un enfant de la carcasse fumante d'une voiture accidentée et l'assure que ses parents vont bien le préserve d'un traumatisme plus grave. Un médecin qui ment à un patient sur son lit de mort pour le soulager ou bien lui prescrit des placebos est, lui aussi, techniquement coupable de mensonge.

La recherche montre que les placebos soulagent 30 à 40 % des patients.

C'est le mensonge intéressé qui est le plus dangereux parce que le menteur cherche à nuire pour son profit personnel. Ainsi, Virginie, une de nos amies, fut un jour mise en garde par une copine contre Jérôme, un homme à qui elle plaisait visiblement beaucoup. Virginie, une mère divorcée qui sortait peu, avait rencontré ce père également divorcé à la sortie de la crèche. Il semblait doux, sensible, intelligent, drôle et, qui plus est, séduit par elle. Virginie se sentait revivre. Inès ne tarda pas à entendre parler de cette histoire d'amour naissante. Elle assura Virginie que cet homme était un dragueur qui avait la réputation d'accumuler les aventures sans lendemain. Virginie voulait épargner à son petit garçon une seconde rupture, ce qui excluait toute liaison avec ce type d'homme. Dès ce jour, elle évita Jérôme. Un mois plus tard, quelle ne fut pas sa surprise de l'apercevoir au centre commercial main dans la main avec Inès !

Le mensonge intéressé peut prendre deux formes principales : la dissimulation et la falsification. La dissimulation consiste non à proférer un mensonge mais à taire une information. La falsification consiste à présenter une information sciemment altérée. Le mensonge d'Inès est de cet ordre : elle donne à Virginie une fausse information sur un homme pour le « souffler » à sa rivale. Supposons par exemple que Virginie ait appris que cet homme avait autrefois extorqué toutes ses économies à une petite amie et s'était enfui après l'avoir ruinée. On pourrait difficilement lui reprocher de prévenir Inès – que celle-ci la croie ou non. Mais si elle avait pris la décision de ne pas lui dire, en dissimulant cette information, elle se serait rendue coupable de mensonge par omission.

Cette sorte de mensonge est toujours un acte intentionnel et jamais un accident.

Les mensonges malveillants sont motivés par une volonté de vengeance ou par l'intérêt. Les célébrités, acteurs, milliardaires et politiciens sont des cibles de choix pour ce type de mensonges motivés par l'appât du gain. En tireront profit les journalistes qui vendent ces pseudo-scoops aux magazines à sensation, mais aussi les rivaux de la victime, qu'ils appartiennent au monde de la politique, des affaires ou du spectacle.

Les mensonges malveillants ou la propagation de fausses rumeurs sont des armes auxquelles des concurrents ont souvent recours. Ces mensonges qui visent à détruire la réputation d'un adversaire et à le détruire psychologiquement, peuvent être dévastateurs et laisser des séquelles durables. Une entreprise peut ainsi répandre de fausses informations sur la situation financière prétendument difficile de son principal concurrent. De même, il n'est pas rare que des partis fassent courir des rumeurs sur la vie privée d'ennemis politiques.

Imaginez que deux hommes se disputent les faveurs d'une femme et que l'un d'eux insinue que son rival est atteint d'une maladie vénérienne ou qu'il est pédophile... Les mensonges malveillants reposent sur le principe suivant, toujours vérifié : quelle que soit la vraisemblance du mensonge, la réputation de celui qui en est victime restera à jamais entachée (« Il n'y a pas de fumée sans feu »).

Les différents types de menteurs

Un « menteur naturel » est quelqu'un qui sait qu'il ment, cette habitude remontant souvent à sa petite enfance, et qui a pu vérifier à maintes reprises l'efficacité de ses affabulations. C'est souvent pour échapper aux terribles punitions qui les attendent s'ils disent la vérité que les enfants commencent à mentir. Beaucoup de menteurs naturels exploitent, une fois adultes, leur talent de persuasion dans des métiers de « parleurs » : avocats, commerciaux, négociateurs, acteurs, politiciens...

Le menteur « non naturel » est celui que ses parents, dès son enfance, ont convaincu que c'était peine perdue de mentir, qu'il serait toujours démasqué. Ces pauvres hères disent toujours la vérité à tout le monde en répétant : « Je suis incapable de mentir. » Pour les raisons exposées plus haut, cette attitude indispose souvent leurs collègues et leurs proches.

Un des plus dangereux menteurs qu'une femme puisse rencontrer est le spécialiste de l'arnaque aux sentiments. Rares sont en effet les victimes d'un arnaqueur du cœur à réaliser qu'elles sont en train de se faire piéger. Ces virtuoses de la mystification s'y entendent à dissimuler qu'ils sont mariés, ou à se faire passer pour des avocats, des médecins ou des hommes d'affaires prospères. Tout est bon pour gagner la considération de leur victime et la séduire. Ces imposteurs ne connaissent pas d'autres limites que celles de leur imagination. Ils peuvent causer d'énormes dommages émotionnels, psychologiques et même financiers aux femmes qu'ils prennent pour cible. Le but habituel de l'arnaque aux sentiments est d'exploiter la naïveté d'une femme pour lui soutirer de l'argent, des services, etc. En retour l'imposteur lui offrira l'illusion momentanée qu'elle est aimée et désirée.

Les cabinets de psychothérapeutes sont remplis de femmes intelligentes et talentueuses qui ont succombé aux charmes d'un pareil escroc. Certaines d'entre elles, intelligentes et lucides dans d'autres domaines, retombent constamment dans les griffes de ce genre d'hommes. Les dégâts affectifs et le mépris de soi qui en résultent sont bien pires que les éventuels préjudices matériels ou financiers. Les femmes qui ont traversé de telles épreuves sont d'ailleurs tentées de ne plus jamais se fier aux hommes.

> L'arnaqueur du cœur se prend secrètement pour James Bond.

Les arnaqueurs du cœur peuvent surgir de n'importe où et ils pullulent sur Internet, dans les « salons de discussion » où la plupart des interlocuteurs mentent et où tous les arguments sont bons. Beaucoup de gens croient que les femmes qui se font abuser par ce genre d'hommes sont crédules voire stupides, mais ce n'est absolument pas le cas. Le principal talent de l'arnaqueur du cœur consiste à faire en sorte que sa victime gobe son roman jusqu'à ce qu'elle tombe amoureuse de lui. Dès lors, elle va devenir aveugle aux signes qui le trahissent ou les nier en dépit des avertissements de plus en plus précis de ses proches et de sa famille.

Il est toujours utile pour une femme de s'entendre avec un ami proche pour que celui-ci, dans le cas où cette femme aurait des soupçons sur l'honnêteté d'un nouveau compagnon, mène une enquête discrète et approfondie sur ce dernier. C'est après tout, une pratique courante pour nombre d'entreprises qui doivent pouvoir compter sur une loyauté absolue de leurs employés, pourquoi n'en serait-il pas de même quand vos finances et vos sentiments sont en jeu ? Les femmes qui répugnent à cette idée et se réfugient derrière des proclamations du style « l'amour est plus fort que tout ! » sont en général celles qui se font régulièrement flouer par les arnaqueurs du cœur.

> Les gens disent qu'ils aiment la vérité mais en réalité ils veulent croire que celui ou celle qu'ils aiment est digne de foi.
>
> Robert Ringer

Si l'élu de votre cœur vient de suivre un régime, une cure de désintoxication ou vient de décrocher un emploi dans le but de se rendre plus attirant, vous vous interrogerez peut-être sur ses motivations. Si vous vous engagez dans une relation sentimentale avec lui, va-t-il vraiment rester ce personnage mince et sobre qu'il cherche à paraître. Qui vous garantit qu'il ne va pas se retrouver au chômage ou recommencer à se droguer. Chassez le naturel...

N'oubliez pas que seule une relation basée sur l'honnêteté est susceptible de vous rendre heureuse à long terme.

> Les changements durables que nous entreprenons pour nous-mêmes sont les seuls changements durables.

Si vous étiez P.-D.G. d'une entreprise et qu'un candidat se présente pour un poste à responsabilités, vous souhaiteriez sans doute obtenir un maximum de renseignements sur lui. Quand vous envisagez une relation au long cours avec quelqu'un, montrez la même vigilance. C'est en retrouvant sa dernière conjointe et en vous renseignant auprès d'elle que vous obtiendrez les informations les plus fiables à son sujet. Vous avez des relations communes avec cette personne, alors pourquoi ne pas faire en sorte de la « croiser » comme par hasard ? Ne vous arrêtez pas aux apparences, il ne s'agit pas d'un espionnage malsain mais d'une assurance sur la vie. Au Japon, c'est d'ailleurs une pratique courante. Là-bas, les familles des promis échangent des CV sur leurs enfants et il arrive même qu'elles s'entretiennent et entament des négociations avant que la première rencontre ait eu lieu ! Cette méthode permet d'éviter les squelettes qui sortent des placards quand il est trop tard. Étudiez en détail le passé d'un prétendant éventuel. Ne vous laissez pas avoir par des clichés romantiques ni par une soudaine poussée hormonale !

Qui ment le plus ?

La plupart des femmes clameront que les hommes mentent beaucoup plus souvent que les femmes. Les études et les expérimentations scientifiques montrent pourtant qu'on trouve autant de menteurs dans chaque sexe. Ce qui diffère, en revanche, c'est le contenu de ces mensonges. Les femmes mentent plutôt par altruisme et les hommes pour se donner le beau rôle. Les femmes mentent pour protéger une relation à laquelle elles tiennent mais elles feignent rarement des sentiments qu'elles n'éprouvent pas, c'est trop difficile pour elles. Les hommes, eux, mentent pour éviter une dispute et ils adorent enjoliver leurs exploits de jeunesse.

> Une femme ment pour protéger l'autre.
> Un homme ment pour se protéger.

C'est la grande différence entre les mensonges masculins et féminins : une femme n'hésitera pas à en complimenter une autre sur sa nouvelle robe, même si elle pense qu'elle ressemble à un sac de pommes de terre. Dans les mêmes circonstances, un homme évitera de croiser cette même femme pour ne pas être forcé de mentir et il ne le fera que s'il est contraint de donner son opinion. Il qualifiera alors la robe de « jolie » ou d'« intéressante », il aura recours à une formulation ambiguë comme « je suis sans voix » ou « les mots me manquent » ou il dira simplement qu'il l'adore. Mais quand les hommes mentent, les femmes ne sont en général pas dupes. Un homme dira qu'il supervise la distribution d'une société internationale de produits alimentaires, alors qu'il a un accord avec le Pizza Hut du coin pour livrer des pizzas.

> La première question que posent les hommes et qui fait mentir les femmes :
> « J'étais comment ? »

En 2002, Robert Feldman, de l'université du Massachusetts, a étudié 121 couples pendant qu'ils discutaient avec un enquêteur. On avait demandé à un tiers des participants de se montrer aimables, au deuxième tiers de paraître compétents et aux autres d'être simplement eux-mêmes. On a ensuite demandé à tous les participants de visionner la vidéo de leur conversation et d'identifier tous les mensonges, petits ou gros, qu'ils avaient pu proférer. Certains de ces mensonges étaient de pieux mensonges d'autres étaient de franches falsifications de la vérité. Quoi qu'il en soit 62 % des participants avaient menti en moyenne deux ou trois fois par tranche de dix minutes.

> La vérité vous libèrera mais d'abord elle vous exaspèrera.
>
> Mal Pancoast

La forme la plus courante du mensonge est l'aveuglement : une personne qui fume deux paquets de cigarettes par jour prétendra ainsi qu'elle n'est pas dépendante ou se convaincra qu'un gâteau hypercalorique est compatible avec son régime.

La preuve est faite que les femmes mentent autant que les hommes. Mais elles mentent autrement. Leur aptitude à déchiffrer les signaux corporels leur permet de détecter les mensonges masculins, d'où leur impression que ces derniers mentent plus, mais c'est faux. Ils se font tout le temps prendre, c'est tout.

Les mensonges masculins les plus courants

« **Je ne suis pas saoul !** » Un des plus faciles à détecter, d'autant qu'en général, il ressemble plutôt à : « J'chuis papas sssaoul, hips ! » Quand on n'est pas saoul, on n'a aucune raison de nier qu'on l'est.

« **Je te jure que je n'ai pas couché avec cette fille !** » Un homme qui a trompé sa femme niera, alors que tout l'accuse, parce qu'il est convaincu de n'avoir rien à gagner en disant la vérité.

« **Au lit avec mon ex ? C'était nul !** » Faux : un homme regrette très rarement un rapport sexuel. C'est toujours bon, peu importe avec qui. Si un homme vous raconte que les rapports sexuels avec son ex étaient nuls, il ment, sans aucun doute. S'il vous dit que son ex était un bien meilleur coup que vous, il ment aussi : il cherche seulement à vous mettre en colère. Le sexe, pour les hommes, c'est toujours bien.

« **Elle ? Mais c'est juste une amie !** » Il prétend que c'est sa plus vieille copine et qu'elle ne représente absolument rien d'autre pour lui. Bizarre qu'il ne vous l'ait jamais présentée… Variantes possibles de cette dénégation : elle est lesbienne, elle a besoin de se confier à quelqu'un, elle a besoin d'un ami, elle traverse une mauvaise passe et je veux seulement l'aider, elle est malade et je dois passer la voir. Elle n'éprouve pas de sentiments pour moi, mais elle est gênée, c'est tout. C'est pour ça qu'elle préfère que tu ne sois pas là quand elle passe.

Pourquoi ça ne marche pas !

La plupart des mensonges sont aisément décelables à cause des signaux émotionnels, verbaux ou physiques, qui les trahissent. Plus le mensonge est gros, plus les remous émotionnels sont intenses, plus il va y avoir de « fuites » qui vont trahir le menteur.

Essayer de masquer ces fuites déclenche un conflit émotionnel chez la plupart d'entre nous. Plus vous êtes proche d'une personne, plus il est difficile de lui mentir à cause des remords que cela entraîne. Par exemple, un mari éprouvera des difficultés à mentir à sa femme s'il l'aime profondément mais n'éprouverait aucune difficulté à mentir à un ennemi en temps de guerre. Quant au menteur pathologique, c'est précisément parce qu'il n'a pas d'attachement émotionnel envers qui que ce soit qu'il ment si brillamment.

Les indices sont donc là, encore faut-il les voir !

Pourquoi les femmes savent si bien déceler les mensonges

La plupart des hommes savent bien à quel point il est difficile de proférer un mensonge, même anodin, les yeux dans les yeux avec une femme sans se faire prendre. Si un homme doit mentir, le téléphone est son salut. La plupart des femmes maîtrisent beaucoup mieux la situation du mensonge en face à face. En général, elles ne se font pas pincer.

Les IRM révèlent que le cerveau féminin fait travailler 14 à 16 aires cérébrales lors d'une communication en face à face. Ces aires, qui lui permettent de décoder des mots, des changements d'intonations et des signaux corporels, jouent un rôle essentiel dans ce qu'on appelle l'« intuition féminine ». Chez un homme moyen, seules 4 à 7 de ces aires sont sollicitées parce que le cerveau masculin s'est spécialisé dans les tâches spatiales plutôt que dans la communication.

Cette perspicacité féminine a un but : défendre son territoire contre les étrangers et communiquer avec ses enfants. Quand son enfant pleure, la mère doit être capable de juger d'un coup d'œil s'il est triste, malade, inquiet, s'il a faim ou réclame de la tendresse. Elle doit aussi pouvoir déchiffrer rapidement les intentions des étrangers qui s'approchent de son nid : amis ou ennemis ? Ces aptitudes sont nécessaires à sa survie. Une femme peut aussi détecter les émotions des animaux, pour les mêmes raisons. Elle est capable de vous dire si un chien est heureux, triste, en colère ou gêné. La plupart des hommes n'ont aucune idée de l'expression d'un chien « gêné ». Le but d'un chasseur est d'atteindre une proie en mouvement, pas de lui parler, de la conseiller ni d'essayer de la comprendre.

> Un homme doit être capable d'atteindre sa cible avec précision, pas d'avoir une discussion sérieuse et profonde avec elle.

Comme nous l'avons souligné plus haut, le cerveau féminin est multitâche, ce qui signifie que les femmes peuvent gérer plusieurs flux d'informations en parallèle. Cela procure aux femmes un autre avantage : celui de pouvoir interpréter des signaux corporels et d'écouter ce qui est dit, tout en parlant. Les hommes, eux, sont monotâche : ils se concentrent sur une information à la fois et loupent donc beaucoup de signaux corporels. On enseigne aux agents du FBI à repérer et analyser les « microexpressions », fugaces, instantanées, qu'un homme laisse échapper au moment de mentir. On les repère mieux quand on repasse le film de l'entretien au ralenti. Par exemple, Bill Clinton, interrogé sur ses rapports avec Monica Lewinsky, avait laissé échapper un rapide mais éloquent froncement de sourcils avant de répondre aux questions décisives. Le cerveau féminin est organisé pour déchiffrer ces signaux, ce qui explique qu'il est beaucoup plus difficile de tromper une femme qu'un homme, mais aussi pourquoi les femmes sont souvent des négociatrices plus intuitives que leurs collègues masculins.

Pourquoi les femmes n'oublient rien

Erik Everhart, professeur de psychologie à l'université de Caroline de l'Est et ses collègues de l'université d'État de New York ont découvert que les garçons et les filles de 8 à 11 ans n'utilisent pas les même zones cérébrales pour décrypter les grimaces et les expressions. Les garçons se servent plus de leur hémisphère droit, alors que les filles utilisent plus le gauche. Ils ont démontré que, du fait de cette différence, les filles pouvaient détecter des changements d'expression plus ténus, ce qui les rend plus réactives aux modifications de l'humeur de leurs proches. Il faut une discrimination plus fine pour reconnaître l'expression de la bouche ou des yeux de quelqu'un que pour juger de l'expression globale d'un visage.

Autre avantage pour les femmes : elles se souviennent très bien de leurs mensonges et de ceux à qui elles ont menti, alors que les hommes oublient en général leurs mensonges. L'hippocampe, la partie du cerveau qui stocke et retrouve les souvenirs, est bourré de récepteurs d'œstrogènes et il se développe plus rapidement chez les filles que chez les garçons, ce qui donne aux femmes une bien meilleure mémoire concernant les événements à forte charge émotionnelle.

Messieurs, un bon conseil !

Ne perdez pas votre temps à mentir à une femme les yeux dans les yeux. C'est beaucoup trop difficile. Passez-lui un coup de fil ou envoyez-lui un e-mail. Non seulement les femmes sont de redoutables détecteurs de mensonges mais elles n'oublieront pas que vous leur avez menti et elles s'en serviront contre vous lors de votre prochaine dispute !

Les jeunes : menteurs, voleurs, fraudeurs

Plus on est jeune, plus on est susceptible de tromper son semblable. Une étude menée aux États-Unis en 2002 fait apparaître qu'une importante proportion des 15-30 ans est encline au mensonge, à la fraude et au vol. Selon cette étude, 33 % des 15-18 ans et 16 % des étudiants reconnaissent avoir dérobé des marchandises dans un magasin l'année passée. Environ un tiers des sondés de chaque groupe se disent prêts, pour décrocher un travail, à mentir dans leur CV, leur réponse à une offre d'emploi ou durant un entretien d'embauche et 16 % des 15-18 ans avouent l'avoir déjà fait au moins une fois. 61 % des 15-18 ans et 32 % des étudiants admettent avoir triché lors d'un examen durant l'année écoulée.

> « Puis-je être sanctionné pour un acte que je n'ai pas commis ? demanda l'élève.
> – Non, répondit le directeur.
> – Bon, eh ben je n'ai pas fait mes devoirs ! »

Toujours selon l'étude, 83 % des 15-18 ans et 61 % des étudiants reconnaissent avoir menti à leurs parents au cours de l'année écoulée. D'après l'enquête, la malhonnêteté serait moins répandue chez les plus de 30 ans et les deux sexes mentiraient autant l'un que l'autre.

Par ailleurs, 73 % des 15-30 ans ont déclaré : « La plupart des gens fraudent ou mentent quand c'est nécessaire pour obtenir ce qu'ils veulent. » Un chiffre qui a de quoi éveiller quelque inquiétude.

On pourrait déduire de cette enquête que les Américains ne sont qu'une bande de menteurs et de fraudeurs, mais des études similaires menées dans d'autres pays occidentaux révèlent les mêmes tendances – et il s'agit de pays aux populations statistiquement très vertueuses. Ces résultats confirment la crise des valeurs morales dans laquelle sont plongées toutes nos sociétés. Les parents apprennent à leurs enfants que l'honnêteté est la plus grande des politesses mais leur inculquent aussi qu'il est poli de faire semblant d'aimer un cadeau d'anniversaire qu'on vient de leur offrir. Quand ils leur disent machinalement : « Ne me regarde pas comme ça ! », « Aie l'air heureux quand ta grand-mère t'embrasse ! » ou encore « Ne fais pas cette tête-là, fais-moi un joli sourire ! », que font-ils d'autre que de les inciter à mentir ?

Ce message contradictoire sur le mensonge forge le comportement des futurs adultes. Un enfant qui interpelle sa mère à haute voix sur une personne dont le physique l'étonne (« Maman, pourquoi le monsieur, il est si gros ? ») risque de se faire vertement rabrouer. Les parents ne réalisent pas qu'une des raisons pour lesquelles leurs enfants deviennent des menteurs si prolifiques tient d'ailleurs à la sévérité de certaines punitions. La plupart de ces schémas de comportement sont installés dans l'enfance et redéclenchés à l'âge adulte par des figures d'autorité.

Quand tous vos proches vous mentent...

Selon certains, il ne faudrait faire confiance à personne et le monde serait peuplé de menteurs. Ces personnages particulièrement méfiants ont en général deux raisons de soupçonner le monde entier. La première, c'est qu'eux-mêmes sont peut-être des menteurs invétérés et ils présument que tout le monde leur ressemble. La seconde raison (la plus fréquente), c'est que leur comportement pousse les autres à leur mentir. En d'autres termes, leur agressivité ou leur émotivité complique tellement la tâche de ceux qui veulent leur dire la vérité que ces derniers préfèrent leur mentir. Si votre interlocuteur a de bonnes raisons de craindre que vous répondiez par de la colère, de l'amertume ou de la rancune à une vérité qu'il vous apprendrait, il évitera à tout prix de vous la révéler. Si vous avez la réputation d'une personne très susceptible, vous ne saurez jamais ce que les autres pensent ou ressentent vraiment car ils déformeront la vérité pour ne pas vous mécontenter. Si vous exigez de vos enfants qu'ils vous disent la vérité et les punissez parce que cette vérité n'est pas agréable à entendre, vous leur apprenez à mentir pour se protéger.

Si vous soupçonnez votre entourage de vous cacher la vérité, commencez d'abord par évaluer vos attitudes et votre propre comportement – votre interlocuteur quel qu'il soit ne représente que la moitié de l'équation.

Pourquoi ce sont les mensonges des amis et des proches qui blessent le plus ?

Plus le menteur est proche de nous, plus son mensonge nous blesse : la déception et la peine qu'on éprouve sont proportionnelles à la confiance et à la franchise que nous montrons aux autres. Si c'est un frère, une sœur, ou un enfant qui nous ment, cela nous atteint plus que s'il s'agissait d'une vague relation, mais nous sommes disposés à lui pardonner parce qu'il ou elle sera toujours notre frère, notre sœur, notre enfant. Le mensonge d'un ami proche nous heurtera aussi, mais il nous est plus facile de couper les ponts, même provisoirement. Au contraire, nous soupçonnons facilement un vendeur de voitures d'occasion de mentir et nous ne sommes guère surpris quand les faits nous donnent raison. Rien de plus facile alors que de décider de ne plus jamais le revoir…

Les indices qui permettent de démasquer les menteurs

Leurs mensonges mettent les menteurs mal à l'aise et ce malaise se trahit par la distance qu'ils mettent entre eux et leurs mensonges. Le FBI a récemment découvert que les menteurs évitent de faire référence à eux-mêmes quand ils mentent et notamment d'utiliser les mots « je » et « moi ». Prenons le cas de quelqu'un avec qui vous aviez rendez-vous et qui ne s'est pas présenté. Si cette personne vous appelle plus tard et affirme : « La voiture est tombée en panne et la batterie de mon mobile était déchargée », vous serez instinctivement plus suspicieux que si elle vous disait : « *Ma* voiture est tombée en panne et je n'ai pas pu t'appeler parce que la batterie de *mon* mobile était à plat. » Les menteurs évitent aussi de mentionner le nom de la personne au sujet de laquelle ils mentent. Ils préféreront dire : « Je n'ai pas eu de relations sexuelles avec cette femme » plutôt que « Je n'ai pas eu de relations sexuelles avec Monica. »

Une mémoire d'éléphant

Le menteur impénitent a une mémoire d'éléphant. Il a répété son mensonge dans sa tête à plusieurs reprises et son improvisation a tout d'une récitation.

Demandez à quelqu'un de vous raconter ce qu'il a fait le week-end dernier et il répondra sans doute quelque chose du genre : « Euh, je suis passé voir mon frère en fin de matinée... euh non, après le déjeuner parce que j'ai dû amener la voiture au garage d'abord... »

Quand nous essayons de nous rappeler ce que nous avons fait, nous « nageons » souvent quelques instants avant de remettre les informations dans l'ordre. Le menteur ne s'embrouille jamais : il a trop bien appris son scénario et il le récite sans se tromper.

> Méfiez-vous d'une improvisation qui ressemble trop à une récitation.
>
> Proverbe chinois

Une fois, deux fois, trois fois...

Si vous soupçonnez que quelqu'un vous ment, faites comme si vous croyiez tout ce qu'il vous racontait et il finira par se trahir, par excès de confiance en lui. Après avoir écouté la première version de l'histoire, demandez au menteur de répéter son boniment. Les bons menteurs ont répété et sont en général capables de vous « resservir » une version identique à la précédente. Laissez mariner quelques instants, puis, alors que le menteur croit en avoir fini avec sa corvée, demandez-lui de répéter encore une fois son laïus. Comme il est pris au dépourvu par votre insistance, la troisième version a de fortes chances d'être différente, ne serait-ce que légèrement, des précédentes : vous tenez votre menteur.

Autre signe : le timbre de voix. À cause du stress associé au mensonge, le menteur a tendance à grimper d'une octave. Si Charlotte laisse un message sur votre répondeur et que votre compagnon vous explique que c'est un faux numéro, qu'il n'a jamais entendu parler de cette fille et le tout avec des inflexions de canari, méfiance !

Comment lire entre les lignes de ce qu'on vous raconte ?

Vous est-il arrivé d'avoir une conversation avec une personne que vous trouviez très convaincante au départ mais qui vous semblait, réflexion faite, d'une sincérité de plus en plus douteuse ?

Examinons quelques mots et expressions que l'on entend souvent et qui indiquent que votre interlocuteur essaie peut-être de falsifier la vérité ou de vous induire en erreur au sujet de ses sentiments. Les mots « honnêtement », « sincèrement » et « franchement » doivent vous alerter. Ils révèlent que votre interlocuteur est probablement beaucoup moins franc, honnête et sincère qu'il le prétend. Les intuitifs ne se trompent guère au sujet de ces termes et ils sentent instinctivement qu'on essaie de les berner. Par exemple : « Franchement, c'est la meilleure offre que je puisse vous faire » doit se traduire : « Ce n'est pas la meilleure offre mais peut-être que vous allez le croire. » De même, « Je vous aime » est plus crédible que « Honnêtement, je vous aime. » « Indubitablement » doit vous faire redoubler d'attention et « sans aucun doute » déclencher un signal d'alarme.

« Croyez-moi quand je vous dis... » signifie souvent : « Si je réussis à vous faire gober ça, vous ferez ce que je voudrai. » L'insistance que met un menteur dans son « croyez-moi ! » est souvent proportionnelle à l'ampleur de sa tromperie. Votre interlocuteur a l'impression que vous ne le croyez pas ou que ce qu'il dit semble incroyable, si bien qu'il introduit toutes ses remarques par des « croyez-moi », « je ne plaisante pas » ou « vous me croyez capable de vous mentir ? »

Si vous êtes honnête, franc, crédible et sincère vous n'avez pas besoin de convaincre que vous l'êtes.

Il arrive que certaines personnes d'une honnêteté scrupuleuse fassent précéder les vérités qu'elles expriment de ce type de mots ou d'expressions. C'est une sorte d'automatisme inconscient qui sape leur crédibilité. Demandez à vos amis, relations et collègues, s'ils ont noté chez vous un recours à ces expressions toutes faites et si c'est le cas vous comprendrez sans doute mieux pourquoi certaines personnes semblent incapables de développer une relation de confiance avec vous.

Les expressions « OK ? » et « d'accord ? » forcent votre auditeur à acquiescer à vos propos. « Vous êtes d'accord avec moi, hein ? » : il ne reste qu'à répondre « oui » même si l'on n'est pas nécessairement d'accord avec votre point de vue. Ces « d'accord ? » montrent aussi que vous n'êtes pas sûr que votre interlocuteur comprenne ou accepte votre point de vue : évitez donc de les employer.

« Seulement » et « juste »

Les mots « seulement » et « juste » servent à minimiser l'impact du mot qui suit, à soulager la culpabilité d'une personne ou à faire porter sur autrui la responsabilité d'un acte aux conséquences désagréables. « Je ne vous prendrai que cinq minutes de votre temps » : cette phrase est de mauvais augure, c'est justement la rengaine de tous ceux qui nous font perdre beaucoup de temps. Vous vérifierez que la même proposition sous sa forme positive : « Accordez-moi cinq minutes », est moins suspecte. Les expressions « Seulement 10 euros » ou « juste 40 euros de caution » sont censées vous convaincre que le prix à payer est modique. « Je ne suis qu'un être humain » est le refrain de celui qui ne veut pas assumer la responsabilité de ses bévues. « Je voulais juste vous dire que je vous aime » masque le besoin de l'amoureux timide de dire : « Je vous aime. » Par ailleurs, aucune femme ne croit un homme qui assure : « Elle ? C'est juste une amie. »

Quand votre interlocuteur parsème son propos de « seulement » ou de « juste », demandez-vous pourquoi il essaie de minimiser l'importance de ce qu'il est en train de dire. Est-ce un manque de confiance en lui ? Essaie-t-il de vous tromper ? D'échapper à ses responsabilités ? Un examen serré des « seulement » et des « juste » dans leur contexte pourra vous aider à trouver la réponse.

Ceux qui disent « j'essaierai »

« Essayer » est un terme qui revient souvent dans la bouche des incapables et qui peut trahir un syndrome d'échec. C'est une façon d'annoncer qu'on n'est pas sûr de réussir, voire qu'on anticipe un échec. Quand quelqu'un à qui l'on demande d'être fidèle dans une relation répond « j'essaierai » ou son équivalent « je ferai de mon mieux », les infidélités sont quasi programmées. En clair, ces expressions signifient : « J'ai des doutes sur ma capacité d'y arriver. »

Quand arrive l'échec, un commentaire du genre : « Eh bien, j'ai essayé ! » confirme que celui ou celle qui se justifie ainsi ne croyait guère à sa réussite. Quand vous entendez ces tournures, demandez à leur auteur de s'engager plus franchement : « Je veux » ou « Je ne veux pas. » Vous préférez sans doute avoir affaire à quelqu'un qui ne veut pas ce que vous voulez qu'à une personne qui essaie et échoue. Cette assurance qu'on va « essayer » est à peu près aussi rassurante qu'une épée de Damoclès.

« Avec tout le respect que je vous dois » indique que celui qui parle éprouve très peu de respect pour son interlocuteur. « J'apprécie vos commentaires, mais puis-je vous dire, avec tout le respect que je vous dois, que je les désapprouve ? » est une manière alambiquée de dire : « Quelles fadaises ! » et d'envoyer poliment son adversaire au tapis en amortissant un peu sa chute.

Voici maintenant une liste des expressions les plus couramment employées pour essayer de vous convaincre qu'on vous dit la vérité alors qu'on cherche simplement à vous rouler dans la farine.

Rappelez-vous cependant que l'emploi de ces locutions ne signifie pas à lui seul que celui qui les prononce est malhonnête : replacez-les dans leur contexte.

« Faites-moi confiance ! »

« Je n'ai aucune raison de mentir ! »

« Sans mentir ! »

« Sincèrement... »

« Pour être tout à fait franc/honnête avec vous... »

« Pourquoi ferais-je une telle chose ? »

Autre truc courant des menteurs professionnels : se placer dans une catégorie de gens qui sont au-dessus de tout soupçon parce qu'ils obéissent à une autorité supérieure.

« Dieu m'est témoin ! »

« Je le jure sur la tombe de ma mère ! »

« Je le jure devant Dieu ! »

« Dieu m'en garde ! »

Nous ne visons évidemment pas ici les personnes dont la foi et les convictions sont sincères. Celles-la n'éprouvent pas le besoin de mettre en avant leur foi ou leurs croyances pour vous convaincre qu'elles sont honnêtes, parce qu'elles vivent leur foi. Vous n'entendrez jamais un prêtre dire : « Sur la tombe de mon père et que le Seigneur me foudroie si je mens... »

D'autres brandiront une décoration qu'ils ont reçue, la caution d'une famille honorable, la réputation de l'institution à laquelle ils appartiennent pour vous convaincre de leur honnêteté. Voici quelques exemples types :

« Je viens d'une famille très à cheval sur les principes... »

« Je suis un employé loyal ! »

« Je suis membre de (groupe/club)... »

« Je ne suis pas ce genre de type ! »

« Je suis diplômé, de telle école, j'ai reçu telle distinction... »

En résumé, ceux qui n'ont rien à se reprocher n'ont pas besoin de vous agiter sous le nez leurs certificats de bonne conduite. Ils appliquent leurs valeurs dans leur vie quotidienne et vous pouvez le vérifier par vous-même. Les expressions ci-dessus leur permettent d'éviter de répondre directement à vos questions.

L'informatique et la détection des mensonges

Les progrès de l'informatique ont permis la mise au point de trois procédés de détection de mensonges très intéressants. Le premier est le détecteur de mensonges classique : cet appareil mesure les modifications des rythmes cardiaques et respiratoires ainsi que de la tension au cours d'un entretien avec la personne testée. Si celle-ci ment, ces modifications la trahissent. Si elle ne ment pas, ces mesures doivent en principe rester stables. La fiabilité des indications fournies par cet appareil fait encore aujourd'hui l'objet de nombreuses controverses. Selon l'American Polygraph Association, plus de 250 études menées au cours des 25 dernières années sur la précision du détecteur de mensonges démontrent sa fiabilité. Les recherches les plus récentes révèlent que la précision des nouveaux détecteurs informatisés approche les 100 %. On peut aujourd'hui voir ces machines utilisées lors d'émissions de télé dont les invités doivent éprouver la culpabilité, l'innocence ou la fidélité de leurs conjoints. Les entretiens sous détecteur de mensonges ne sont toujours pas recevables devant les tribunaux, à moins que les entretiens en question ne soient conduits par un juge. Le détecteur de mensonges a cependant des ratés : les menteurs expérimentés savent mieux masquer leur anxiété que les novices et il arrive qu'ils passent le test sans se trahir, alors que des personnes parfaitement sincères mais émotives peuvent laisser transparaître une anxiété qui les désigne comme menteurs.

Ce que nous disent les cordes vocales

L'analyse du stress vocal détermine la fiabilité d'un interlocuteur en détectant électroniquement le niveau de stress dans sa voix. Cette technologie permet notamment de déceler la « réaction d'urgence » devant le danger, qui dénonce le menteur. Cette technologie est utilisable lors d'entretiens téléphoniques ou applicable à des enregistrements et ses inventeurs prétendent qu'elle permet de détecter 80% des mensonges. L'analyseur de stress vocal, d'un coût à l'unité très modique, a par exemple été utilisé par des journalistes du magazine *Time* lors d'un débat électoral opposant Al Gore à George Bush. L'analyseur de stress vocal avait alors imputé 57 mensonges à George Bush et 23 à Al Gore.

Une photo du cerveau en flagrant délit de mensonge

Ruben Gur et Daniel Langleben de l'école de médecine de l'université de Pennsylvanie, ont mené une étude d'imagerie par résonance magnétique et découvert que notre cerveau fonctionne différemment quand nous mentons ou quand nous disons la vérité. Ils ont donné aux 18 volontaires pour ce test une carte à jouer et 20 dollars. Chacun d'eux a été placé dans une machine IRM qui mesurait leur activité cérébrale. Un ordinateur présentait aux participants différentes cartes. Quand il affichait celle qu'on leur avait remise, ils devaient mentir en prétendant que ce n'était pas la bonne. On avait promis aux participants un bonus s'ils arrivaient à tromper l'ordinateur (en fait dûment informé au préalable des cartes détenues par chaque participant).

Les scanographies cérébrales des personnes testées en train de mentir révèlent une activité accrue dans l'aire cingulaire antérieure, située dans le cortex préfrontal médian, à quelques centimètres sous le milieu du front, et dans le cortex prémoteur gauche, situé à proximité de l'oreille gauche.

Gur et Langleben estiment que leur découverte va sonner le glas du détecteur de mensonges classique parce que l'IRM est capable de distinguer entre différents types de pensées. Le détecteur de mensonges ne distingue pas des signaux cérébraux différents (l'excitation de quelqu'un qui pense à un événement heureux et la perturbation émotionnelle induite par un mensonge) alors que ces deux pensées n'ont rien de commun. La localisation spatiale permise par l'IRM permet d'éliminer cette confusion.

Le Dr Jia-Hong Gao, du Centre d'imagerie de l'université de San Antonio, a mené des expérimentations similaires et ses résultats montrent que les hémisphères cérébraux droit et gauche travaillent quand quelqu'un prétend : « Je ne me souviens pas » et qu'il ment. Les données IRM font apparaître une activation de quatre aires principales : préfrontale-frontale, pariétale, temporale et subcorticale. La région pariétale est la « machine à calculer » du cerveau.

À l'écoute des indices vocaux

La voix contient trois paramètres susceptibles de dénoncer un menteur : la hauteur, la vitesse et le débit. En cas de stress, le resserrement automatique des cordes vocales rend la voix plus grinçante tandis que la vitesse du débit ainsi que le volume sonore augmentent. Les études montrent qu'environ 70 % des gens haussent le ton quand ils mentent. À l'inverse, si un menteur a soigneusement préparé son mensonge, il peut avoir tendance à ralentir son débit et à parler plus doucement. Quand une personne vient d'être prise en flagrant délit de mensonge, elle va avoir tendance à truffer son discours de « euh » « mmh », va bafouiller et s'interrompre parce qu'elle n'a pas eu le temps de répéter son mensonge. Ce genre de réactions s'observe plus souvent chez les hommes que chez les femmes, parce que les capacités de contrôle du langage sont plus limitées chez ces derniers. Quand un homme bredouille, c'est que son cerveau est assailli par plusieurs questions à la fois et qu'il essaie de les gérer toutes en même temps.

Quand une personne bafouille en réponse à une question directe de votre part, méfiez-vous.

Rappelez-vous que les signaux dont nous parlons montrent l'augmentation d'un niveau de stress, indice d'un mensonge possible mais non certain. Il existe un petit pourcentage de gens capables de mentir sans montrer de stress et d'autres, fanatiques religieux ou politiques, qui croient vraiment à leurs mensonges et sont donc indétectables. Mais la plupart des menteurs se trahissent presque toujours par de nombreux signes.

Déchiffrer le langage corporel

Dans notre livre *Le Langage corporel*, nous avons expliqué que les signaux corporels représentent

60 % du contenu des messages qu'échangent les gens. Nous ne pouvons reprendre le sujet en détail ici mais nous allons évoquer certains signaux qui peuvent indiquer que votre interlocuteur vous ment. On a observé que, quand ils doutent, exagèrent ou mentent, les hommes et les femmes ont tendance à se toucher souvent le visage. Les gestes masculins sont plus faciles à détecter parce qu'ils sont plus accentués que ceux des femmes et que les hommes les répètent plus souvent. Ils se grattent le nez et les yeux, se tirent les oreilles, rajustent leur col ou leur cravate. On a ainsi observé que Bill Clinton s'était touché le nez et le visage 26 fois devant le Grand Jury qui l'interrogeait sur ses relations avec Monica Lewinsky.

Reliez toujours les indices entre eux !

N'interprétez jamais un geste isolé en le séparant du contexte ni des gestes qui le précèdent et le suivent. Si quelqu'un se frotte l'œil, peut-être que son œil le gratte. Les indices doivent se déchiffrer par séquences et vous devez détecter au moins trois signaux avant d'en tirer la conclusion qu'ils indiquent un mensonge. Si votre interlocuteur se touche la bouche ou le nez, se frotte l'œil, se tire l'oreille, se gratte le cou, etc., il n'est pas certain qu'il vous mente, mais il a à coup sûr quelque chose en tête qu'il ne vous dit pas. S'il se touche continuellement le visage en répétant compulsivement « croyez-moi, sans mentir, à dire vrai, honnêtement... », vous pouvez raisonnablement en déduire qu'il ne vous dit pas la vérité.

Sourire

Les hommes et les femmes sourient autant quand ils mentent que quand ils disent la vérité. Un véritable sourire, cependant, s'épanouit rapidement et il est symétrique : le côté gauche reflète le côté droit. Un faux sourire s'ébauche lentement et est dissymétrique. Quand les êtres essaient de montrer une émotion qu'ils n'éprouvent pas vraiment, leurs expressions faciales ne sont pas symétriques (le sourire est contraint).

Au fond des yeux

On vous a sans doute inculqué qu'un menteur ne vous regardera jamais en face. C'est vrai des enfants éduqués dans les pays occidentaux, auxquels leur mère a pu dire : « Je sais que tu ne me dis pas la vérité parce que tu ne me regardes pas dans les yeux. » En revanche, dans les pays d'Amérique du Sud, au Japon et en Asie, cette règle ne s'applique pas : dans ces cultures, un contact visuel soutenu est un signe d'agressivité ou d'impolitesse. De plus, les menteurs exercés savent très bien soutenir le regard de l'autre quand ils mentent. Un contact visuel limité n'est donc qu'un indice relatif de mensonge. Des clignements d'yeux répétés doivent attirer votre attention parce qu'ils indiquent une augmentation du stress chez votre interlocuteur. Observez aussi la direction dans laquelle regardent les menteurs quand vous leur posez une question, car elle vous indique quelle partie de leur cerveau ils font travailler et c'est un signal presque imparable. La plupart des droitiers, quand ils se rappellent un événement qui s'est effectivement produit, sollicitent leur cerveau gauche et regardent à droite. Quand ils inventent une histoire, ils se servent de leur cerveau droit et regardent vers la gauche. Bref, les menteurs droitiers regardent à gauche et les menteurs gauchers regardent à droite. Ce comportement n'est pas une preuve absolue mais un fort indice de mensonge.

L'effet Pinocchio

On a observé, au moyen de caméras IRM mesurant les flux sanguins, que, quand une personne ment, son nez grandit. L'élévation de la tension fait gonfler le nez et en stimule les terminaisons nerveuses, c'est-à-dire que le nez gratte. On observe le même phénomène chez une personne énervée ou en colère. Des scientifiques qui travaillent sur l'olfaction et le goût à la Research Foundation de Chicago ont découvert que, quand on ment, des molécules appelées catécholamines sont libérées dans le sang, lesquelles provoquent un léger gonflement du nez visible à l'œil nu. Il est intéressant de noter que, quand un homme ment, son pénis peut aussi gonfler légèrement. Pour savoir si votre mari vous ment, le test ultime, c'est donc de lui arracher son pantalon…

Voici une brève liste des signaux qui peuvent indiquer qu'un homme ne dit pas la vérité :

1. Tic nerveux facial : le cerveau essaie d'empêcher le visage de trahir le menteur.

2. Absence de contact visuel : il détourne le regard. Vers la porte, par exemple.

3. Il croise les bras ou/et les jambes. Il est placé sur la défensive.

4. Ses pupilles rétrécissent.

5. Son débit s'accélère. Le menteur veut en finir rapidement.

6. La tête fait signe que non quand le menteur dit oui et *vice versa*.

7. Il cache ses mains. Les hommes trouvent plus facile de mentir les mains dans les poches.

8. Il bute sur certains mots ou marmonne. Le menteur a moins l'impression de mentir quand il marmonne.

9. Il est trop gentil, il rit trop souvent. Il veut s'attirer votre sympathie pour être cru de vous.

Faites en sorte qu'il ne vous mente pas !

1. Asseyez-vous sur la chaise la plus haute, c'est une forme subtile d'intimidation.

2. Décroisez vos jambes, ouvrez vos bras et renversez-vous en arrière. Montrez-vous « ouverte » à la vérité.

3. Ne lui dites jamais que vous *savez* – il ne doit pas savoir que vous savez qu'il ment.

4. Envahissez son espace personnel. Plus vous vous approcherez, plus il sera mal à l'aise.

5. Imitez ses postures, ses gestes, il lui deviendra d'autant plus difficile de mentir.

6. Écoutez-le attentivement et reproduisez ses schémas de pensée. S'il vous dit : « J'entends ce que tu veux dire », « Ça sonne bien », cela signifie que c'est un auditif. S'il dit : « J'aurais dû le voir venir », ou « Je vois ce que tu veux dire », vous savez que vous avez affaire à un visuel. S'il dit : « Il m'est rentré dedans comme un bulldozer », ou « Je me suis figé sur place », il s'agit d'un tactile. Utilisez le même registre que lui. Mais d'abord, faites-lui réciter l'alphabet, cela vous aidera à le cerner : certains hommes regardent droit devant eux comme s'ils fixaient un tableau noir sur le mur d'en face (les visuels), certains chantonnent l'alphabet (les auditifs) et d'autres pianotent en énumérant les lettres (les tactiles). En imitant son fonctionnement, vous forcez votre menteur à sympathiser et vous compliquez ses tentatives de dissimulation.

7. Laissez-lui une porte de sortie, tendez-lui des perches. Faites comme si vous aviez mal entendu ce qu'il vient de dire ou affirmez que

vous avez mal compris. Laissez toujours une porte ouverte pour qu'il puisse se rétracter et avouer la vérité.

8. Restez calme. Ne vous montrez jamais surprise ni choquée. Affichez un intérêt égal pour tout ce qu'il dit. Dès que vous réagissez négativement, vous perdez toute chance qu'il vous dise la vérité.

9. Ne portez pas d'accusations. Des questions agressives du genre : « Pourquoi ne m'as-tu pas appelée ? » ou « Tu as une liaison ? » peuvent inciter un menteur à s'enferrer dans ses dénégations. Recourez à des questions indirectes : « Où m'as-tu dit que tu avais passé la soirée ? » ou : « À quelle heure m'as-tu dit que tu étais arrivé au restaurant ? »

10. Donnez-lui une dernière chance. Ignorez son mensonge et posez lui d'entrée de jeu la question finale : « Que pouvons-nous faire pour que cela ne se reproduise plus ? » S'il a l'impression d'être tiré d'affaire, il sera sans doute prêt à faire des concessions et, au pire, il proposera une solution qui vous évitera de revivre ce genre de scènes.

Nous avons demandé à nos lectrices de nous envoyer les phrases types qu'utilisent leurs compagnons pour dissimuler ce qu'ils pensent vraiment.

Petit répertoire des expressions masculines fétiches

Ce qu'il dit...	*Ce que ça veut dire...*
« Je ne trouve pas ! »	*Je ne le vois pas au premier coup d'œil donc ça a dû disparaître !*
« C'est un truc d'homme ! »	*Ça ne s'explique pas rationnellement et ça justifie mon comportement inacceptable.*
« Tu veux que je t'aide pour le dîner ? »	*Pourquoi le dîner n'est-il pas encore servi ?*
« Je fais plus d'exercice ces temps-ci... »	*Les piles de la télécommande sont mortes.*
« On va être en retard ! »	*J'ai une bonne raison de conduire comme un fou.*
« Fais une pause chérie, tu en fais trop ! »	*Je n'entends pas la télé à cause de l'aspirateur !*

Ce qu'il dit…	**Ce que ça veut dire…**
« C'est intéressant, chérie. »	*Tu parles encore ?*
« Notre amour est au-dessus des contingences	*J'ai encore oublié notre anniversaire de mariage.*matérielles. »
« C'est vraiment un bon film. »	*Il y a du suspense, des bagarres, des poursuites en voiture, des filles nues.*
« Tu sais bien que je ne me souviens jamais de rien. »	*Je me rappelle l'adresse de la première fille que j'ai embrassée, les résultats de tous les matches de la dernière coupe du monde de foot, et les numéros des plaques de toutes les voitures que j'ai possédées, mais j'ai oublié ton anniversaire.*
« J'ai pensé à toi en passant devant le fleuriste et je t'ai acheté des roses. »	*La nouvelle fleuriste est super bien gaulée et je voulais l'examiner de plus près.*

Ce qu'il dit…	***Ce que ça veut dire…***
« Appelle le Samu, je vais mourir ! »	*Je me suis coupé le doigt !*
« J'ai entendu ! »	*Je n'ai pas la moindre idée de ce que tu viens de dire, mais tu peux t'arrêter de parler, maintenant.*
« Cette robe te va divinement bien ! »	*S'il te plaît, arrête les essayages, je n'en peux plus !*
« Tu m'as manqué. »	*Je ne retrouve plus mes chaussettes, les gosses sont affamés et il n'y a plus de papier hygiénique.*
« Je ne suis pas perdu, je sais exactement où nous sommes ! »	*Si on arrive pour le café chez les amis qui nous ont invités à dîner, on aura une sacrée veine.*
« Splendide robe ! »	*Splendide poitrine !*
« Je t'aime. »	*J'ai envie de faire l'amour.*

Ce qu'il dit…	**Ce que ça veut dire…**
« Tu veux aller au cinéma, au restaurant ? »	*On fera l'amour, après ?*
« Tu veux bien m'épouser ? »	*Je veux m'assurer que tu n'auras pas de relations sexuelles avec d'autres hommes* ou *j'ai besoin d'un substitut maternel.*
« Tu as l'air tendue, je vais te faire un massage. »	*Je voudrais faire l'amour avec toi dans les dix minutes.*
« On parle ? »	*J'essaie de t'impressionner en te montrant que je suis un homme sincère et profond, pour que tu aies envie de faire l'amour avec moi.*
« Mais je fais des efforts à la maison ! »	*Il m'arrive de jeter des serviettes humides dans le panier de linge sale.*
« Encore une de ces militantes féministes lesbiennes. »	*Elle a refusé de coucher avec moi.*

Chapitre 14

Quand le chasseur raccroche, l'heure de la retraite

Dans les pays développés, le nombre d'individus approchant l'âge de la retraite ne cesse de croître. Les progrès de la médecine font que nous sommes désormais plus nombreux à vivre jusqu'à la retraite, et bien au-delà. Au cours des soixante dernières années, le nombre des personnes vivant dix ans ou plus après la retraite a été multiplié par deux.

Avant 1940, seul un petit pourcentage de la population dépassait 65 ans. Ceux qui n'avaient pas d'indépendance financière vivaient dans la misère, travaillaient jusqu'à leur mort, ou demandaient à leurs enfants de subvenir à leurs besoins.

Entre les années 1940 et la fin des années 2020, la durée de vie moyenne dans le monde aura augmenté de plus de 50 %, passant de 46 à 72 ans. D'ici 2020, la planète comptera plus d'un milliard de sexagénaires.

La génération du « baby boom »

À la fin de la Seconde Guerre mondiale, en 1945, le taux de natalité a explosé avec la génération du

« baby boom », née entre 1946 et 1964 : ils sont soixante-seize millions qui commencent à prendre leur retraite.

> En chaque vieux, sommeille un jeune qui se demande ce qui a bien pu se passer…

Aujourd'hui, les pays industrialisés se voient contraints de consacrer une part substantielle et sans cesse croissante de leur budget à la prise en charge de cette population.

Plusieurs d'entre eux ont imposé un système de cotisation obligatoire. Reste un problème : combien d'actifs paient ces cotisations par rapport au nombre de départs en retraite ? Aux États-Unis, par exemple, depuis 1952, le rapport est tombé de neuf pour un à quatre pour un. D'ici à 2010, le Japon comptera moins de deux actifs pour un retraité ; or, dans la population mondiale, ce sont les Japonais qui vivent le plus longtemps : une Japonaise née en 1993 a une espérance de vie de 82 ans et demi, un Japonais de 76 ans et trois mois.

Les gouvernements de tous les pays riches ne cessent de plancher sur la question. Les organismes financiers commercialisent à profusion des fonds de pension individuels. Les rayons des librairies ploient sous la masse des ouvrages consacrés à l'indépendance financière et à l'organisation de la retraite. Le conseil aux futurs retraités est devenu une véritable industrie. Pourtant, deux problèmes sont en train d'apparaître, auxquels on ne prête pas suffisamment attention : l'incidence psychologique de la retraite sur les hommes, la façon dont les femmes supportent leur compagnon et les effets de la retraite sur leur relation.

L'histoire de Gérard

Gérard envisageait sa retraite dans le Midi comme un long congé. Il allait passer ses journées dans la béatitude : prendre le soleil, nager, aller au restaurant, faire la grasse matinée, se détendre... Et, en effet, les deux premiers mois, c'est exactement ce qui s'est passé. Ensuite, le blues de la retraite s'est installé. Et pour de bon.

Avec sa femme, Françoise, ils avaient acheté une magnifique maison près de la plage : beaucoup d'espace, un jardin, une piscine... Ils y ont emménagé deux semaines après son départ définitif du bureau, impatients de profiter enfin de tous les plaisirs propres aux vacances. Mais Gérard n'avait pas encore fait la différence entre savourer des vacances arrachées à un emploi du temps surchargé, et les savourer non-stop jusqu'à la fin de sa vie.

Comme pour la plupart des hommes, le travail avait toujours été le pivot de son existence. Pendant plus de quarante ans, il s'était levé chaque matin en sachant exactement ce qu'il avait à faire. À présent, pour la première fois de sa vie, il était désœuvré. Il a commencé à se demander avec angoisse comment il allait bien pouvoir remplir tout ce temps libre. Dans son travail, il était connu, estimé. Il occupait un poste important, assistait à des réunions, formait les nouvelles recrues, il réglait une foule de problèmes pour tout le monde. Mais, sur la plage, personne ne le connaissait, personne n'avait besoin de son opinion. Son prestige avait disparu. La stimulation mentale, les relations avec ses collègues, tout cela lui manquait. Il n'avait plus de problèmes à résoudre, plus de solutions à proposer. C'était fini.

Alors, Gérard prit brutalement conscience d'une réalité : il avait sauté du TGV de la vie active pour grimper dans un tortillard de bord de mer. Au lieu de gagner du temps en jonglant avec deux ou trois choses à la fois, il devait maintenant les faire durer pour… tuer le temps. Il a espéré un appel implorant ses services, en vain. Un moment, il a gardé le contact avec d'anciens collègues, puis leurs coups de fil se sont espacés. Grand manitou hier, le voici devenu l'homme invisible.

Souffrant de ce qui était pour lui une brutale perte d'identité, il s'est bientôt mis à réclamer beaucoup d'attention de la part de Françoise. Il était sans cesse dans ses jambes, il l'étouffait. Son refrain préféré : « Qu'est-ce qu'on mange à midi ? » Avant, Françoise était libre de vivre comme elle l'entendait. Maintenant, elle devait s'occuper de son mari à plein temps. Et leur relation commençait à en pâtir.

Avec le temps, les choses se sont un peu tassées. Gérard et Françoise se sont faits de nouveaux amis. Et bientôt, à force d'accumuler les bons déjeuners et les dîners arrosés, Gérard s'est peu à peu empâté. La bronzette l'ennuyait, il nageait peu et ne jardinait que rarement. Gros, mou et triste, il est devenu exactement le genre de personne qu'il n'aurait même pas regardée dans sa vie d'avant. Il repensait tous les jours à son travail, il en rêvait souvent la nuit. Il sentait bien que sa santé se dégradait, mais il n'en parlait pas.

Et puis, tout à coup, après dix-huit mois de cette retraite de rêve, il a eu une attaque.

> Un célèbre homme d'affaires se rend à un cocktail, c'est sa première réception depuis son départ en retraite. Il balaie la pièce du regard, avise une femme séduisante et se dirige vers elle. « Bonjour, fait-il en lui tendant la main. Vous savez qui je suis, bien sûr. » Elle le dévisage, le regard vide, et répond :
> « Moi, non. Mais allez voir notre hôte, il va vous rafraîchir la mémoire. »

Sexe et retraite

La façon dont les hommes et les femmes affrontent le vieillissement et la retraite témoigne de la différence d'organisation de leurs cerveaux.

Les femmes représentant 40 à 50 % de la population active, on s'attendrait à ce qu'elles aient les mêmes problèmes psychologiques que les hommes. Mais, leur cerveau ayant une autre structure et d'autres priorités, la retraite est pour elles une expérience étonnamment différente. Pour beaucoup d'hommes, c'est une catastrophe absolue, qui peut aller jusqu'à provoquer une mort prématurée. Les hommes qui gagnent au Loto ou qui héritent une forte somme d'argent vivent la même chose. Et plus ils vivent cette expérience tôt dans la vie, pire elle est.

> La plupart des hommes qui touchent un gros héritage ou gagnent au Loto font faillite, ont des ennuis de santé et meurent prématurément.

Si on a consacré beaucoup de livres et d'études aux problèmes des retraités hommes, on s'est peu penché sur le cas des femmes dans la même situation, et de celles qui, n'ayant jamais travaillé, se retrouvent avec un homme à la retraite. Leur souci, à elles, c'est d'apprendre à se débrouiller avec un retraité...

Quand un chasseur arrête la chasse...

Les hommes ont passé au moins cent mille ans à se lever le matin pour aller chercher de quoi nourrir leur famille. La contribution de l'homme à la survie de l'espèce était claire et simple : détecter une proie comestible, et l'attraper. En conséquence, le cerveau masculin a développé une zone bien particulière lui permettant d'exceller dans cette activité : la zone « visuo-spatiale ». C'est elle qui calcule la vitesse, les angles, les distances et les coordonnées spatiales, elle aussi qui est activée quand il s'agit de faire un créneau, de lire une carte, d'entrer sur l'autoroute, de programmer un magnétoscope, de shooter dans un ballon et d'atteindre une cible en mouvement. En d'autres termes, c'est la partie du cerveau dévolue à la chasse. Les images ci-dessous ont été réalisées en scannant les cerveaux de cinquante hommes et cinquante femmes. On y voit (en noir) les zones spatiales actives.

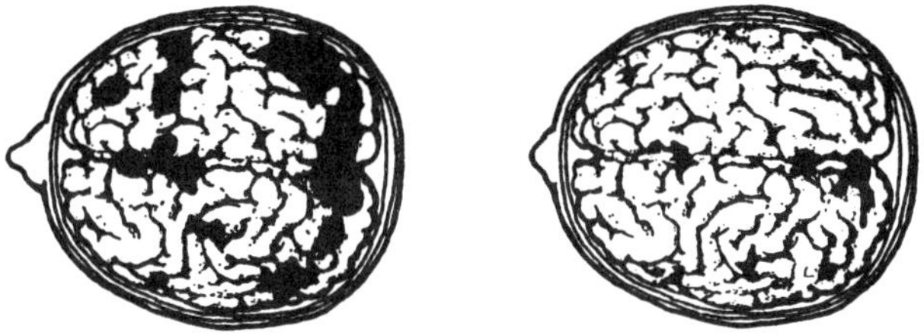

Homme **Femme**

Zones du cerveau utilisées pour la chasse (Institut de Psychiatrie, Londres, 2000).

Pendant des dizaines de milliers d'années, l'unique travail des hommes a été de chasser. On comprend donc que le cerveau de l'homme moderne soit organisé comme le montrent ces scanographies. Les femmes, elles, sont devenues des protectrices du nid, leur rôle consistant à préserver la survie de la progéniture. Leur cerveau a suivi une évolution différente afin de se consacrer à cette tâche : être capable de viser et d'atteindre un zèbre au galop, à 30 m de distance, fut toujours le cadet de leurs soucis. Ça n'a jamais relevé de leur responsabilité. Voilà en partie pourquoi les scanographies du cerveau féminin font apparaître une activité restreinte dans les zones spatiales.

Comment l'ancien chasseur s'est retrouvé au chômage technique

Depuis la fin du XVIIIe siècle, avec l'évolution des techniques agricoles, la chasse est passée au rang des moyens de subsistance secondaires. Frustré qu'on n'ait plus besoin de lui pour poursuivre et capturer une proie, l'homme s'est rabattu sur deux succédanés : le travail et le sport. Deux activités qui recèlent tous les ingrédients de la chasse : approche, poursuite, visée et but.

Ainsi, 90 % des sports de ballon modernes sont apparus entre 1800 et 1900 pour remplacer la chasse. C'est aussi la raison pour laquelle beaucoup d'hommes sont obsédés par leur travail et par le sport, ce qui n'est pas le cas de la plupart des femmes.

Puis le XXe siècle a porté à l'homme un nouveau coup dur : la retraite. Non seulement on n'avait plus besoin de lui pour atteindre une cible, mais on n'avait plus besoin de lui du tout. C'est là le cœur du problème du retraité moderne : formaté pour la chasse, son cerveau se retrouve au chômage. Il s'est mis sur son trente et un, mais n'a nulle part où aller. Pire, il est assis sur une plage du bout du monde où personne ne le connaît, ni même ne lui prête la moindre attention.

> L'homme moderne a inventé le sport pour remplacer la chasse.

> La retraite, c'est quand on connaît toutes les réponses mais que personne ne nous pose plus jamais les questions.

Les femmes et la retraite

Comparées aux hommes, la plupart des femmes se glissent dans la retraite avec douceur et « la vie continue ». Les hommes se sont toujours définis par leur travail et leur *réussite* ; tandis que, d'ordinaire, les femmes placent leur estime de soi dans la qualité de leurs *relations*. Régulièrement, des études sur les valeurs féminines et masculines montrent que, pour 70 à 80 % des hommes, l'essentiel de leur vie, c'est le travail, alors que pour 70 à 80 % des femmes, la priorité n'est autre que la famille. Résultat : les retraitées conservent les liens sociaux qu'elles se sont fabriqués, ou elles s'en font aisément de nouveaux. Elles consacrent ce temps supplémentaire à des choses qu'elles ont toujours faites, ou bien elles en profitent pour entreprendre de nouvelles activités qu'elles n'avaient jamais trouvé le temps de pratiquer lors de leur vie active.

> L'homme valorise la réussite, la femme valorise les relations.

Une fois à la retraite, beaucoup de femmes adhèrent à des associations où elles vont perfectionner leur passe-temps ou creuser tel ou tel centre d'intérêt. Elles n'hésitent pas à retourner sur les bancs de l'école, s'investissent davantage pour les autres ou s'inscrivent dans des clubs de sport. Presque toujours, elles choisissent des activités impliquant une interaction avec les autres. L'identité d'une femme a des facettes multiples. Selon les moments, elle peut avoir une vie professionnelle, mais aussi une vie de nounou, de mère, de grand-mère, de maîtresse de maison, une vie sociale, une vie de compagne, d'épouse, d'amante, et le plus souvent, tout ça à la fois. Quand sa vie professionnelle s'achève, la femme continue d'exploiter les autres facettes de son existence. Autrement dit, elle garde son identité. Ça ne fait pas de drame. Elle continue à faire les choses, tout simplement. Elle ne s'arrête jamais.

L'histoire de Pierre et Brigitte

Brigitte attendait avec beaucoup d'impatience l'heure où Pierre et elle prendraient leur retraite. Ils allaient enfin pouvoir faire toutes ces choses dont ils avaient toujours rêvé, mais pour lesquelles ils n'avaient jamais de temps. Leurs enfants étaient mariés, elle n'avait plus à se tracasser pour eux. Brigitte et Pierre étaient enfin seuls maîtres à bord dans leur vie et, bien qu'ils soient mariés depuis vingt ans, Brigitte avait souvent l'impression de ne pas connaître son époux. Il n'arrêtait pas de travailler et, bien souvent, de dîners mondains en invitations diverses, les soirées et les week-ends n'étaient qu'un prolongement de sa vie professionnelle. Elle avait parfois le sentiment de vivre auprès d'un étranger. À présent, pensait-elle, ils allaient avoir le temps de refaire connaissance. Ce serait presque une seconde lune de miel.

Elle a accueilli sa retraite avec un véritable enthousiasme. Elle était infirmière, un métier stressant, mal payé, et lui offrant peu d'opportunités de promotion. En outre, elle avait dû combiner travail et vie de famille, ce qui lui avait laissé peu de temps pour elle. Pour elle, la retraite, c'était la liberté retrouvée.

Mais, pour Pierre, c'était bien différent. De l'instant où il ouvrait l'œil jusqu'au moment de se coucher, il affichait une constante mauvaise humeur. Il n'avait jamais envie de rien faire, sinon rester assis chez lui à broyer du noir. Il ruminait sur la facilité avec laquelle sa boîte s'était passée de ses services et sur ses anciens collègues qui ne l'appelaient que rarement et ne sollicitaient ni son avis, ni son expérience. Brigitte voyait bien qu'il déprimait, mais elle n'arrivait pas à le convaincre d'en parler. Plus que jamais, elle se sentait exclue de sa vie.

Au début, elle restait à la maison avec lui, espérant qu'un jour il se tournerait vers elle pour lui demander son aide. Au bout de quelques mois, rien de tel ne se produisant, elle a commencé à lui en vouloir : il lui gâchait sa retraite, à elle aussi. Alors, elle s'est mise à sortir davantage avec ses amis. Un jour sur deux, elle allait à la piscine et elle jouait au tennis deux fois par semaine. Puis elle s'est inscrite à des cours de dessin. Plus tard, elle a retrouvé les bancs de la fac et s'est mise à l'italien. Bref, elle était de moins en moins à la maison.

Un couple de septuagénaires, en pleine forme grâce à l'obsession de la femme pour l'hygiène de vie, meurt dans un accident de voiture. Au Paradis, saint Pierre leur présente leur nouvelle vie. Il leur montre une somptueuse demeure. « Combien coûte-t-elle ? demande le mari.
– Rien, répond saint Pierre. Au Paradis, c'est gratuit. »
Puis il leur montre un superbe parcours de golf derrière la maison.
« Combien coûte l'inscription ? demande le mari.
– Rien, répond saint Pierre. Au Paradis, c'est gratuit. »
Enfin, il les emmène au restaurant et leur montre la carte : rien que des plats riches, délicieux, avec des sauces à la crème.
« Mais nous ne prenons que de l'allégé, sans sel, basses calories… dit le mari.
– Ne vous inquiétez pas, répond saint Pierre. C'est le Paradis. Au Paradis, les calories n'existent pas. Vous pouvez manger tout ce que vous voulez, vous resterez sveltes et en bonne santé. »
Furieux, l'homme se tourne alors vers sa femme et glapit :
« Tu vois ! Si tu ne m'avais pas cassé les pieds avec tes histoires de régimes et d'exercice physique, on serait peut-être arrivés ici dix ans plus tôt ! »

« Tu sais, confiait-elle à une amie, la retraite, c'est vraiment formidable ! La liberté... J'adore ! La seule chose qui me pèse, c'est rentrer à la maison le soir. Je commence à me demander ce que j'ai bien pu trouver à Pierre. Au fond, c'est la première fois de notre vie qu'on passe autant de temps ensemble, et je me rends compte que nous n'avons rien en commun. Je me demande d'ailleurs si nous avons jamais rien eu en commun... Ces derniers temps, je ne sais même plus si je l'aime, ni si j'ai encore envie de vivre avec lui. »

Supporter un homme à la retraite est souvent l'un des problèmes majeurs auxquels se trouve confrontée une femme. Un problème qui peut provoquer disputes, larmes, et même séparation. L'homme lui semble toujours « dans ses jambes », parfois, il va même tenter de régenter sa vie, la traitant comme, peut-être, il traitait autrefois ses subordonnés : il va l'assommer de conseils à tout-va, lui donnant des avis sur tout et proposant des solutions dont elle n'a que faire. Et, souvent, c'est elle qu'il tient pour responsable de son malheur.

Pourquoi, pour les hommes, c'est si dur ?

Pour la majorité des hommes, la retraite est la grande affaire de leur vie, et aussi l'une des expériences les plus stressantes. Ce n'est pas tant le fait d'arrêter de travailler qui est en cause, il s'agit d'une chose beaucoup plus importante : l'identité.

Souvent, en approchant de la retraite, un homme voudra nier que sa vie active touche à sa fin : tout ce savoir, toute cette expérience, fruits d'un long labeur, ses employeurs et associés ne pourront jamais s'en passer... Le fait qu'ils pensent pouvoir le faire et qu'ils y parviennent est alors vécu comme une claque magistrale.

Incapables de faire face à une réalité si cruelle, la plupart des hommes pensent avoir trouvé la parade : ils vont devenir consultants. La transition est séduisante : ils n'auront plus besoin de passer de longues heures au bureau, mais ils resteront tout de même des rouages importants de la machine. Ils retourneront au bureau « sur demande », résoudre des problèmes qu'ils sont seuls, grâce à leur savoir et à leur expérience, à pouvoir régler. Même s'ils n'ont jamais beaucoup aimé leur travail, ils veulent que « la meute » ait encore besoin d'eux pour continuer de mener la chasse.

> Un homme veut se convaincre qu'il a toujours sa place dans la meute.

Pourtant, c'est rarement le cas. En effet, la jeune génération a ses propres idées, ses propres solutions qu'elle se sent libre d'appliquer désormais, tout comme elle se sent libre d'essayer de nouvelles manières de faire – sans consultant.

Le dernier jour, souvent les hommes plaisantent en disant qu'ils ont senti venir la fin quand leurs collègues ont mesuré leur bureau, quand leur vieil ordinateur a été remplacé par un modèle dernier cri, quand leur secrétaire s'est mise à leur répondre : « Ouais, laissez tomber... » Néanmoins, ils comprennent rarement que le « pot d'adieu » veut vraiment dire... « adieu ».

Pourquoi sont-ils si nombreux à couler si vite ?

Certains arrivent à l'heure de la retraite avec une certaine désinvolture, en se disant que ça va être facile. Ils vivront au ralenti, feront ce qu'ils voudront quand ils le voudront. Mais, sauf à avoir soigneusement préparé sa retraite, il est rare que cette phase idyllique dure longtemps. La perte brutale des collègues, des associés, celle d'une situation, du sentiment d'être important, ouvrent bientôt la voie à la dépression.

La perte de l'identité, chez un homme, est à bien des égards comparable à la mort d'un proche : au début, c'est le *déni*, puis viennent la *dépression*, la *colère* et enfin, avec un peu de chance, *l'acceptation.*

La dépression peut s'installer sans être identifiée comme telle. Tout d'abord, le retraité sera déçu de sa nouvelle vie. Il se renfermera sur lui-même, perdra sa vitalité, deviendra inactif. Il se sentira rejeté, inutile, sa libido en pâtira. Il compensera par des excès de nourriture, d'alcool ou de médicaments. Il attrapera régulièrement des rhumes, des grippes, collectionnera les petits maux. Il se remémorera tout ce qu'il n'a pas réussi. Il est capital de bien identifier ce stade car, si l'homme ne parvient pas à le dépasser, ou s'il ne va pas consulter, la dépression peut s'installer de façon chronique, entraînant une existence malheureuse, apathique et diminuée.

> Les retraités qui n'ont pas organisé leur retraite sont tout le temps malades.

L'irritabilité indique habituellement que le stade dépressif est en train de passer. L'homme tient les autres pour responsables de son dilemme ; souvent, sa compagne ou sa famille sont visées : « Ils ne comprennent pas ce que je ressens. » Il reproche à son ancien employeur de ne pas l'avoir préparé à la retraite. Il ne comprend pas pourquoi celui-ci refuse de lui accorder un temps partiel ou de le reprendre comme consultant : on a manqué de loyauté à son égard. Sa colère se convertit fréquemment en un appétit de tout diriger à la maison, les finances surtout, mais aussi les activités sociales et familiales. Désormais, l'homme se veut le P.-D.G. du foyer.

Autant d'intrusions qui peuvent devenir très irritantes pour la femme, et autant de sujets de dispute, bien sûr…

L'histoire d'Yvonne

José avait obtenu son brevet de plombier à 20 ans. À 25 ans, il était déjà à son compte. Il savait parfaitement gérer son temps. Quand il a décidé de prendre sa retraite, à 50 ans, il était patron de son entreprise, elle marchait très bien, et il pensait être le meilleur dans la profession.

Il avait toujours été séduit par l'idée de la retraite et attendait avec impatience le jour où, enfin, Yvonne et lui pourraient passer tout leur temps ensemble, voyager et se consacrer à leurs enfants et petits-enfants. Ce jour est arrivé et, en l'espace de quatre semaines, la retraite est devenue un enfer pour Yvonne.

Désormais, non content d'essayer de régenter la maison, José voulait aussi contrôler tous les faits et gestes de sa femme ! Ayant réclamé la gestion des finances familiales, il lui a alloué un budget pour l'alimentation, exigeant qu'elle justifie l'achat de tel ou tel article que lui jugeait inutile. Ils n'avaient pas de problèmes d'argent, mais José voulait savoir où passait chaque centime, et pourquoi. Yvonne devenait folle.

Comme toutes les femmes, elle adorait faire du shopping. Désormais, a décidé José, ils iraient ensemble. Il a établi un emploi du temps, un plan des boutiques et une liste d'achats. Si Yvonne entrait dans un magasin non prévu au programme, il réagissait aussitôt : n'avait-elle pas déjà bien assez de vêtements ou de chaussures ? Un jour, Yvonne a eu besoin d'un soutien-gorge. José l'attendait devant la cabine d'essayage, sur la « chaise-du-mari-qui-s'ennuie ». Elle se dépêchait d'essayer, craignant qu'il s'impatiente.

Mais, pendant ce temps, devant la cabine, José entreprenait de réunir le maximum d'informations sur les soutiens-gorge. Il interrogeait les vendeuses : combien en possédaient-elles à titre personnel ? pourquoi les femmes pensaient-elles avoir besoin d'un si grand nombre de soutiens-gorge ? pourquoi coûtaient-ils si cher ? quelle était l'espérance de vie d'un soutien-gorge ? Bref, toute une série de questions très sophistiquées... Puis il leur a livré ses propres réflexions sur le sujet, a bien pesé et analysé l'affaire, et a rendu son verdict : Yvonne n'avait besoin que de deux soutiens-gorge. En acheter davantage reviendrait à jeter l'argent par les fenêtres. Pour Yvonne, la coupe était pleine. Elle n'a rien acheté ce jour-là et a décidé de revenir une autre fois. Seule.

José s'est dit qu'Yvonne occuperait mieux ses journées si elle gérait efficacement son temps ; alors, il lui a demandé de tenir un journal de bord, heure par heure, en commençant à huit heures du matin. Yvonne avait l'impression de vivre dans un camp. « Qu'est-ce que tu fais demain ? » lui demandait-il.

– Je vais chez le médecin.

– Un rendez-vous de médecin ne va pas te prendre toute la journée : que vas-tu faire en te levant ?

– Je ne sais pas, moi... L'aspirateur, une lessive peut-être, ce qui sera nécessaire à ce moment-là. »

Pour un esprit discipliné et organisé comme celui de José, c'était incompréhensible. Comment sa femme pouvait-elle fonctionner sans rien planifier ?

Un jour, pour lui faire plaisir, elle lui a répondu : « Je commencerai par nettoyer la douche. »

Le lendemain, à dix heures, la douche n'était toujours pas nettoyée : Yvonne avait fait une lessive urgente à la place. José s'est alarmé : elle ne faisait pas ce qui était prévu, c'était plus qu'il n'en pouvait supporter. Sa vie à lui avait toujours été planifiée heure par heure. Qu'Yvonne fasse les choses quand ça l'arrangeait ne l'arrangeait pas, lui. Pourtant, force était de constater que, le soir, Yvonne avait accompli tout son programme, voire plus, et sans planning.

Yvonne s'est mise à fuir discrètement de la maison pour échapper à José et à son organisation. « Il faut absolument lui trouver quelque chose pour meubler sa vie, disait-elle à ses amies. Et moi, je veux récupérer la mienne ! »

À table, un couple de retraités parle de la vieillesse.
« Le pire, dit la femme, c'est la mémoire.
– Que veux-tu dire ? demande son mari.
– Eh bien, je suis en train de faire une chose, je m'arrête et j'ai oublié ce que j'étais en train de faire. Un jour, la semaine dernière, je me suis retrouvée en haut de l'escalier à me demander si je venais de finir de balayer les marches ou si je devais commencer.
– Pffft ! fait le mari. Moi, je ne me pose jamais ce genre de questions. »
Sa femme sourit tristement et ajoute :
« Hier, j'étais dans la voiture et je ne savais plus si je partais ou si j'étais déjà revenue. »
L'homme manque s'étouffer.
« Moi, je n'ai jamais ce genre de symptômes, insiste-t-il. J'ai une mémoire infaillible, je touche du bois ! » Il tape deux fois sur la table, puis s'interrompt, aux aguets : « Qui est là ? »

Les mauvais côtés de la retraite

Quand deux conjoints commencent à se disputer sur ce que l'un et l'autre sont capables de faire ou sur le rôle qu'ils peuvent tenir, ils abordent une phase qui peut être dangereuse : ils commencent à se sentir incompatibles. La femme peut en vouloir à l'homme de ce qu'elle vit comme une intrusion dans une existence qu'elle jugeait bien réglée. C'est peut-être la première fois de sa vie qu'elle voit son mari au petit déjeuner, au déjeuner et au dîner. Elle constate qu'il a beaucoup de temps libre, et pourtant, il ne propose jamais de lui donner un coup de main à la maison. Alors, peu à peu, peuvent surgir rancœur et colère. Et plus elles s'installent, plus l'homme se sent rejeté, incompris, bon à rien. Lorsque les choses tournent vraiment mal, une séparation, un divorce, un suicide même, ne sont pas exclus.

D'ordinaire, on peut considérer que les hommes ayant franchi les trois premières étapes de leur retraite l'ont acceptée. Ils sont tirés d'affaire et relèvent le défi de se construire une vie nouvelle.

Il est essentiel d'identifier ces étapes. L'homme qui n'a pas vraiment réfléchi à sa retraite risque de les subir pendant plusieurs années. Si tel est le cas, mieux vaut consulter, afin d'éviter que les attitudes négatives ne s'installent définitivement et n'aboutissent à l'isolement et à la détresse.

Dans nos sociétés occidentales, un homme qui ne fait rien pendant sa retraite a une espérance de vie de cinq ans. Un homme qui avait une situation génératrice de stress – poste à responsabilités, milieu médical – a une espérance de vie qui n'excède pas deux ans et cinq mois. Car ces hommes-là passent d'un environnement parfaitement organisé, discipliné, à rien.

> L'homme qui avait une activité stressante et se retrouve du jour au lendemain sans rien faire, meurt prématurément.

Un homme passe trente à quarante ans de sa vie active dans un environnement bien structuré, totalement tourné vers un objectif : pour être heureuse, sa retraite doit donc se dérouler à l'identique. On part en retraite de plus en plus tôt, l'espérance de vie s'allonge, on est en meilleure santé : la durée de la retraite va s'en trouver prolongée, il est donc nécessaire de faire encore plus attention. Différence cruciale entre la vie active et la retraite : en retraite, l'homme est seul maître à son bord. Il peut prendre toutes les décisions qui vont influer sur le reste de son existence.

Un plan d'action

Le bon moment pour commencer à prévoir l'heure de la retraite ? Des années avant qu'elle ne sonne. Certes, un licenciement peut rendre la chose impossible. On peut être déjà en retraite et traverser les phases post-retraite. Mais, en général, plus on commence à la prévoir de bonne heure, mieux elle se passe.

Des études prouvent qu'une retraite planifiée de bonne heure est un gage de santé et donc d'une vie plus longue…

Il faut que vous abordiez votre retraite comme vous le feriez de n'importe quel grand projet. Rédigez d'abord un plan d'attaque, de préférence manuscrit. Commencez par une vision d'ensemble de la vie que vous vous imaginez à la retraite, puis reprenez chaque point et détaillez-le. Discutez de votre plan avec votre femme ou compagne, puisque c'est elle qui a le plus de chances de le partager avec vous. Prévoir vous aidera à vous familiariser avec ce qui vous attend… et aussi avec ce qui pourrait ne pas réussir.

Une vieille femme sauve la vie d'une fée.
Pour la remercier, la fée lui accorde trois vœux.
Le premier vœu de la vieille, c'est de devenir jeune et belle – elle devient jeune et belle.
Son deuxième vœu : être riche – elle devient riche.
Pour son troisième vœu, elle désigne son chat, qu'elle adore, et demande qu'il se métamorphose en prince charmant – le chat devient prince charmant.
La fée s'évanouit dans les airs et le beau prince s'approche de la femme avec un sourire :
« Et maintenant, tu ne regrettes pas de m'avoir fait castrer ? »

La vie sociale

Elle doit inclure les activités que l'homme et la femme ont chacun de leur côté, celles qu'ils ont avec leurs amis et celles qu'ils partagent. Par exemple, l'homme choisira peut-être de s'inscrire à un cours de gestion financière et d'aller jouer au golf avec ses amis. La femme pourra avoir envie de suivre un cours de dessin et d'aller au cinéma chaque semaine avec ses copines. Il est essentiel que chacun ait ses activités et ses amis propres, pour avoir toujours des choses à se raconter en se retrouvant. Cela permet aussi à chacun de conserver son identité, au lieu de fusionner avec l'autre.

Bénéfice supplémentaire : on peut se faire des amis chacun de son côté et les inviter à rencontrer l'autre.

Au chapitre des activités communes, l'homme et la femme peuvent prendre ensemble des cours de danse ou faire de la randonnée dans un club quelques heures chaque week-end.

La santé

Commencez par un bilan complet, puis adoptez un bon régime alimentaire : il existe une foule de livres bourrés de conseils sur les habitudes alimentaires recommandées aux retraités. Si vous avez des kilos superflus, allez voir un médecin pour les perdre. Une large variété de programmes d'exercices accessibles à tous est à votre disposition. La marche est excellente, mais vous pouvez aussi envisager la danse, la natation ou le vélo. Faire de l'exercice prend du temps ? Justement, du temps, vous en aurez à revendre ! Plus vous ferez de l'exercice, plus longtemps vous vivrez et... *mieux* vous vivrez.

Les activités sportives

Pour beaucoup d'hommes, la retraite est l'occasion d'aller à la chasse ou de pratiquer un sport ou un jeu d'adresse auxquels, jusqu'alors, ils n'avaient peut-être pas eu le temps de se consacrer : le golf, la pêche ou encore la pétanque sont autant d'activités privilégiées des retraités. Pour les moins sportifs, tir à l'arc, bowling ou ball-trap feront aussi bien l'affaire.

Œuvres socioculturelles et de bienfaisance

Ces activités offrent à la plupart des retraités un merveilleux sentiment de satisfaction et d'estime de soi. C'est même le secret pour qu'un homme conserve sa propre estime, car son plus grand besoin, c'est de se sentir utile. Quand il arrive au terme de sa vie active, c'est comme si on lui retirait brutalement une bonne part de son identité. Du rôle-titre que lui conférait son travail, il est passé malgré lui à un petit rôle secondaire, voire d'obscur figurant. Il est donc essentiel, pour sa survie psychique, de restaurer rapidement son identité.

Quelle qu'ait pu être sa carrière, il a acquis des compétences dont il peut à présent faire profiter les autres. Tous les domaines où l'on possède un savoir ou une expérience – jardinage, bricolage, peinture, mais aussi informatique, gestion, comptabilité... –

peuvent s'enseigner et être utiles à autrui. Il existe en outre de nombreuses œuvres de bienfaisance qui ne demandent qu'à être aidées, et d'innombrables associations destinées à recueillir des fonds pour secourir des personnes dans le besoin.

La spiritualité

Être actif au sein d'une paroisse ou d'une association religieuse peut supposer d'avoir la foi. Si ce n'est pas votre cas, recherchez des activités spirituelles qui soient en adéquation avec votre philosophie de la vie. Vous pouvez également vous tourner vers la méditation ou le yoga.

Le sexe

Une existence saine et heureuse implique également une vie sexuelle épanouie. Ceux qui vivent en couple doivent toujours se ménager du temps pour leur vie sexuelle, surtout si les circonstances exigent des précautions particulières. Des médicaments prescrits sur ordonnance, comme le Viagra, sont une chance pour beaucoup d'hommes et de femmes –, leur permettant de garder une sexualité active jusqu'à un âge avancé. Et si vous êtes seul, raison de plus pour rechercher la compagnie du sexe opposé !

Les finances

Ici, deux solutions : soit vous acceptez les limites que vous impose le montant de votre retraite et prévoyez prudemment de ne pas les dépasser, soit vous envisagez de percevoir un revenu complémentaire. Beaucoup d'hommes ont lancé de fructueuses entreprises après leur retraite, d'autres ont accepté un emploi occasionnel valorisant leur savoir, leur expérience ou leurs compétences.

S'organiser

La retraite doit devenir une routine organisée avec le plus grand soin. Dans la vie active, environ 90 % de la journée se compose d'activités structurées et répétitives. Quand on travaille, on n'a pas besoin de décider de se lever à 6 heures du matin, ni de prendre sa voiture pour se rendre au bureau et commencer à 8 heures : on le fait tous les jours, sans y penser. Votre métier peut vous amener à rencontrer différentes sortes de problèmes, pourtant, le plus souvent, votre manière de les aborder demeurera identique. Globalement, votre vie est une routine : vous vous sentez sûr de vous, vous maîtrisez la situation.

Or, à la retraite, les vieilles habitudes n'ont plus cours. Désormais, chaque matin, ce sera à vous de décider de sortir du lit ou pas. Et une fois debout, ce sera à vous de décider quoi faire, même pour des choses aussi banales que se rendre au kiosque pour acheter le journal, rentrer à la maison, faire un café et lire le journal en question. Puis, avant que vous ayez pu vous en rendre compte, arrive l'heure du déjeuner. Et après le déjeuner, s'il n'y a rien de plus urgent au programme, il faudra encore décider : lire un livre ou faire la sieste ?

Menez cette vie-là les trente premiers jours de votre retraite, et elle deviendra rapidement une nouvelle routine que vous aurez toutes les peines du monde à briser. Bien vite, vous serez submergé par le sentiment de votre propre inutilité.

Si, en revanche, vous élaborez des projets, prévoyez de vous lever à une heure précise, de marcher une demi-heure, puis de vous engager dans des activités organisées chaque jour, toute la journée, et que vous vous y tenez un mois durant, vous allez acquérir de nouvelles habitudes mais vous n'aurez pas le sentiment de sombrer dans une routine déprimante. Vous n'aurez plus besoin de décider quoi faire l'instant suivant. Votre vie sera structurée et, si vous avez bien choisi vos activités, vous trouverez une nouvelle identité, aurez de nouveaux objectifs et, à vos yeux, votre vie vaudra la peine d'être vécue. Il n'est jamais trop tard pour apprendre. Peut-être aurez-vous envie de vous mettre à écrire, d'enseigner ou de vous initier à un nouveau sport. Vous pouvez devenir président ou simple membre d'une organisation caritative qui vous tient à cœur ou, pourquoi pas, en fonder une nouvelle, ou créer un nouveau club. Vous pouvez même avoir envie de vous défouler et de poser nu ! Tout est possible quand on l'a prévu !

Rester assis sous un cocotier à ne rien faire pour le restant de ses jours est une niaiserie forgée par les fonds de pension et les loteries. Vous en sortirez gros, maussade, ennuyeux… et la peau brûlée. La plupart des hommes ne tiennent ce programme que quelques semaines. Ensuite, soit ils deviennent fous, soit leurs femmes les assassinent.

L'histoire de Paul et de Dany

Paul était chef comptable : sa vie avait toujours été jalonnée par des objectifs, des délais et des buts à atteindre. Il pensait prendre sa retraite à 65 ans. Mais quand il a eu 57 ans, sa société a été rachetée par la concurrence et, après des années de bons et loyaux services, du jour au lendemain, il s'est retrouvé à la porte. Quand il a vu que les nouveaux propriétaires de son entreprise envisageaient de délocaliser le service comptable et qu'ils avaient des idées très différentes des siennes, il a compris que c'était vraiment la fin d'une époque.

Sa femme, Dany, avait pris sa retraite trois ans plus tôt, et attendait avec impatience que Paul fasse de même. Elle-même était enchantée de sa retraite. Désormais, elle avait du temps à consacrer à tout ce qu'elle avait toujours eu envie de faire et elle avait hâte de partager ce nouveau bonheur avec Paul.

Quand elle a vu Paul si mal accepter son licenciement, elle a pris peur. Il buvait trop, il déprimait, alcool et dépression se nourrissant l'un l'autre. Paul était en train de sombrer peu à peu.

Dany a décidé qu'il avait besoin de voir quelqu'un. Elle l'a convaincu de prendre rendez-vous avec un thérapeute qui avait une bonne réputation pour avoir aidé des hommes retirés depuis peu. Il a aidé Paul à comprendre pourquoi il vivait les choses de cette manière et lui a montré comment aborder cette nouvelle phase de sa vie. Paul a résolu de suivre les conseils du thérapeute :

D'abord, faire un bilan médical complet. Ensuite, aller consulter un conseiller financier. Enfin, prendre des vacances avec Dany, pour se détendre et organiser leur nouvelle vie.

Les examens médicaux ont révélé que Paul était en parfaite santé, hormis ses neuf kilos de trop, un peu de tension et un léger excès de cholestérol. Il a pris rendez-vous chez un naturopathe qui lui a expliqué les bases d'une alimentation équilibrée et lui a donné un programme d'exercices.

> La vieillesse, c'est quand les bougies coûtent plus cher que le gâteau.

Quant au conseiller financier, il s'est montré très rassurant. D'abord, il a aidé le couple à élaborer un budget détaillé. Ensuite, il leur a montré que les indemnités de licenciement de Paul, plus leurs quelques économies et placements et leurs deux pensions, suffiraient amplement à couvrir leurs besoins. D'ici dix à quinze ans, le produit de la vente de leur maison serait plus que suffisant pour leur permettre, s'ils le souhaitaient, de finir leurs jours dans unc maison de retraite.

Paul s'est senti libéré d'un énorme fardeau. Dany et lui sont partis en vacances dans un état d'esprit positif. Ils avaient commencé à planifier leur voyage : un voyage qui allait durer au moins vingt-cinq ans...

L'étape suivante était importante : ils devaient décider ce qu'ils allaient faire du reste de leur vie. Et leur projet devait prendre en compte aussi bien leurs objectifs individuels que leurs buts communs.

Ils ont décidé de modifier leurs habitudes alimentaires, de jeter leurs vieux livres de cuisine et de les remplacer par des fiches de recettes saines, compatibles avec leurs régimes respectifs. Puis, ils sont tombés d'accord sur le fait de marcher au moins quarante-cinq minutes par jour et de s'inscrire dans un club de randonnée, ce qui leur permettrait de faire de nouvelles rencontres. Ils ont résolu d'adhérer à un club de tai-chi, à l'image de certains de leurs amis qui leur semblaient toujours détendus et sereins. Dany jouait déjà au tennis une fois par semaine, dans un club dont elle était un membre actif. Elle suivait aussi des cours de couture et s'essayait à l'écriture. Paul avait déjà joué au golf mais, bien que cela lui ait plu, jamais il n'avait trouvé le temps de pratiquer régulièrement. Il avait l'équipement, il a décidé de s'y mettre pour de bon.

Leurs finances leur permettaient de couvrir les frais courants, mais sans extravagance. Paul a donc choisi de se renseigner sur la possibilité de prendre des cours de gestion afin de tirer un meilleur parti de leurs revenus.

Restait encore un domaine à explorer : les œuvres socioculturelles ou de bienfaisance. « Qu'avons-nous fait que nous pourrions partager avec d'autres, moins chanceux que nous ? se demandaient-ils tous deux. Qu'est-ce qui nous touche le plus ? » Ils ont conclu que leur plus grande réussite était d'avoir élevé quatre enfants heureux, équilibrés, et qui avaient réussi dans la vie. Paul avait toujours porté beaucoup d'intérêt aux jeunes, il comprenait bien les problèmes auxquels ils se trouvent confrontés quand ils sont privés du soutien de leur famille. Il a donc décidé de suivre une formation pour aider les jeunes en difficulté, et de devenir conseiller dans ce domaine.

Le couple a couché son plan par écrit et l'a recopié dans un grand calendrier qu'il a affiché sur le mur de la cuisine. En le regardant, Paul et Dany étaient tout excités, ils ne pouvaient plus attendre pour attaquer leur nouvel emploi du temps.

Aujourd'hui, Paul et Dany sont en bonne santé. Ils sont heureux, ils profitent de la vie et ont mis leur générosité et leurs compétences au service des autres. Ils sont tellement occupés que leurs activités nécessitent la tenue d'un agenda détaillé. Leur retraite se révèle ce qu'elle devrait être pour tous : la plus merveilleuse période de la vie.

Remerciements

Nous tenons à remercier tous ceux qui ont contribué, directement ou indirectement, à la rédaction de ce livre.

Merci à l'équipe qui nous a accompagnés et soutenus tout au long de notre tâche : Ruth et Ray Pease, Dorie Simmonds, Sue Williams et Trevor Dolby.

À Bill et Beat Suter, Adam Sellars, Melissa, Cameron et Jasmine Pease, Mike et Carol Pease, Len et Sue Smith, Fiona et Michael Hedger, Diana Ritchie, Dr Desmond Morris, Pr Alan Garner, Gary Skinner, Dr Dennis Waitley, Mark Victor Hansen, Dr Themi Garagounas, Bert Newton, Geoff et Sallie Burch, Tony et Patrica Earle, Debbie Mehrtens, Deb Hinckesman, Dorreen Carroll, Andy et Justine Clarke, Kerri-Anne Kennerley, Frank et Cavill Boggs, Graham et Tracey Dufty, John Allanson, Sandra et Loren Watts, John Hepworth, Esther Rantzen, Ray Martin, Kaz Lyons, Victoria Singer, Graham et Josephine Rote, Emma Noble et Helen Richardson.

Achevé d'imprimer par Corlet, Imprimeur, S.A. - 14110 Condé-sur-Noireau
N° d'Imprimeur : 105139 - Dépôt légal : juin 2007 - *Imprimé en France*